LÉO TAXIL

SUPPLÉMENT
A
LA FRANCE MAÇONNIQUE

LISTE ALPHABÉTIQUE DES FRANCS-MAÇONS

NOMS, PRÉNOMS, PROFESSIONS ET DOMICILES

(Neuf Mille Noms dévoilés)

Prix : 2 Francs

PARIS
TÉQUI, LIBRAIRE-ÉDITEUR
85, Rue de Rennes, 85

SUPPLÉMENT

A LA

FRANCE MAÇONNIQUE

Paris. — Imp. Téqui, rue de Vaugirard. 92.

LÉO TAXIL

SUPPLÉMENT
À
LA FRANCE MAÇONNIQUE

NOUVELLES DIVULGATIONS

PARIS
TÉQUI, LIBRAIRE-ÉDITEUR
85, RUE DE RENNES

AVANT-PROPOS

C'est au commencement de l'année 1888 que j'ai, pour la première fois, réuni en volume une liste de francs-maçons français. Cette liste ne comportait pas moins de SEIZE MILLE NOMS ; et ce volume, d'un genre tout nouveau, fut accueilli avec faveur par le public.

J'avais promis de donner à la *France Maçonnique* un supplément. Je tiens aujourd'hui parole. Depuis l'apparition du premier volume, j'ai pu encore recueillir environ NEUF MILLE NOMS. Ce sont ces noms qui forment le supplément promis.

Mais, je dois le dire, la publication du premier volume m'a rendu mes recherches plus difficiles que jamais. Déjà, ce n'était pas sans peine que je réussissais à me procurer des documents maçonniques : quand le Grand Orient de France et le Suprême Conseil ont eu constaté que nombre de leurs documents me parvenaient et que j'y relevais, pour les publier, les noms des adeptes, une surveillance des plus étroites a été exercée, et les renseignements sont devenus pour moi d'une rareté excessive ; les derniers que j'ai pu rassembler n'en auront donc qu'un plus grand prix.

Pour que mes lecteurs puissent comprendre les difficultés de ma tâche, je vais leur raconter une petite anecdote.

Une Loge, située dans un chef-lieu du Midi, faisait procéder à des travaux d'embellissement de son temple ; les murs avaient à recevoir une peinture nouvelle, la décoration, à être rafraîchie ; bref, on avait dû suspendre les réunions pour une quinzaine de jours, et comme les travaux à effectuer étaient assez importants, le Vénérable ne soupçonnant pas ce qu'il allait arriver, avait donné l'entreprise à des ouvriers profanes, à qui un membre de la Loge fournissait des indications pour les emblèmes à repeindres. Or, la grande salle des séances possédait, comme cela a lieu dans toutes les Loges, accroché à un de ses murs, le tableau officiel des membres de la société. Pour la commodité du travail, on décrocha le tableau et on le mit dans un coin. C'est alors que deux des ouvriers employés aux réparations eurent l'idée amusante de m'envoyer, soigneusement emballé, le tableau en question, avec son cadre. Bien entendu, il s'agissait d'une simple communication. Le tableau était bien authentique, signé de tous les Officiers de la Loge, portant les cachets et les sceaux maçonniques. Je pris copie de tous les noms, et je réexpédiai l'objet par grande vitesse. Personne ne s'aperçut de cette disparition de quelques jours ; et, quand le temple, remis à neuf, rouvrit ses portes pour de nouvelles séances, le tableau de la Loge était réaccroché à sa place. La semaine suivante, je publiais, dans mon journal la *Petite Guerre* (aujourd'hui : le *Petit Catholique*), la liste de tous les francs-maçons de la localité, à la profonde stupéfaction de ceux-ci, qui ne pouvaient deviner comment je m'étais procuré leurs noms, prénoms, professions, domiciles, lieux de naissance et grades maçonniques. Les membres du comité de la Loge se regardèrent désormais en chiens de faïence et s'accusèrent mutuellement de trahison.

Comme on doit le penser, je n'ai pas été toujours aussi bien servi par les circonstances. C'est avec la patience du chat qui guette une souris, que j'ai récolté de-ci de-là des procès-verbaux de réunions, des lettres de convocation aux séances, des comptes rendus de banquets maçonniques, des avis d'initiation ou de présentation, des articles des journaux spéciaux et des revues secrètes de la secte, etc., et que j'ai ainsi relevé tous les noms figurant sur ces documents.

Forcément, je n'ai pas eu des indications complètes sur tous ces noms ; mais tous ceux que j'ai trouvés, je les ai reproduits fidèlement, tels quels, en respectant même ce qui pourrait paraître une erreur d'impression ; car, dans ces cas, mieux vaut laisser à un nom une faute d'orthographe que risquer une rectification à faux.

Parfois, dans un compte rendu ou un procès-verbal, j'ai trouvé des noms de francs-maçons, non accompagnés de l'indication de la profession et du domicile. Fallait-il alors ne pas inscrire ces noms? J'ai pensé bien faire en les relevant comme les autres; mais à défaut du domicile, j'ai consigné la ville dont le franc-maçon en question a fréquenté la Loge.

Ainsi, la mention : *Ambaud, père, loge du Havre*, indique que, dans un procès-verbal officiel d'une Loge du Havre, j'ai relevé, parmi les noms des francs-maçons assistant à la séance, celui d'un sieur Ambaud père, sans autre désignation plus précise.

Les noms précédés d'un astérisque (*) sont ceux des personnages qui figurent déjà dans le premier volume. En effet, pour quelques-uns, j'ai eu, depuis le 31 janvier 1888 (date de la publication), des renseignements complémentaires, me permettant d'être plus précis sur l'identité de la personne.

Une observation encore. J'ai publié, ai-je dit, dans mon premier volume, plus de seize mille noms. Ce volume a été annoncé par toute la presse, dès son apparition; il a reçu une grande publicité; plus de cinq mille exemplaires ont été vendus en trois ou quatre mois, ont été distribués, propagés, ont circulé de main en main. Veut-on savoir combien il y a eu de réclamations? *Il n'y en a pas eu une vingtaine.* Sur vingt, dix au plus, ont déclaré n'avoir jamais reçu l'initiation maçonnique : si nous les avons inscrits, c'est donc qu'ils ont été portés à tort, par un procès-verbal de réunion ou banquet intime de francs-maçons, comme y ayant assisté; ou bien, c'est qu'ils se sont laissés enrôler dans une société affiliée à la secte, sans en soupçonner les tenants et aboutissants. Tel est le cas de MM. Franck-Chauveau, Laurençon, Alicot, Calmon, Albert Decrais, Albert Delmas, Gailly et de Marcère; soit huit réclamations que j'accueille volontiers. M. Spuller a nié lui aussi, être franc-maçon; mais cette protestation-là, je la rejette absolument : je sais, de source certaine, que M. Spuller, alors qu'il était député de Paris, a rendu plusieurs fois compte de son mandat, *en loge;* je suis sûr qu'il a ouvert un bal maçonnique au Grand Orient, par une valse avec une Sœur Maçonne des plus connues; j'ai enfin la preuve d'une conférence maçonnique qu'il a faite en Saône-et-Loire, au sein d'une réunion de francs-maçons. Entre mon affirmation et la négation de M. Spuller, le public jugera.

Par contre, je dois une rectification au général Boulanger; mais, s'il n'a pas été initié, il s'en est fallu de bien peu.

Son nom a figuré sur une lettre de convocation d'une Loge parisienne; on invitait les frères et amis à venir assister à son initiation. M. Boulanger s'est donc laissé présenter; il a eu son parrain, son répondant; il a été scrutiné deux fois et déclaré admissible aux épreuves.

Il est vrai qu'au dernier moment il s'est ravisé et qu'il n'est pas venu à la Loge, à la grande colère des francs-maçons qui ne lui ont jamais pardonné ce dédain un peu tardif.

Les quelques autres réclamants sont des personnes qui m'ont affirmé sur l'honneur s'être retirées de la Franc-Maçonnerie depuis longetmps et n'avoir jamais remis les pieds dans une Loge quelconque.

La mention de leur déclaration figure après l'astérisque, dans ce supplément.

Les documents, qui ont été compulsés pour établir ce second volume, ne remontent pas à plus de vingt an comme pour le premier.

J'ai tenu à donner à mon ouvrage l'intérêt de l'actualité : tous les personnages inscrits dans ces listes sont des contemporains.

En résumé, voilà maintenant environ *vingt-cinq mille noms* que j'ai fait connaître comme étant ceux de francs-maçons français, vingt-cinq mille noms incontestables et incontestés.

LÉO TAXIL

Paris, le 1er Octobre 1889

LISTE ALPHABÉTIQUE DES NOMS

A

Abadie, Barthélemy-Noël, avocat, Tarbes.
Abadie, Firmin (loge de Buenos-Ayres, République Argentine).
Abeilard, D., Port-au-Prince, Haïti.
Abraham (loge de Lyon).
Abraham, Pierre, peseur à la Douane de Port-au-Prince, Haïti.
Abreu, Saint-Domingue, Haïti.
Abrial (loge de Paris).
Acatebled (loge de Paris).
Accard, Edouard (loge de Paris).
Achaintre, employé, rue Bréa, 25, Paris.
Acker, ingénieur, Paris.
Ackermann (loge de Paris).
Ackermann, Jean-Baptiste, marchand de vins, Besançon.
Aconin, fils, négociant, Compiègne, Oise.
Acquerin, A. (loge de Paris).
Acuzinski.
Adam, chef de bureau, boulevard des Batignolles, 15, Paris.
Adam, Grande-Rue, 11, Arcueil, Seine.
Adam, négociant, Beaumont-sur-Oise.
Adam (loge de Saint-Germain-en-Laye, Seine-et-Oise).
Adam (loge de la Ciotat, Bouches-du-Rhône).
Adam E. (loge de Saint-Denis, Seine).
Adam, J.-B., Châlon-sur-Saône.
Adam, Victor-Charles-Edouard, (loge du Havre).
Adhémard (loge de La Pointe-à-Pitre, Guadeloupe).
Affquier (loge de Saint-Quentin, Aisne).
Agard, E. (loge de Dunkerque).
Agard (loge de Valparaiso, Chili).
Agnellet, notaire, rue Saint-Georges, 38, Paris.
Agnèse, François, arpenteur, (loge de Tunis, Tunisie).
Agnèse, Grégoire, comptable (loge de Tunis, Tunisie).

Aguerre, A. (loge de Valparaiso, Chili).
Aguerre, Dominique (loge de Valparaiso, Chili).
Aguillon, Louis, Parthenay, Deux-Sèvres.
Agussan, Thomas-Grégoire, ébéniste, Argelès, Hautes-Pyrénées.
Ahé, François, Saint-Pierre, Martinique.
Ailhet, fils, maçon, Caussade, Tarn-et-Garonne.
Aillet, Joseph, capitaine au long cours (loge de Saint-Denis, Ile de la Réunion).
Ailloud, Aristide, négociant, Saint-Rémy, Savoie.
Aimé, Louis, Port-au-Prince, Haïti.
Ajasson de Grandsagne, créateur des Bibliothèques populaires en France (loge de Paris.
Albarède, chef d'institution (loge du Vigand, Gard).
Albert (loge de Vincennes).
Albert, Charles, employé de commerce, rue de la Fidélité, 12, Paris.
Albert, Gustave, employé, rue Saint-Merry, 42, Paris.
Alberti (loge d'Alger).
Albertolli, Marc, entrepreneur, Villargerel, Savoie.
Albigès, Paul (loge de Perpignan).
Albin, Bernard, négociant (loge d'Alais, Gard).
Albouquerque, Gustave (loge de Bordeaux).
Albouy (loge de Paris).
Alchimowic (loge de Perpignan).
Alcindor, Louis, La Pointe-à-Pitre, Guadeloupe.
Alcouffe (loge de Bordeaux).
Alexandre (loge de Bordeaux).
Alexandre (loge de Clermont-Ferrand).
Alexandre, Alphonse, comptable, rue et villa Compans Paris.
Alexandre, Jules-André (loge de Montrouge, Seine).
Alexandre, Raoul (loge de Bordeaux).
Ali-ben-Omas (loge d'Alger).
Aliez (loge de Nantes).
Alix, employé de commerce, rue du Faubourg-Saint-Honoré, 9, Paris.
Alla (loge de Paris).
Allain, Orléans.
Allais (loge de Saïgon, Cochinchine française).
Allard (loge de Clermont-Ferrand).
Allard, Laon.
Allard, P. (loge d'Avignon).
Allaret, Henri-Antoine-Félicien, coupeur d'habits, rue du Général-Miquel, 24, Béziers, Hérault.
Allègre, Augustin, Givors, Rhône.

Allègre, Jean-Louis, négociant en vins (loge de Nice).
Allegri, ancien banquier, rue Richer, 18, Paris.
Alleguède (loge de Paris).
Allemand, Firmin, architecte, Grande-Rue, Vienne, Isère.
Allemand, Henri, agent de la Poste française, Tunis, Tunisie.
Allemand, Henri-Gustave-Eugène (loge de Paris).
Allemand, Jules-Léopold-Eugène (loge de Paris).
Allenger (loge de Paris).
Allest (loge de Paris).
Allex (loge de Marseille).
Allian (loge d'Orléans).
Alloin (loge d'Orléans).
Almin, rue Vieille-du-Temple, 75, Paris.
Alphan, Hector, docteur-médecin, Saint-Marcellin, Isère.
Altemer, E., Saint-Denis, Ile de la Réunion.
Althausse, A., Buenos-Ayres, République Argentine.
Altmann, négociant, rue Linné, 15, Paris.
Amade, comptable, rue de Grammont, 30, Paris.
Amand, Ch., Saint-Pierre, Martinique.
Amann, Joseph.
Amarante, Alphonse (loge de Menton, Alpes-Maritimes).
Amaré, P., Buenos-Ayres, République Argentine.
Amaury, Charles-Frédéric, limonadier, rue Saint-Ambroise, 3, Melun.
Ambaud, père (loge du Havre).
Ambaud, Ch. (loge du Havre).
Amberger, Lucien, pharmacien, Besançon.
Ambroise, Jacmel, Haïti.
Amédée (loge de Toulouse).
Amelot, chef de bataillon, en retraite.
Amerougen, Isidore (loge de Paris).
* Amiable, Louis, docteur en droit, homme de lettres, maire du Ve arrondissement de Paris.
Amic (loge de Nice).
Amiel (loge de Paris).
Amiel, conseiller général.
Amigues, François, architecte, rue de Flandre, 82, Paris.
Amphoux, Cette, Hérault.
Ancel, Montpellier.
Ancel, Alfred, rentier, Besançon.
Ancenay, Francisque, propriétaire, Aiguebelanche, Savoie.
Ancey, avocat, secrétaire de préfecture, administrateur de la commune mixte de Berrouaghia, Algérie.
Ancion, marin.
André (loge de Toulouse).

André, A., Port-au-Prince, Haïti.
André, Ferdinand-Sylvain, propriétaire, Besançon.
Andréoli, Paul, Port-au-Prince, Haïti.
Andréoti (loge de Libourne, Gironde).
Andreucci, négociant, Bastia, Corse.
Andriale, Saint-Pierre, Martinique.
Andrieux, jardinier en chef de S. M. le schah de Perse.
Andrin, Auguste (loge de Saint-Ouen, Seine).
Andure, H.-Olivier.
Aneez (loge de Toulon).
Anet, ou Annet, boulevard de Charonne, 104, Paris.
Anezin, E., Buenos-Ayres, République Argentine.
Anfossy (loge de Lyon).
Angel, Cette, Hérault.
Angelloz, Paris.
Angelvy, Hippolyte, Aurillac.
Angély (loge de Paris).
Anglade, J., Buenos-Ayres, République Argentine.
Angles, Léopold, A. Lazare, professeur, docteur-médecin, employé à l'Administration des Télégraphes, Marseille.
Angonin, aubergiste, Méru, Oise.
Angonin, Charles-Félix, négociant, Compiègne, Oise.
Annoual, Pierre-Irénée, aux Cayes, Haïti.
Anquier (d') E.-C. (loge française de Londres, Angleterre).
Anrioud, Gaspard, receveur de l'enregistrement et des domaines, Châtillon-de-Michaille, Ain.
• Ansart du Fiesnet, Edmond, propriétaire, conseiller général et député du Pas-de-Calais.
Ansault (loge de Versailles).
Anthelme, Jacques, mécanicien au chemin de fer (loge d'Alais, Gard).
Anthosky, tailleur-coupeur, place Dauphine, 19, Paris.
Anthonioz, ouvrier sabotier, Hamégicourt, Aisne.
Antier, artiste lyrique (loge de Paris).
Antoine (loge de Saint-Quentin, Aisne).
Antoine (loge de La Fère, Aisne).
Antoine, André (loge de Martigues, Bouches-du-Rhône).
Antoine, Eugène (loge de Paris).
Apfel.
Appert (loge de Paris).
Aqueperse (loge de Madrid, Espagne).
Aragon, rue d'Orléans, 7, Paris.
Arbacha (loge de Toulouse).
Arbal (loge de Mostaganem, Algérie).
Arberet (loge de Bordeaux).
Arboud (loge de Toulon).

Arbousse, Henri, chapelier (loge d'Alais, Gard).
Arboussct, Auguste (loge de Martigues, Bouches-du-Rhône).
Arbousset, Emile, caissier d'usine (loge de Martigues, Bouches-du-Rhône).
Archambault, rue de Constantine, 26, Paris.
Archampt (loge de Lille).
Archier, Courthézon, Drôme
* Archimbaud, boucher, conseiller municipal, Issy, Seine,
Archimbaud, Antoine, employé au Fondoir central de la boucherie, rue de Flandre, 146, Paris.
Archin, C.-H., avocat, Port-au-Prince, Haïti.
Archin, J., Port-au-Prince, Haïti.
Ardouin, Auguste, propriétaire (loge de Libourne, Gironde).
Ardouin, L. (loge de Saïgon, Cochinchine française).
Arène, Paul, homme de lettres.
Arct, A. (loge française de Londres).
Arguillet, Lyon.
Aricot, aîné, charpentier, Nogent-sur-Marne, Seine.
Aricot, jeune, charpentier, Nogent-sur-Marne, Seine.
Ariture (loge de La Souterraine, Creuse).
Arlabosse.
Arlès-Dufour, boulevard de la République, Alger.
Armand, Bordeaux.
Armand, aux Cayes, Haïti.
Armand, Camille (loge de Paris).
Armand E., rue de Clignancourt, 42, Paris.
Armand, Maurice, cordonnier, Grésy-sur-Isère, Savoie.
Armanet, Saint-Denis, Ile de la Réunion.
Armanien, Agen.
Armant, L.-V. (loge de Bordeaux).
Armenault, père, chapelier, rue Simon-le-Franc, 13, Paris.
Armenault, fils, chapelier, rue Simon-le-Franc, 13, Paris.
Armenguié (loge de Cette, Hérault).
Arnal (loge de Pantin, Seine).
Arnal (loges de Nîmes et d'Alais.
Arnaud (loge de Constantinople, Turquie).
Arnaud, Lucien, rue Montmartre, 141, Paris.
Arnaud, Louis-Modeste, Saint-Pierre, Martinique.
Arn de Aaren (loge d'Alger).
Arné (loge de Bordeaux).
Arnold, Jules, horloger, Besançon.
Arnulf, César, place Nationale, Menton, Alpes-Maritimes.
Arnoux, fils, La Pointe-à-Pitre, Guadeloupe.
Aroux-Charéard, commissionnaire en ganterie, Grenoble.
Arr, Joseph, employé de garantie, Besançon.
Arriol.

Art (d') (loge de Nérac, Lot-et-Garonne).
Artemann, ciseleur, rue du Faubourg-du-Temple, 42, Paris.
Arthaud, Limoges.
Assailly, Zacharie.
Asseline, Louis, rédacteur au *Rappel*.
Assi, mécanicien, membre de la Commune.
Astoul (loge d'Abbeville, Somme).
Astruc, Bordeaux.
Astruc, Port-Louis, Ile Maurice.
Astruc, Sauveur, négociant, Perpignan.
Atger, B., Alais, Gard.
Athersata (loge de Paris).
Aube, docteur-médecin, directeur de l'Hôpital maritime de Rochefort.
Aube, fils (loge de Rochefort).
Auber (loge du Havre).
Auberge, Eugène, avocat, Perpignan.
Auberge, François, médecin des armées, en retraite, Perpignan.
Aubert, rue d'Enghien, 54, Paris.
Aubert, peintre en bâtiments, Dourdan, Seine-et-Oise.
Aubert, Benoît (loge de Madrid, Espagne).
Aubert, Hersinie, négociant, Neufchâtáau, Vosges.
Aubert-Roche.
Aubès (loge de Cette, Hérault).
Aubine, E., associé de la Maison Aubine et Despaux, de Buenos-Ayres, Paris.
Aublé, négociant, rue Bleue, 10, Paris.
Aubreton, J.-B., négociant, Guéret.
Aubriot, Edouard.
Aubrun, François, blanchisseur, rue Copernic, 23, Paris.
Aubry (loge de Saint-Quentin, Aisne).
Aubry fils, rue Saint-Martin, 186, Paris.
Aubry, Antoine-Massillon, docteur-médecin, président du Jury médical central, Port-au-Prince, Haïti.
Aubry, Léon, tonnelier, rue Saint-Pierre, 11, Saint-Germain-en-Laye, Seine-et-Oise.
Auclair (loge de Paris).
Auclair, Saint-Denis, Ile de la Réunion.
Aucouturier, Limoges.
Aucouturier, Nontron, Dordogne.
Audain, J.-J. Port-au-Prince, Haïti.
Audain, Thomas-Willam, Saint-Thomas, Antilles danoises.
Audan, Alphonse, négociant, Grenoble.
Aude (loge de Paris).
Audibert, Léopold, Marseille.

Audié ou Audier (loge de Toulouse).
Audier (loge de Paris).
Audier, Léon (loge de Paris.
Audigé, Jean-Marie, représentant de commerce, rue Pharaon, 12, Toulouse.
Audigier, bijoutier, passage des Petits-Pères, 1, Paris.
Audouin (loge de Paris).
Audoux, (loge d'Orléans).
Audry, artiste-peintre, rue de Laval, 21, Paris.
Auffan (loge de La Ciotat, Bouches-du-Rhône).
Augarde, Victor (loge de Buenos-Ayres, République Argentine).
Augé (loge de Saint-Ouen, Seine).
Augé (loge de Dijon).
Auguez, artiste de l'Opéra de Paris.
Auguste, au Cap, Haïti.
Auguste, Charles (loge de Paris).
Auguste, Emmanuel-Benoni (loge de La Pointe-à-Pitre, Guadeloupe).
Auguste, J.-M., Saint-Pierre, Martinique.
Auguste, S.-M., Saint-Pierre, Martinique.
Aulneau (loge de Choisy-le-Roy, Seine.
Aumassip, Périgueux.
• Aumerat, directeur politique de la *Solidarité*, conseiller général d'Alger.
Aunier (loge de Paris).
Auquier (d'), E.
Aurba, Laon.
Aurel, voyageur de la maison Rey, Caussade, Tarn-et-Garonne.
Aurel, Borromée administrateur de journal, La Pointe-à-Pitre, Guadeloupe.
Auril, P. (loge de Nantes.)
Aury, Sens, Yonne.
Aussel, rue des Tessiers, 5, Montpellier.
Autant, Alexandre, rue Baudin, 1, Paris.
Authée (loge de Paris).
Authenin, Eugène, facteur à la criée, place des Bancs, 3, Limoges.
Autier-Vincent (loge de Saint-Germain-en-Laye, Seine-et-Oise).
Auvert, rue de Thorigny, 18, Paris.
Auvray, sculpteur, Paris.
Auvray, Gaston-Eugène (loge de Paris).
Avenel, Longjumeau, Seine-et-Oise.
Avenel, Paul.

Avenin, ébéniste, rue Saint-Sauveur, 72, Paris.
Averous (loge de Toulouse).
Averseng, employé de commerce, Alger.
Averty, (loge de Paris).
Avillac, C., rue du Château-d'Eau, 38, Paris.
Avinain (loge de Vincennes, Seine).
Avinain, François, (loge de Vincennes, Seine).
Avriller ou Avrillier (loge de Paris).
Aymard, rue des Ecouffes, 15, Paris.
Aymard (loge de Libourne, Gironde).
Aymonin, Arthur, marchand de vins, Besançon.
Aymonnet.
Azénes, B. (loge de Perpignan).

B

Babaut, entrepreneur, La Forest-le-Roi, Seine-et-Oise.
Babin (loge d'Auxerre).
Babonneau, Saint-Pierre, Martinique.
Babonneau, François, marchand de vins, rue des Ecoles, 72, Paris.
Bac, employé de commerce, rue d'Aboukir, 54, Paris.
Bacelat (loge de Rueil, Seine-et-Oise).
Bacharat (loge de Saïgon, Cochinchine française).
Bachelard (loge d'Orléans).
Bachelet (loge de Rueil, Seine-et-Oise).
Bachelier, Saintes, Charente-Inférieure.
Bachet, entrepreneur, La Souterraine, Creuse.
Bachet, Emile, restaurateur, Guéret.
Bachmann (loge de Pantin, Seine).
Bachy, président du Cercle républicain de Saint-Quentin, Aisne.
Baconnet (loge de Clichy, Seine).
Bacot, horticulteur, rue des Moines, 13, aux Prés-Saint-Gervais, Seine.
Bacouet, Léandre-Fabius, limonadier, Méru, Oise.
Bacqué, François, marchand de nouveautés, rue de Gesvres, Beauvais.
Bacquet, rue Aumont-Thiéville, 6, Paris.
Badde, Laon.
Badelon, rue Canole, 22, La Ciotat, Bouches-du-Rhône.

Bades (loge de Limoux, Aude).
Badet (loge de Paris).
Badoux, ancien vaguemestre aux zouaves (loge de Paris).
Baduel, Cognac, Charente.
Baer, Paris.
Baffert.
Bagary, J.-B., agent de représentation commerciale et financière, rue Saint-Georges, 24, Paris.
Baget, Jean-Pierre, entrepreneur, rue de Pau, Tarbes.
Baglin (loge de Bordeaux).
Bagnasco, tailleur, Paris.
*Bagnaux de), homme de lettres, commis principal à la Direction générale des Douanes (ministère des Finances), rue d'Amsterdam, 50, Paris.
Baigne, Henri, ferblantier, Besançon.
Baïle (loge de Toulouse).
Bailhache, capitaine au 25e dragons.
Baillard, Jules-Edouard, conducteur au chemin de fer, Besançon.
Bailleau, Victor-François-Mathias, agent d'affaires, rue Pierre-Guérin, 8, Paris.
Baillet (loge de Joigny, Yonne.)
Baillet, François, imprimeur-lithographe, rue Simard, 5, Paris.
Bailleu, marchand-fruitier, rue Pagevin, 7, Paris.
Bailleux, marchand de chaussures, rue du Temple, 208, Paris.
Baillier, J.-P., manufacturier, Besançon.
Baillière, Achille, architecte, conseiller municipal, rue Blatin, 75, Clermont-Ferrand.
Bailloz, Jules, horloger, Besançon.
Bailly, rue du Château, 41, Paris.
Bailly, marchand de vins, rue Greneta, 10, Paris.
Bailly, Marly-le Roi, Seine-et-Oise.
Bailly (loge de Saintes, Charente-Inférieure).
Bailly, Charles-François-Marie, juge de paix, Faverges, Haute-Savoie.
Bailly, Louis, fabricant de fleurs, rue Thévenot, 9, Paris.
Bailly, Xavier, employé, avenue de la Grande-Armée, 75, Paris.
Bain, Paris.
Bain, Alphée (loge de Paris).
Barbe, Auguste (loge de Paris).
Bainier, pharmacien, rue de Belleville, 44, Paris.
Bajou, comptable, chemin du Halage, 3, Clichy, Seine.
* Bal, comptable, Chasse, Isère.
Balancé, Alexandre, Port-au-Prince, Haïti.

Balard, Hippolyte, entrepreneur, Besançon.
Balay, Maisons-Alfort, Seine.
Balduc, rue de l'Etoile, 16, Paris.
Balduc, J., rue du Faubourg-Saint-Antoine, 91, Paris.
Baldwin, Léon, avocat (loge de Paris).
Baledent, comptable, rue des Rosiers, 26, Paris.
Ballande, Elie, Jacmel, Haïti.
Ballé, rue de Sèvres, 79, Paris.
Ballery (loge de Paris).
Ballet, architecte, Beaune, Côte-d'Or.
Ballette, Port-au-Prince, Haïti.
Ballière, conseiller municipal, Clermont-Ferrand.
Bally, Adolphe, Cayenne, Guyane française.
Balmiger, avenue Daumesnil, 228 bis, Paris.
Balte, Jules (loge d'Epinal).
Bamat loge de Clichy, Seine).
Bancel (loge de Paris).
Banino, Célestin, marchand de confections (loge d'Alais, Gard).
Bantigny, paveur, rue de La Chapelle, 38, Paris.
Baptiste, Auguste-Jean, Saint-Pierre, Martinique.
Baptiste, J.-B., ouvrier typographe, La Pointe-à-Pitre, Guadeloupe.
Baptiste, Joseph, Jacmel, Haïti.
Baqué, Jules, limonadier, place du Capitole, 8, Toulouse.
Bar (loge de Paris).
Bara (loge de Pantin, Seine).
Barat (loge de Gray, Haute-Saône).
Barateau.
Barbare (loge de Paris).
Barbarie, Valparaiso, Chili.
Barbarot, cordonnier, rue des Blancs-Manteaux, 31, Paris.
Barbarot, G., graveur sur bijoux, rue Debelleyme, 15, Paris.
Barbassat, Raoul, tapissier-sculpteur, Grenoble.
Barbat, Pierre, élève en pharmacie, rue du Sommerard, 15, Paris.
Barbaza.
Barbe, Buenos-Ayres, République Argentine.
Barbe, Emmanuel, Jacmel, Haïti.
Barbé ou Barbet (loge de Cherbourg).
Barbelanne, Célestin, professeur, négociant, Marmande, Lot-et-Garonne.
Barbera (loge de Tunis, Tunisie).
Barbet, Alfred-Hippolyte, propriétaire, rue du Val-de-Saire, 183, Cherbourg.
Barbier, rue Castel-Marly, 12, Nanterre, Seine.

Barbier (loge de Vincennes, Seine).
Barbier, au Mexique.
Barbier, J., rue Saint-Lazare, 20, Paris.
Barbieri (loge de Paris).
Barbot (loge de Saintes, Charente-Inférieure).
Barbot (loge de Royan, Charente-Inférieure).
Barboux, aux Milles, Bouches-du-Rhône.
Barcet (loge de Paris).
Barcet, N. (loge d'Amiens).
* Bard, docteur médecin, Lyon.
Bardac (loge de Paris).
Barde (loge de Paris).
Bardès (loge de Paris).
Bardin, François, rentier, Besançon.
Bardonnaud, Périgueux.
Bardou, Buenos-Ayres, République-Argentine.
Bardy (loge de Lorient).
Barenne, juge de paix, Condé, près Constantine, Algérie.
Barentzen, Franck-Emile, Saint-Pierre, Martinique.
Barets, Charles, artiste des Variétés (loge de Paris).
Barety.
Bargeron.
Baris, (loge de Bordeaux).
Barisien, comptable de l'Hôpital civil de Bougie, Algérie.
Baruino, Antoine, propriétaire, Montevideo, Uruguay.
Baroché, marbrier, avenue du Cimetière, Paris.
Barodet A.-E.
Barois, ingénieur des ponts et chaussées (loge de Paris).
Baron, jardinier, rue du Retrait, 3, Paris.
Baron, médecin militaire, Saint-Domingue, Haïti.
Baron (loge de Saintes, Charente-Inférieure).
Baron, fils, maire des Gonds, Charente-Inférieure.
Baron, Adolphe, docteur-médecin, maire de Saint-Palais, près Royan, Charente-Inférieure.
Baron, Henri, Buenos-Ayres, République Argentine.
Baron, L., père, Port-au-Prince, Haïti.
Baron, Manuel, Saintes, Charente-Inférieure.
Baron, Marcel (loge de Saintes, Charente-Inférieure).
Baroni (loge de Saïgon, Cochinchine française).
Barou (loge de Saint-Germain-en-Laye, Seine-et-Oise).
Barralon (loge de Saint-Etienne).
Barrat (loge de Neuilly, Seine).
Barrat, père, serrurier, Brive, Corrèze.
Barratte (loge de Paris).
Barré (loge de La Basse-Terre, Guadeloupe).
Barré, A., professeur de mathématiques, rue Bréa, 18, Paris.

Barrême (loge d'Aix, Bouches-du-Rhône).
Barrera, ancien magistrat, Perpignan.
Barrier (loge d'Alfort, Seine).
Barrière, fabricant de bijoux, Alger.
Barrois, Théodule, rue Saint-Maur, 212, Paris.
Barrot, Théodore-Adolphe.
Barry, rue Peyremale, 36, Bessèges, Gard.
Barsac, E., représentant de commerce, rue de la Concorde, 32, Toulouse.
Barthaud, Périgueux.
Barthe, docteur-médecin, rue de Belleville, 62, Paris.
Barthe, propriétaire, Pau.
Barthe, chapelier, aux Cayes, Haïti.
Barthe, Emile, rue des Batignolles, 52, Paris.
Barthélemy, entrepreneur, Boissy-Saint-Léger, Seine-et-Oise.
Barthélemy (loge de Poitiers).
Barthélemy (loge de Toulon).
Barthens, Charles, Saint-Pierre, Martinique.
Barthet, D., Buenos-Ayres, République Argentine.
Bartschy (loge de Paris).
Baruys, négociant, Lyon.
Bary, charcutier, à Charonne, Paris,
Bascaux, propriétaire, Nouméa, Nouvelle-Calédonie.
Basilaire, Félix (loge de Dijon).
Basilaire, Jean (loge de Dijon).
Basinski (loge d'Aurillac).
Basque, Joseph, horloger, rue du Four-Saint-Germain, 64, Paris.
Bassan, stores et enseignes, rue du Faubourg-Saint-Denis, 99, Paris.
Basset, comptable, rue Bertin-Poirée, 14, Paris.
Basset (loge de Bordeaux).
Basset, Joseph, hôtelier, Uriage-les-Bains, Isère.
Bassicot, E., Montmorency, Seine-et-Oise.
Bassing, mécanicien-ajusteur, rue Saint-Maur, 222, Paris.
Basso, Honoré (loge de Nice).
Bassora (loge de Jacmel, Haïti).
Bast (de), négociant, rue de Dunkerque, 24, Paris.
Bastard (loge de Saint-Germain-en-Laye, Seine-et-Oise).
Bastiat, publiciste.
Bastide, Louis, négociant, Alais, Gard.
Bastien (loge de Bordeaux).
Bastien (loge d'Orléans).
Bastien, Ph., juge suppléant au Tribunal de la section nord, Port-au-Prince, Haïti.
Bastien-Lepage, Emile, architecte (loge de Paris).

Bastien-Lepage, Jules, artiste-peintre, Paris.
Bastier (loge d'Orléans).
Basty, fabricant de fleurs, rue d'Aboukir, 137, Paris.
Bataillard (loge de Bourg-en-Bresse).
Bataille (loge de Dunkerque, Nord).
Bataille (loge de Bougie, Algérie).
Bataillon, Joseph, chef de chantier, Poses, Eure.
Batailly, négociant en soieries, rue des Petites-Ecuries, 49, Paris.
Batis, Jules (loge de Nancy).
Battendier, Jules, Vesoul.
Battier, Alcibiade, Port-au-Prince, Haïti.
Battier, F., Port-au-Prince, Haïti.
Battu, passementier, rue du Pressoir, 22, Paris
Bau, Joseph, dentiste, rue des Escadylers, 19, Barcelone, Espagne.
Bauby (loge de Paris).
Bauchery, A.
Baud, Charles, négociant, Besançon.
Baudaigne (loge de Marseille).
Baudard (loge de Sétif, Algérie),
Baudement, J. (loge de Paris).
Baudet (loge d'Oléans).
Baudet (loge du Havre).
Baudier, Neuilly-Plaisance, Seine-et-Oise.
Baudier, Saïgon, Cochinchine française.
Baudin, fils, Bordeaux.
Baudoin, mécanicien, rue des Innocents, 9, Paris.
Baudoin, mécanicien, rue Juge, 23 *bis*, Paris.
Baudoin, entrepreneur de bâtiments, Bordeaux.
Baudoin (loge de Toulouse).
Baudrais, au Pecq, Seine-et-Oise.
Baudribos, Léon.
Baudry (loge de Paris).
Baugée, Tours.
Baugier (loge de Paris).
Baugin, fils, Tours.
Baubriaud (loge de Bordeaux).
Baumann, tourneur, rue Chanoinesse, 20, Paris.
Baumann, P., Buenos-Ayres, République Argentine.
Baumann, René.
Baumberger, négociant, Barcelone. Espagne.
Baume, Edmond, journaliste, Saint-Germain-en-Laye, Seine-et-Oise.
Baumier, Ernest (loge du Vigan, Gard).
Baur (loge de Paris).

Baussan (loge de Marseille).
Baux, Jean, mécanicien, rue Saint-Maur, 99, Paris.
Bauzin, E (loge du Havre).
Bay (loge de Vesoul).
Bayard, H., Port-au-Prince, Haïti.
Bayle, Paul, Bordeaux.
Bazangeon, conducteur de travaux, rue de Joinville, 25 *bis*, Paris.
Baze (loge de Paris).
Bazelet (loge de Toulouse).
Bazerque (loge de Paris).
Bazil (loge de Caen).
Bazin, employé, rue de l'Odéon, 5, Paris.
Bazin, père, négociant, Grande-Rue, Argenteuil, Seine-et-Oise.
Bazin, Joseph, marbrier, Chambéry.
Bazin-Duval, Cognac, Charente.
Bazus, Jean-Bernard, garde d'artillerie, Marseille.
Beau, Ernest, employé, rue de Paris, 15, Limoges.
Beau, Henri-Jean, bonnetier, rue de Paris, 15, Limoges.
Beau, Jean-Alexandre (loge de Limoges).
Beau, Jean-Ernest (loge de Limoges).
Beauchery, publiciste (loge de Paris).
Beaudelot, A. M., place des Vosges, 9, Paris.
Beaufils, Aimé, aux Cayes, Haïti.
Beaufort, Louis-Auguste (Simonet dit), maître-imprimeur, journaliste, Cherbourg.
Beauguet (loge de Paris).
Beaujanot, banquier, directeur de la Société coopérative de crédit, rue de Provence, 21, Paris.
Beaumarié, J. Buenos-Ayres, République Argentine.
Beaumarié, T, Buenos-Ayres, République Argentine.
Beaumé, honoré (loge de Valparaiso, Chili).
Beaumesnil (loge de Saint-Denis, Seine),
Beaumesnil, H. (loge de Paris).
Beaumont (loge de Boulogne-sur-Mer).
Beaumont, adjoint au directeur de la Cie du Transatlantique, Cette, Hérault.
Beaumont, A., carrefour de l'Observatoire, 2, Paris.
Beaune (loge de Saint-Germain-en-Laye, Seine-et-Oise).
Beauregard (loge de Paris).
Beauruin (loge du Doubs).
Beausillon, père (loge de Paris).
Beausillon, aîné, comptable, boulevard de La Chapelle, 102 Paris.
Beausillon, jeune, boulevard de La Chapelle, 102, Paris.

Beausoleil (loge de Libourne, Gironde).
Becelle, Louis-Jean-Baptiste, au Havre.
Béchet (loge d'Angers).
Béchut, P.-L. (loge d'Angers).
Becker, plombier, rue Grégoire-de-Tours, 42, Paris.
Becker, rue Verte, Amiens.
Becker, fils (loge de Neufchâteau, Vosges).
Becker, A. (loge de Bar-le-Duc).
Becker, Emile (loge de Neufchâteau, Vosges).
Bécus (loge d'Alais, Gard).
Bécus, Gabriel (loge de Toulouse).
Bédat (loge de Bordeaux).
Bédat, J. Buenos-Ayres, République Argentine.
Bédé, tailleur de pierres, ancien régisseur de cercle, Caussade, Tarn-et-Garonne.
Bédoille (loge de Paris).
Beglet (loge de Paris).
Begouin, Trouville, Calvados.
Bégouin, fils (loge de Trouville, Calvados).
Béguerisse (loge de Bordeaux).
Béguet, A. (loge de Paris).
Béguet, Léon.
Béguin, directeur de l'Ecole normale, Perpignan.
Béguin, F. Valparaiso, Chili.
Beguinot (loge de Paris).
Beinis, Ch., Saint-Louis, Sénégal.
Beivcau (loge de Paris).
Beix, Bône, Algérie.
Beix, père (loge de Toulouse).
Bel, rue du Rocher, 85, Paris.
Bélard, Jean.
•Belat, bâtonnier de l'Ordre des avocats, procureur de la République, maire de Valence, vice-président du Conseil général de la Drôme, président de Chambre à la Cour d'appel de Poitiers.
Belat, Grenoble.
Belet (loge de Paris).
•Belgrand, François, conseiller municipal, juge au Tribunal de commerce, rue Gioffredo, 46, Nice.
Belgrand, Jean-Baptiste, Nice.
Belgrand, Richard-Cyprien-Marie (loge de Nice).
Belhomme (loge de Libourne, Gironde).
Belhomme, Gustave (loge de Libourne, Gironde).
Belhomme, Louis-Marie-Théobald, comptable, Neuville- lès-Dieppe, Seine-Inférieure.
Belier, mécanicien, rue Saint- Maur, 14, Paris.

Belin, Victor, avocat à la Cour, ancien secrétaire de Jules Favre (loge de Paris).
Belisson
Bellamy (loge de Paris).
Bellande, Dumas, Jacmel, Haïti.
Bellande, Origène, Jacmel, Haïti.
Bellanger, fabricant de chaussures, rue Saint-Denis, 277, Paris.
Bellanger (loge de Versailles).
Bellanger, fondateur de la Société d'instruction mutuelle du Havre.
Belle (loge de Blidah, Algérie).
Belle, G., Buenos-Ayres, République Argentine.
Bellé (loge de Périgueux).
Bellemé (loge de Vincennes, Seine).
Bellen (loge d'Albertville, Savoie).
Bellengier, Joseph-Marius, professeur, Albertville, Savoie.
Bellet, Prosper-Benjamin, ancien avoué, Alger.
Bellevue, au Havre.
Bellier, père, Paris.
Bellier, Félix-Louis, fils (loge de Paris).
Bellier Julien (loge de Paris).
Bellière, directeur du Gymnase Gesell, rue Vctor-Cousin, Paris.
Belloir Jules, boulanger, avenue de Choisy, 116, Paris.
Bellot Victor, marchand de vins, passage de Ménilmontant, 11, Paris
Bellouze (loge de Paris).
Belly, Lunel, Hérault.
Belmont, Georges-Louis-Ferdinand-Léon (loge de La Pointe-à-Pitre, Guadeloupe).
Belmont, Jean (loge de La Basse-Terre, Guadeloupe).
Belmont, Léon, La Pointe-à-Pitre, Guadeloupe.
Belmonte (loge d'Oran, Algérie).
Belœil, rue Saint-Martin, 105, Paris.
Belot, Jules (loge de Paris).
Beltçay
Beltiçagny, conducteur des ponts et chaussées (loge d'Alger)
Belvo, rue de la Goutte d'Or, 53, Paris.
Belzanne, Pierre, entrepreneur de maçonnerie, rue Saint-Maur, 45, Paris.
Bémelmans (loge de Vincennes, Seine).
Benalback, H. (loge française de Montréal, Canada).
Bénard (loge d'Orléans).
Bénard, place de l'Hôtel-de-Ville, 18, au Havre.
Benatte (Hospice Brézin).

Benech, docteur-médecin (loge de Lille).
Bénédict (loge de Paris).
Benoist, avenue d'Italie, 13, Paris.
Benoist, rue Barbette, 2, Paris.
Benoist, V. (loge française de Londres, Angleterre).
Benoît, pharmacien, rue de Flandre, 92, Paris.
Benoît, Antoine, Port-au-Prince, Haïti.
Benoit, Eugène (loge de Neuilly-Plaisance, Seine-et-Oise).
Benoît, Jean-Claude, maréchal des logis, chef-mécanicien d'artillerie de marine, Lorient.
Benoît, Pierre, aux Cayes, Haïti.
Bénot (loge d'Angoulême).
Bense, rentier, rue de l'Industrie, 15, Toulouse.
Bensimon, Elie, Constantine, Algérie.
Ber, Auguste, négociant, Besançon.
Béranger (loge de Poitiers).
Bérard, substitut du procureur de la République, Lyon.
Bérard (loge de Bourg-en-Bresse).
Bérard Jean, instituteur, Vienne, Isère.
Berardi, artiste lyrique.
Béraud, père, Périgueux.
Béraud, fils, (loge de Périgueux).
Berbinau, lieutenant de vaisseau.
Bercaille, Albert, chapelier, Besançon.
Berceaux, mécanicien, avenue de Paris, 2, Saint-Denis, Seine.
Berchut, conseiller municipal du Havre.
Berdon, E., Buenos-Ayres, République Argentine.
Berdoni, Jules, ancien président de la Société typographique, Toulouse.
Berdux (loge de Paris).
Bérenger, H. (loge de Rouen).
Bérenger, J. (loge de Rouen).
Berge, Jean-Baptiste, négociant, Perpignan.
Bergé, Saïgon, Cochinchine française.
Berger (loge de Laon).
Berger, Charles (loge de Paris).
Berger, F. Valparaiso, Chili.
Berger, François, chef d'escadron d'artillerie, en retraite, rue de Pau, Tarbes.
Berger, Joseph, fondé de pouvoir de la Recette particulière des finances, Bourganeuf, Creuse.
Bergère (loge de Paris).
Bergerat, Félix, rentier, Chambéry.
Bergerol (loge de Paris).
Bergeron (loge de Saintes, Charente-Inférieure).

Bergès, cuisinier, rue de la Huchette, 21, Paris.
Bergès (loge de Valparaiso, Chili).
Bergès Victor, (loge de Toulouse).
Bergier, entrepreneur de travaux publics, boulevard de Magenta, 142, Paris.
Bergin, Gabriel, négociant, aux Fourneaux, Savoie.
Bergondi, avocat (loge de Nice).
Bergougnan, A., avocat, conseiller d'arrondissement, rédacteur judiciaire au *Temps*.
Berguerand, J., Buenos-Ayres, République Argentine.
Berguès, Perpignan.
Berho, Léon, Buenos-Ayres, République Argentine.
Bérillon, Eugène, père, ancien chef de musique (loge de Joigny, Yonne).
Berioux, Vaucresson, Seine-et-Oise.
Berjot (loge de Caen).
Berlan, F. (loge de Saint-Ouen, Seine).
Berlan, Léopold, Saint-Ouen, Seine.
Berlandier, marchand d'attributs et décors maçonniques, rue du Bouloi, 8, Paris.
Bermeilly, négociant, Saint-Pierre, Martinique.
Bermel (loge de Paris).
Bernadins Léon, docteur-médecin, au Pérou.
Bernard, Chalon-sur-Saône.
Bernard, entrepreneur de travaux publics, Caussade, Tarn-et-Garonne.
Bernard (loge de Bourg-en-Bresse).
Bernard (loge de Laon).
Bernard, lieutenant au 20e bataillon de chasseurs (loge de Rouen).
Bernard (loge de Rueil, Seine-et-Oise).
Bernard (loge de Saintes, Charente-Inférieure).
Bernard, Saint-Louis, Sénégal.
Bernard, aîné, rue de la Cerisaie, 41, Paris.
• Bernard, Achille, fabricant de lunettes, rue de Bretagne, 39, Paris.
Bernard, Athanase, négociant, Perpignan.
Bernard, Auguste, rue de Vaugirard, 403, Paris.
Bernard, Auguste, Grande-Rue, 13, Issy, Seine.
Bernard, Auguste (loge d'Orléans).
Bernard, Charles, rue du Faubourg-Saint-Martin, 231, Paris.
Bernard, Charles, rue Allard, 18, Saint-Mandé, Seine.
Bernard, Florimond, Buenos-Ayres, République Argentine.
Bernard, J. (loge de Toulouse).
Bernard, Jean-Baptiste, voyageur en vins, rue du Faubourg-Saint-Martin, 182, Paris.

Bernard, Jules, comptable, rue du Grand-Prieuré, 31, Paris.
Bernard, Jules-René, typographe, rue Saint-Laurent, 95, Grenoble.
Bernard, Léon, menuisier, Besançon.
Bernard, Louis, comptable, Grenoble.
Bernard, Marius, maître d'hôtel (loge de Martigues, Bouches-du-Rhône.)
Bernard, Rosier-Louis, Port-au-Prince, Haïti.
Bernard, S. (loge de Bessèges, Gard).
Bernard, Th., Port-au-Prince, Haïti.
Bernard, V., Saint-Pierre, Martinique.
Bernardet, Lyon.
Bernardon, Léon (loge de Paris).
Berne, A., Saint-Thomas, Antilles danoises.
Bernet, maçon, rue du Débarcadère, 17, Paris.
Bernet (loge de Neuilly, Seine).
Bernheim (loge de Paris).
Bernier, père, Gentilly, Seine.
Bernier, rédacteur-gérant de *l'Indépendant*, Nouméa, Nouvelle-Calédonie.
Bernier, Ferdinand, Jacmel, Haïti.
Bernighies (loge de Nice).
Bernon (loge du Havre).
Bernond, rue Pey, Aix, Bouches-du-Rhône.
Bernot, Auguste, ancien rédacteur à la *Démocratie de la Nièvre* (loge de Nevers).
Bernus (loge de La Motte-Bouchot, Saône-et-Loire).
Béroïz, Périgueux.
Berr, artiste de la Comédie-Française (loge de Paris).
Berrad ou Berrod (loge de Beaune, Côte-d'Or).
Berryer, propriétaire, rue du Havre, Saint-Adresse, près le Havre.
Berryer, Pierre-Antoine, avocat, député, membre de l'Académie française.
Bersoglio (loge de Marseille).
Bersot-Bonamy, cultivateur, Besançon.
Bertau, Fernand-Adolphe-Adrien (loge de Paris).
Bertau, Lucien-René-Victor (loge de Paris).
Bertauche, employé, boulevard Davoust (bâtiment de l'octroi). Paris.
Bertauld, député, sénateur inamovible.
Bertaux, Ed. (loge de Paris).
Berteaux (loge de Levallois-Perret, Seine).
Bertel (de), Armand, en Louisiane.
Berthaud, Ernest, rue du Gouvernement, Saint-Quentin, Aisne.

• Berthe, Edme, propriétaire, adjoint au maire de Joigny, Yonne.
Berthe-Havard (loge de Joigny, Yonne).
Berthelet, Gaston (loge de Marseille).
Berthellier, Anthelme, boucher, Albens, Savoie.
Berthelo (loge de Vincennes, Seine).
Berthet (loge de Paris).
Berthet (loge de Bourg-en-Bresse).
Berthier, banquier au Havre.
Berthier, Adolphe, rue du Luxembourg, 25, Paris.
Berthier, Henri-Jean-Baptiste, maître d'hôtel, au Pont-de-Claix, Isère.
• Berthillier, Claude, négociant en vins, maire, conseiller général, Belleville-sur-Saône, Rhône.
Berthiot, pharmacien, rue du Faubourg-Saint-Antoine, 107, Paris.
Bertholon, docteur-médecin (loge de Tunis, Tunisie).
Berthoud, rue Marie-Louise, 7, Paris.
Berthuin, Louis-Albert, Cayenne, Guyane française.
Berthy, négociant, Brive, Corrèze.
Bertier (loge de Dijon).
Bertin, tailleur, rue Notre-Dame-des-Victoires, 34, Paris.
Bertin, avocat, Bordeaux.
Bertin (loge de Forges-les-Eaux, Seine-Inférieure).
Berton, rue du Faubourg-Saint-Jacques, 5, Paris.
Bertonne, glacier, rue de Rivoli, 108, Paris.
Bertrand, marchand de vins, rue de Grenelle, 196, Paris.
Bertrand (loge d'Arras).
Bertrand, Buignevaux, près Saint-Michel, Meuse.
Bertrand (loge de Reims).
Bertrand, Charles-Eugène, rue d'Alger, Amiens.
Bertrand, Mathurin, boucher, rue Montgrand, 3, Marseille.
Bertranet, maître-charpentier (loge de Libourne, Gironde).
Bertz (loge d'Arras).
Berville, Saint-Albin, avocat général, président de chambre à la cour de Cassation, homme de lettres, député.
Besançon, doreur, rue des Fontaines, 17, Paris.
Besançon (loge d'Orléans).
Besançon, Pierre, négociant, Besançon.
Beschemont, impasse de l'Orillon, 5, Paris.
Besinges, Georges, chef de dépôt à la gare de Ruffec, Charente.
Beslay, ingénieur, rue du Cherche-Midi, 84, Paris.
Besnard, rue d'Argout, 16, Paris.
Besnard, aîné, rue de la Cerisaie, 41, Paris.
Besnard, G. (loge du Havre).

Bessard, (loge de Pontoise, Seine-et-Oise).
Besse, Périgueux.
Besse, fils, maçon, Brive, Corrèze.
Bessières, avocat-défenseur, Tunis, Tunisie.
Besson, membre de la Société métallurgique du Havre.
Besson, docteur-médecin (loge de Tulle).
Besson, Justin-Auguste, avoué au Tribunal de première instance de Besançon.
Besson, Pétrus, Givors, Rhône.
Bétancès, docteur-médecin, rue de Châteaudun, 9, Paris.
Bétat, Jean, percepteur, Morlaàs, Basses-Pyrénées.
Betbèze, Joseph-Edmond, avoué, rue de la Grotte, Lourdes, Hautes-Pyrénées.
Béthoux, rue Florian, 11, Alais, Gard.
Betous (loge de Condom, Gers).
Bette (loge de La Motte-Bouchot, Saône-et-Loire).
Bettembos, Paris.
Betterean, père.
Betterean, fils.
Betz-Reinhart, tailleur, Lyon.
Beu, Simon (loge de Marseille).
Beudon, ingénieur civil (loge d'Alger).
Beuret, François-Xavier, agent-voyer, Besançon.
Béville, Abel, La Pointe-à-Pitre, Guadeloupe.
Beylac (loge de Saint-Denis, Seine).
Bézier, Edouard, rue Pétel, 11, Paris.
Biagotti, Lyon.
Biais (loge d'Angoulême).
* Bianchi, Alphonse, ingénieur, sous-préfet, receveur des hospices, conseiller municipal de Lille, conseiller du Nord.
Bianco, rue du Paquier, Annecy.
Biard, rue Jean-Jacques-Rousseau, 80, Paris.
Biard, Sens, Yonne.
Biasetto (loge de Rueil, Seine-et-Oise).
Bibal, (loge du Havre).
Bibal, Auguste, Paris.
Bibet, peintre, rue Saint-Pierre, 3, Saint-Germain-en-Laye, Seine-et-Oise.
Bicaux (loge de Lyon).
Bichard, maréchal-ferrant, La Souterraine, Creuse.
Pichet (loge de Montrouge, Seine).
Bidard (loge de Paris).
Bidegaray, J.-B. (loge de Valparaiso, Chili).
Bidenbach (loge de Lyon).
Bidermann (loge de Paris).
Bidron, graveur, rue des Jeûneurs. 10, Paris.

Bidron, avenue Estibal, 36, Saint-Maur, Seine.
Pied-Charreton (loge de Paris).
Biémont (loge de Paris).
Biesel, Auguste, chancelier de la Légation des Etats-Unis d'Amérique (loge de Levallois-Perret, Seine).
Bigallet, négociant, Besançon.
Bigaud, Pierre(loge de Buénos-Ayres, République Argentine).
• Bigonville, rue d'Orsel, 48, *bis*, Paris.
Bigot, Léon, professeur, rédacteur en chef du *Phare de Bretagne*, Lorient.
Bigot, Léon-Marie-Louis, professeur d'histoire, Bayeux, Calvados.
Biguet, Claude-Louis, instituteur, Verrens-Arvay, Savoie.
Bijasson, Jacques, horloger, Besançon.
Bijou, R., jeune, Port-au-Prince, Haïti.
Bikard (loge de Paris).
Bilbaut, fils (loge de Nice).
Bilbaust, rue Tronchet, 36, Paris.
Billard, marchand de vins, rue Montmartre, 9, Paris.
Billaud, juge de paix, conseiller municipal, conseiller général, et premier adjoint au maire, Avallon, Yonne.
Billaud (loge de Bordeaux)
Billaud, Jules, mécanicien (loge de Marseille).
Billet, père, Chambéry.
Billet, François, corroyeur, rue du Grenier-Saint-Lazare, 13, Paris.
Billet, Jean-Marie, (loge de Chambéry).
Billion, rentier, rue Fazillot, 84, Levallois-Perret, Seine.
Billion, Auguste, employé au Chemin de fer de Paris-Lyon-Méditerranée, Culoz, Ain.
Billot, Bordeaux.
Bilon, Antoine-Emile, commis, Annemasse, Haute-Savoie.
Biltries, P.-A., Saint-Thomas, Antilles danoises.
Bin, Emile, artiste-peintre, maire du XVIIIe arrondissement de Paris.
Binant. Marie-Joseph. peintre, Compiègne, Oise.
Bincteux (loge de Paris).
Binet, ancien courtier en bijouterie, rue du Temple, 72, Paris.
Bing, G. (loge de Paris).
Biolet, capitaine en retraite.
Bischoff (loge de Lyon).
Bisson, employé de café, rue de Bondy, 26, Paris.
Bistoury, S., Port au-Prince, Haiti.
Bitaly (loge de Bordeaux).
Bith, Auguste, hôtelier, Saint-Marcellin, Isère.
Bitsch, Alphonse, photographe, Besançon.

Biva, Henri, rue du Château-d'Eau, 72, Paris.
Bivert (loge de Paris).
Bixio, Olivier, officier attaché à l'état-major de Victor-Emmanuel (1859), officier d'ordonnance du général Billot (1870).
Bizouard (loge de Paris).
Blaës, orfèvre, rue des Vinaigriers, 23, Paris.
Blainville (loge de Paris).
Blair, employé de chemins de fer (loge d'Alger).
Blaire, docteur-médecin (loge de Montpellier).
Blaise, Jean-Baptiste, Givors, Rhône.
Blampied, Eugène, peintre sur porcelaine, rue Darnet, 14, Limoges.
Blanc employé des Postes, rue du Faubourg Saint-Denis, 155, Paris.
Blanc, marchand de vins, rue des Tournelles, 11, Romainville, Seine.
Blanc, Auguste, père, Saint-Geniès-de-Magloires, Gard.
Blanc, Auguste, fils (loge de Saint-Geniès-de-Magloires, Gard).
Blanc, Joseph, instituteur, Plancherine, Savoie.
Blanc, Joseph-Henri, percepteur, Albertville, Savoie.
Blanc, Lucien, Lyon.
Blanc, N. (loge de Lunel, Hérault).
Blancat, Justin, Buenos-Ayres, République Argentine.
Blanchar (loge de Martigues, Bouches-du-Rhône).
Blanchard, conseiller municipal, Brive-la-Gaillarde, Corrèze.
Blanchard (loge de Lorient).
Blanchard, Charles-Martin, entrepreneur, Besançon.
Blancheland (loge de Paris).
Blanchet, La Pointe-à-Pitre, Guadeloupe.
Blanchin, employé, à Belleville, Paris.
Blanchon, chef de division au Comptoir central de Crédit, rue Pierre-Levée, 4, Paris.
Blavier, Achille (loge de Vincennes, Seine).
Blavier, Louis-André (loge de Vincennes, Seine).
Blech, Alfred, directeur de l'Association générale d'Alsace-Lorraine (loge de Paris).
Blech, Aug. (loge de Paris).
Blet (loge de Paris)
Blet, fils, (loge de Paris).
Bliard (loge de Paris).
Blitz, Henri-Juliani, médecin-accoucheur, rue des Tonneliers, 32, Marseille.
Bloch, rue de Rambuteau, 77, Paris.
Bloch, négociant, rue du Sentier, 29, Paris.
Bloch (loge de Rouen).
Bloch, Paul (loge de Paris).

Bloch, Salomon, professeur au Lycée de Besançon.
Blois, rue du Louvre, 22, Paris.
Blois, A., quai d'Orléans, 16, Paris
* **Bloncourt**, Octave, ancien négociant, journaliste, adjoint au maire de La Pointe-à-Pitre, conseiller général de la colonie, La Pointe-à-Pitre, Antilles françaises.
Blondeau, rue Nationale, 15, Paris.
Blondeau (loge de Saint-Quentin, Aisne).
Blondeau (loge de La Fère, Aisne).
Blondel, Charles.
Blondet, François, instituteur, Chambéry, Savoie.
Blondiau, rue Clavel, 28, Paris.
Blondiaux (loge de Saint-Quentin, Aisne).
Blossier (loge de Paris).
Blot (loge de La Motte-Bouchot, Saône-et-Loire).
Blottinger, Ernest (loge de Paris).
* **Blum**, Fernand, président de la Chambre syndicale des représentants de fabriques et de commerce, rue des Petites-Ecuries, 12, Paris.
Blum, Gaston, ingénieur (loge de Paris).
Blum, Maurice, négociant, Besançon.
Blum-Javal, Jules (loge de Paris).
Blumenthal, limonadier, boulevard de Sébastopol, 17, Paris.
Blumstein, comptable d'administration, Saint-Germain-en-Laye, Seine-et-Oise.
Bluzat, entrepreneur (loge de Tulle).
Bocheron fabricant de chaussures, rue Gauthey, 19, Paris.
Bocquée, artiste lyrique.
Bocquet, professeur de musique.
Bocquet, avocat, rue Saint-André-des-Arts, 27, Paris.
Bocquet, architecte, rue de Paris, 120, Boulogne, Seine.
Bocquet, Alfred, docteur-médecin.
Bocquet, Emile, fabricant de tuiles (loge du Havre).
Bocquin (loge de Paris).
Bodard, Louis, restaurateur, rue Basfroi, 31, Paris.
Bodélio, docteur-médecin, Lorient.
Boé (loge de Paris).
Boens (loge d'Argenteuil, Seine-et-Oise).
Boéri, Charles, tailleur, Besançon.
Boery (loge de Grasse, Alpes-Maritimes).
Bœuf (Bertoloto, dit Ernest), artiste au théâtre de Dunkerque Nord.
Bognard, père, lithographe, rue de la Perle, 5, Paris.
Bognard, fils, rue Jules-César, 15, Paris.
Boguet, Alphonse-Louis-Gabriel (loge de Paris).
Boillot (loge de Paris).

Boirot, Victor, rue Muller, 17, Paris.
Bois, P.-A., ancien directeur du Magasin central de l'Etat, Port-au-Prince, Haïti.
Boisdesol, Auguste (loge de Bourg-en-Bresse).
Boisnard, père, négociant (loge de Cognac, Charente).
Boisnard, Ph. (loge de Cognac, Charente).
Boissard ou Boissart, rue Riquet, 45, Paris.
Boisseau, A. (loge française de Montréal, Canada).
Boissellier, Uranie, conducteur des ponts et chaussées, Moutiers, Savoie.
Boisserin (de), Bergerac, Dordogne.
Boisson, rue de Paradis-Poissonnière, 13, Paris.
Boisson, dessinateur, à Montmartre, Paris.
Boissonade, professeur de droit à Grenoble.
Boissy, père (loge de Pontoise, Seine-et-Oise).
Boitel, Henri-Félix, lithographe, rue des Marais, 41, Limoges.
Bollack (loge de Paris).
Bollard, François, commis-entrepreneur, Aix-les-Bains, Savoie.
Bollé (loge de Paris).
Bollinger, Emmanuel (loge de Paris).
Bon, employé, avenue de Clichy, 19, Paris.
Bon (loge de Bourg-en-Bresse).
Bona (loge de Paris).
Bonami, maire de Pieux, Manche.
Bonaparte-Wyse, Lucien-Napoléon, avenue de Messine, 10, Paris.
Bonavita, César, agent français de la Cie Bône-Guelma, Tunis, Tunisie.
Bondon (loge de Vincennes, Seine).
Bonet (loge de Caen).
Bonet (loge de Troyes).
Bongrain (loge de Neuilly, Seine).
Bongrand, négociant, rue Croix-des-Petits-Champs, 23, Paris.
Bonheur (loge de Neuilly, Seine).
Bonhoure (loge de Bédarieux, Hérault).
Bonhoure, épicier, Caussade, Tarn-et-Garonne.
Bonien (loge du Havre).
Bonieux ou Bonnieux, rue de l'Eglise, 7, au Vésinet, Seine-et-Oise.
Boniface, La Pointe-à-Pitre, Guadeloupe.
Bonjour, Alfred, négociant, Besançon.
Bonnabel, Emile (loge de Châlons-sur-Marne).
Bonnaire, père, rue de la Cathédrale, Meaux, Seine-et-Marne.
Bonnalgue, Bordeaux
Bonnamaur (loge de Paris).

Bonnand (loge de Gisors, Eure).
Bonnard, fabricant de peignes, rue Saint-Martin, 226, Paris.
Bonnard (de), A., docteur-médecin, rue de Mazagran, 15, Paris.
Bonnardel, Adolphe, comptable, rue Doudeauville, 15, Paris.
Bonnat, Jean, maître-charpentier, Grenoble.
Bonnaud, Henri, négociant, Cognac, Charente.
Bonnauld, J.-Constantin (loge de Nancy.
Bonne, Claude-Joseph, peintre, Besançon.
Bonne, Simon, représentant de commerce, Paris.
Bonneau, Niort.
Bonneau, Henri, Bordeaux.
Bonneau, Joseph, jardinier, cité des Maures, 9, Aubervilliers, Seine.
Bonnefois, père, Cannes, Alpes-Maritimes.
Bonnefois, fils, Cannes, Alpes-Maritimes.
• Bonnefont, Pierre, chef de bureau à la Marine, boulevard Riquet, 20, Toulouse.
Bonnemaison, Isidore, architecte, rue du Lycée, Tarbes.
Bonnemort, D., Buénos-Ayres, République Argentine.
Bonneseur (loge de Brive, Corrèze).
Bonnet, employé (loge de Paris).
Bonnet (loge de Troyes).
Bonnet, au Vigan, Gard.
Bonnet, négociant, Port-au-Prince, Haïti.
Bonnet, Pierre (loge de Martigues, Bouches-du-Rhône).
Bonneville (loge de Paris).
Bonniard, A., Rio-Janeiro, Brésil.
Bonniol (loge de Cette, Hérault).
Bonnot, fils, Laon.
Bonnot, Victor (loge de Lille).
Bonnot, Virgile (loge de Laon).
Bonny, Antoine, Port-au-Prince, Haïti.
Bonny, Cyrus, Port-au-Prince, Haïti.
Bonouart, Bordeaux.
Bonrepaux, Jean-Baptiste, négociant, Tunis, Tunisie.
Bontemps (loge de Neuilly-Plaisance, Seine-et-Oise).
Bonthoux, boulevard de la Madeleine, 129, Marseille.
Bonthoux, Alexandre, typographe, Marseille.
Bonvoux, teneur de livres, Marseille.
Bony, mécanicien, rue de Charonne, 17, Paris.
Boone (loge de Cambrai, Nord).
Borazier de Vomane (de), officier en retraite, Marseille.
Bord, mécanicien, Ussel, Corrèze.
Bordas (loge de Saint-Quentin, Aisne).

Borde (loge de Paris).
Bordc, limonadier, Beaulieu, Corrèze.
Bordereaux, Laon.
Bordes, E., Jacmel, Haïti.
Bordier, maître-cordonnier, Villefranche.
Bordier, Arthur-Alexandre, docteur-médecin, professeur à l'Ecole d'Anthropologie de Paris, aux Saillans, Isère, et à Paris, rue Washington.
Bordiex (loge de Paris).
Bordinat (loge de Tours).
Bording. Port-Louis, île Maurice.
Bordo, A. (loge de Perpignan).
Bordone, pharmacien, homme de lettres, chef d'état-major à l'armée des Vosges (guerre de 1870-71).
Bordy, Saint-Arthur, instituteur, Besançon.
Boreau, employé au ministère de la Guerre, boulevard Montparnasse, 61, Paris.
Borel (loge de Trouville, Calvados).
Borel, Frédéric, négociant, Marseille.
Borgin, E., La Pointe-à-Pitre, Guadeloupe.
Borgin, Léopold, mécanicien, La Pointe-à-Pitre, Guadeloupe.
Borho, J. (loge de Saint-Ouen, Seine).
Boricaud, Gaston-Pierre (loge de La Pointe-à-Pitre, Guadeloupe).
• Boricaud-Ismard, Narcisse, commerçant et propriétaire, conseiller général, maire de la commune des Abymes, La Pointe-à-Pitre, Guadeloupe.
Borma (loge de Paris).
Bornand, Pierre-Marie, ébéniste, Annecy.
Bornet (loge de Paris).
Bornet, marchand de bois, quai d'Ivry, 23, Ivry, Seine.
Borniol, Cannes, Alpes-Maritimes.
Borredon, serrurier, rue Ginoux, 3, Paris.
Borrelly (loge de Vichy, Allier).
Borriglione, maire et député de Nice.
Bory, André-Sylvère (loge de Blidah, Algérie).
Bos (loge de Paris).
Bosano, Gérôme (loge de Nice).
Bosazza, Jean-Baptiste, entrepreneur, Albertville, Savoie.
Bosc, La Pointe-à-Pitre, Guadeloupe.
Bosquet (loge de Paris).
Bosquet, professeur de piano (loge de Neuilly-Plaisance, Seine-et-Oise).
Bossan, serrurier, rue Daubanton, 17, Paris.
Bosse, Gabriel (loge de Paris).
Bossó, caissier-comptable, rue Tiquetonne, 61, Paris.

Bosseux, Paul, employé de commerce, rue de Laval, 27, Paris.
Bossu, Edouard (loge de Niort).
Bossu, Henri, employé, Quai de Bercy, 25, Paris.
Bossuet (loge de Bordeaux).
Bossy (loge de Lyon).
Bosviel, Emile, négociant, Bagnères-de-Bigorre, Hautes-Pyrénées.
Botholier, menuisier, rue du Faubourg-du-Temple, 99, Paris.
Bottard, Saint-Denis, Ile de la Réunion.
Bottard, A., étudiant en médecine, Paris.
Bottard, A., professeur, rue d'Auteuil, 11 *bis*, Paris.
Boubal, Jacques, Perpignan.
Bouchage, Maurice, docteur-médecin, rue Rempart-Montabiau, 37, Toulouse.
Bouchard, Sylvain-Honoré, voyageur de commerce, Besançon.
Bouché, rue du Moulin-Vert, 12, Paris.
Bouché, propriétaire, rue de Charonne, 139, Paris.
Bouchée, architecte.
Bouchemousse, Léonard, négociant, rue Turgot, 3, Limoges.
Boucher (loge de Bordeaux).
Boucher, Thoiry, Seine-et-Oise.
Boucher, Constantine, Algérie.
Boucher, Emile, briquetier, rue des Ardennes, 10, Paris.
Boucher, Emile, employé des contributions indirectes, rue de Charenton, 153, Paris.
Boucherat, Louis, Port-Louis, Ile Maurice.
Bouchère, Pierre, entrepreneur, Chambéry.
Bouchereau, Alexis, en Haïti.
Boucheron (loge de Saint-Quentin, Aisne).
* Boucheron, Henri, ingénieur, professeur à l'Ecole Centrale, adjoint au maire du VIIe arrondissement, quai d'Orsay, 99, Paris.
Bouchet (loge de Choisy-le-Roi, Seine).
Bouchet, négociant, Montpellier.
Bouchou, cuisinier, rue de la Roquette, 12 *bis*, Paris.
Bouchou, Jacques, professeur de gymnastique, Tarbes.
Bouchy (loge de Neuilly-Plaisance, Seine-et-Oise).
Boucoiran (loge de Nîmes).
Boudard, Célestin, tapissier (loge de Nice.)
Boudard, Maurice (loge de Nice).
Boudeau-Grimaud.
Boudesseul, François-Pierre, tailleur, rue de l'Arbre-Sec, 14 Paris.

Boudet (loge de Paris).
Boudet (loge de Bordeaux).
Boudet, Saint-Pierre, Martinique.
Boudet, préfet.
Boudet, Fernand, secrétaire général de préfecture.
Boudier (loge de Paris).
Boudier (loge de Vincennes, Seine).
Boudin, Casimir, Beauvais).
Boudin, Xavier, emballeur, rue Biot, Beauvais
Boudois, rue de Tilsitt, 10, Paris).
Boudon, négociant, Blidah, Algérie.
Boudot, Emile, rentier, Besançon.
Boudouresque, artiste de l'Opéra de Paris.
Boué, Marcel, ancien notaire, avocat, conseiller général, Condom, Gers.
Boufart, adjoint au maire de Fécamp, Seine-Inférieure.
Bouffet, secrétaire général de préfecture, préfet.
Bougeaud, Edouard, rue Saint-Martin, 192, Paris.
Bougenaut, François.
Bougenier, Alger.
Bougier, Henri, rue Monge, 82, Paris.
Bouglet (loge de Pantin, Seine).
Bouhey (loge de Beaune, Côte-d'Or).
Bouigard, rue Anglaise, 14, Tours.
Bouillard, Paul (loge d'Alais, Gard).
Bouillaud, adjoint au maire de Nouméa, Nouvelle-Calédonie.
Bouillé (loge de Bougie, Algérie).
Bouillet, docteur-médecin (loge de Paris).
Bouillière, tréfileur, rue de la Corderie-du-Temple, 8, Paris
Bouilloud, Louis-Edmond, instituteur, Chambéry.
Bouin (loge de Paris).
Bouïnais (loge de Levallois-Perret, Seine).
Boujon, Jean, chef de train, Chambéry.
Boulan (loge de La Ciotat, Bouches-du-Rhône).
Bouland (loge de Paris).
Bouland (loge de Marseille).
Boulanger (loge d'Angers).
Boulanger (loge de Sain -Germain-en Laye, Seine-et-Oise).
Boulanger (loge de Saint-Quentin, Aisne).
Boulanger Ed., dessinateur (loge de Paris).
*** Boulanger, Georges-Ernest,** — a été inscrit par erreur ; **a été seulement présenté à l'initiation par quelques amis trop zélés qu'il n'avait pas autorisés à faire cette démarche; a refusé de venir à la Loge, lorsqu'il a été convoqué.**
Boulanger, Gustave, marchand de crépins, rue de Rouen, Beauvais.

Boulanger, Jean-Joseph, tonnelier, rue de l'Yonne, 9, Paris.
Boulard, Ed. (loge de Paris).
Boulat, constructeur de chaudières, rue de Constantine, 24, Paris.
Boulay, Saintes, Charente-Inférieure.
Boule (loge d'Orléans).
Boulet, sergent-major au 74e de ligne (loge de Paris).
Boulet de Bonneuil, officier au 4e régiment d'infanterie de marine (loge de Toulon).
Boulhère (loge de Paris).
Boulié ou Boullié (loge de Bougie, Algérie).
Boullon, Gaston, La Pointe-à-Pitre, Guadeloupe.
Boullu, fleuriste, rue Richelieu, 19, Paris.
Boulmet, fabricant de sacs de voyage, rue Montorgueil, 28, Paris.
Boulu, Melchior, artiste porcelainier, port du Naveix, 4, Limoges.
Boulu, Melchior, employé de commerce, port du Naveix, 4, Limoges.
Bouniol, (loge de Paris).
Bounoure, père, tailleur, rue de Turenne, 28, Paris.
Bounoure, fils (loge de Paris).
Bourbon (loge de Florac, Lozère).
Bourbon, Alexandrie, Egypte.
Bourcault (loge de Nevers
Bourdais (loge de Paris).
Bourdaudhui, père, Paris.
Bourdaudhui, Léon, fils (loge de Paris).
Bourdier, J. (loge de Paris).
Bourdila, Benjamin-Bernard, commis à la Direction des Postes et Télégraphes, Tarbes.
Bourdin, conseiller prud'homme (loge de Paris).
Bourdin, Jacques, teneur de livres, courtier d'affaires, Port-Louis, île Maurice.
Bourdoli (loge de Bordeaux).
Bourdon, négociant, Evreux.
Bourdu, fils, propriétaire de carrières d'ardoises, Travassac, près Brive-la-Gaillarde, Corrèze.
Bourely (loge de Paris).
Bourg, Pierre, Buenos-Ayres, République Argentine.
Bourgeois, tailleur de pierres, boulevard Saint-Michel, 105, Paris.
Bourgeois, rue de Paris, 138, Saint-Denis, Seine.
Bourgeois (loge de Nantes).
Bourgeois, Meulan, Seine-et-Oise.
Bourgeois, Londres, Angleterre

Bourgeois, Joseph (loge de Valparaiso, Chili).
Bourgès, capitaine.
Bourgogne, Pierre-Alexis, directeur du Grand-Hôtel, Tynemouth, Angleterre.
Bourgogne, René, Nuits, Côte-d'Or.
Bourgoin, Albert, rue du Faubourg-Montmartre, 15, Paris.
* Bourgoing, A., directeur de la *Compagnie la Gauloise* (voitures de place), rue des Ecluses-Saint-Martin, 7, Paris.
Bourgoing-Lagrange.
Bourgoint, Bordeaux.
Bourgoisse, Jean, entrepreneur de peinture, rue Neuve-Coquenard, 3, Paris.
Bourguet, receveur buraliste, Pont-Saint-Esprit, Gard.
Bourguet, instituteur, Ségur, Corrèze.
Bouriot, rue de Jouy, 12, Paris.
Bourjolly Emile, Port-au-Prince, Haïti.
Bournas, conseiller municipal (loge de Tulle).
Bourneau, Bordeaux.
Bournet, Jean-François, employé des Postes, Besançon.
Bouron, rue Raune, 9, Nantes.
Bourrelier, comptable, rue Geoffroy-Saint-Hilaire, 23, Paris.
Bourry (loge d'Orléans).
Bourse, Théodore, comptable, Grande-Rue, 67, Saint-Mandé, Seine.
Boursin (loge de Paris).
Bourtoire (loge de Marseille)
Boury (loge de Tunis, Tunisie).
Bourzat, Toulon.
Bourzat, maire, Varetz, Corrèze.
Bousège (loge de Bessèges, Gard).
Bousquet (loge de Paris).
Bousquet, Ferdinand, Cette, Hérault.
Bousquier (loges de Nîmes et d'Alais).
Boussard, Auguste, maçon, Paris.
Bout (loge de Cognac, Charente).
Bouteille, Lyon.
Bouteiller, conseiller municipal de Paris et conseiller général de la Seine.
Bouteloup (loge d'Angers).
Bouteux, horticulteur.
* Bouteville, professeur libre, rue des Feuillantines, 65, Paris.
Bouthour, Marseille.
Boutiaux, Victor, entrepreneur, Saint-Laurent-de-Neste, Hautes-Pyrénées.
* Boutillier, Sabin, négociant, maire et conseiller municipal de Cognac, Charente.

Boutmy, Eugène, correcteur typographe, rue Saint-Dominique, 6, Paris.
Boutrout (loge de Galatz, Moldavie).
Bouttier, fabricant de tubes, rue Pierre-Levée, 12, Paris.
Bouvalot (loge de Paris).
Bouvard, Alexis (loge de Paris).
Bouvat, Hippolyte, rentier, rue de Lesdiguières, 9, Grenoble.
Bouveault, Théophile, architecte départemental (loge de Nevers).
Bouvier, rue Saint-Honoré, 334, Paris.
Bouvier, rue Saint-Lazare, 124, Paris.
Bouvier, charpentier, rue de Maubeuge, 34, Paris.
Bouvier, (loge d'Aix, Bouches-du-Rhône).
Bouvier, Adolphe, (loge de Saint-Ouen, Seine).
Bouvier, Casimir, agent principal de la compagnie d'assurances l'*Urbaine*, Grenoble.
Bouvier, Marcel, pharmacien, Grenoble.
Bouvier, Paul, menuisier, Grenoble.
Bouvret, ingénieur civil (loge de Paris).
Bouyer, artiste dramatique.
Bouyssou, François, commis des Contributions indirectes, Nègrepelisse, Tarn-et-Garonne.
Bouzi, Charles, aux Cayes, Haïti.
Bouzin, frères, directeurs de la *Gazette de Neuilly*, Courbevoie, Seine.
*Bouzom, Rodolphe-Bernard, négociant, rue d'Albret, 16, Bordeaux.
Boy, Eugène, horloger, Besançon.
Boyer (loge de Neuilly, Seine).
Boyer, propriétaire, Clermont-Fernand.
Boyer (loge de Bessèges, Gard).
Boyer (loge de Pont-Saint-Esprit, Gard).
Boyer (loge de Bougie, Algérie).
Boyer, Ch. (loge de Paris).
Boyer, Jean, Buenos-Ayres, République Argentine.
Boyert Jules, imprimeur, rue Neuve-Saint-Augustin, 11, Paris.
Boyer, Léon.
Boyetet de Bagnaux.
Boyméer.
Boyoud (loge de Paris).
Bozino (loge de Paris).
Bradin, E., Saint-Pierre, Martinique.
Brain, marchand de vins, rue de Meaux, 81, Paris.
Braley, Claude, forgeron, rue du Faubourg-Saint-Martin, 236, Paris.
Brancourt (loge de Laon).

Brand, Michel, route d'Autun, Châlon-sur-Saône.
Brandau, aîné, ébéniste, rue Geoffroy-l'Angevin, 11, Paris.
Brandau, jeune, ébéniste, rue de la Douane, 15, Paris.
Brandreth, A., rue et impasse Rébeval, 21, Paris.
Brandreth, H., employé, boulevard de Magenta, 52, Paris.
Braqui (loge de Mâcon).
Brard, Jules, libraire, Méru, Oise.
Brasseur, frères, libraires, galeries de l'Odéon, Paris.
Braun (loge d'Epinal).
Braun, J., Rio-Janeiro, Brésil.
Braut, Adolphe, débitant de liqueurs, rue Beaurepaire, 24, Paris.
Bravard, Jules, Cayenne, Guyane française.
Brazier (loge de Saint-Quentin, Aisne).
Bréant (loge de Paris).
Brébion, Ant., professeur (loge de Saïgon, Cochinchine française).
Brégand, Célestin, employé des contributions, Besançon.
Brégé (loge de Paris).
Brégé, lieutenant des sapeurs-pompiers de Bougival, Seine-et-Oise.
Bregera, Limoges.
Bregnomi (loge de Paris).
Bréhaut, Ernest, professeur au Collège Chaptal (loge de Paris).
Brelin, Emile, brasseur, Besançon.
Brelin, Félix, conseiller municipal, Besançon.
Brémond (loge de Grasse, Alpes-Maritimes).
Brenier (loge de Paris).
Brenner (loge de Levallois-Perret, Seine).
Brenout (loge de Valparaiso, Chili).
Bréon, Ed. (loge de Vincennes, Seine).
Bresson, propriétaire, Perpignan.
Bresson, Argenteuil, Seine-et-Oise
Bresson (loge de Gray, Haute-Saône).
Bret, Arnaud, Saintes, Charente-Inférieure.
Bret, Auguste, directeur des Octrois de Valence.
Breteaud, Constant, fondeur, rue Berthonnière, Saintes, Charente-Inférieure.
Breton, avenue de Saint-Mandé, 60, Paris.
Breuil, limonadier, Bort, Corrèze.
Breuil, Jacques-André, maître-maçon, place de l'Allée, Limoges.
• Brévière, Louis-Henri, dessinateur et graveur, Rouen.
Breyer (loge de Paris).
Breyne (de), négociant, Dunkerque.
Breytspraak (loge de Paris).

Briant, Tours.
Briard, Auguste-Tranquille, ébéniste, rue de Cléry, 73, Paris.
Briat (loge d'Avignon).
Brice (loge d'Alger).
Bricon, rue Thouin, 6, Paris.
Bricot (loge de Paris).
Bricq (loge de Paris).
Bridan (loge de Paris).
Bridet, Thomas, courtier en vins, rue de Charenton, 149, Paris.
Bridier (loge de Paris).
Bridimus, appareils à gaz, rue des Vinaigriers, 33, Paris.
Brièle, employé.
Brière, marchand-épicier, rue Cardinet, 130, Paris.
Brière (loge d'Orléans).
Brière, Jules (loge de Paris).
Briesensmeister, pharmacien, rue Philippe-de-Girard, 96 Paris.
Brieussel (loge de Bordeaux).
Brindel, avocat.
Bringuier, conducteur au chemin de fer, rue de la Fidélité, 22, Paris.
Briolat, cordonnier, rue de Verneuil, 58, Paris.
Briot (loge de Fécamp, Seine-Inférieure).
Brismur, boulanger, rue Rennequin, 65, Paris.
Brissac, Jules, négociant, rue d'Enghien, 11, Paris.
Brissard, cuisinier, rue de Berlin, 17, Paris.
Brisset (loge de Paris).
Brisson, Buenos-Ayres, République Argentine.
Brisson, Théodore, conseiller général de la Seine.
Broca, André-Edouard-Germain, chef de cuisine, Bagnères-de-Bigorre, Hautes-Pyrénées.
Broca, Marc-Marcelin, marchand-tailleur, Tarbes.
Brocherioux (loge d'Issy, Seine).
Brochet, Jules, limonadier, Besançon.
Brochier, Toulon.
Bronner, Auguste, graveur, Besançon.
Broquet, maréchal-ferrant, Grand'Rue, 40, Pantin, Sein
Brou, docteur-médecin, Maisons-Laffitte, Seine-et-Oise.
Broudeur, Buenos-Ayres, République Argentine.
Brouquet, Bernard, Buenos-Ayres, République Argentine.
Broussain, Arthur-D., Buenos-Ayres, République Argentine.
Broussaud de Pons (loge de Barbezieux, Charente).
Brousse, instituteur, Saint-Pantaléon-de-Lapleau, Corrèze.
Brousselle, Georges-Félix (logede Paris)
Browne (loge de Nice).

Bru (loge de Versailles).
Bru d'Esquille.
Bruant, Albert (loge de Tours).
Bruas (loge de Lyon).
Bruce (Port-Louis, Ile Maurice.
Bruel, Osmin, négociant, banquier, Souill c, Lot.
Brugerolle, courtier en vins, quai de Bercy, 13, Paris.
Brugnière, J., rue du Faubourg-Saint-Martin, 71, Paris.
Brulle (loge de Toulon).
Bru'ol, Léon.
Brun, capitaine-commandant de recrutement.
Brun, instituteur (loge de Bessèges, Gard).
Brun, Alger.
Brun (loge d'Angers).
Brun, Adolphe, Jacmel, Haïti.
Brun, Auguste, propriétaire, adjoint au maire de Génissac, Gironde.
Brun, Camille (loge de Libourne, Gironde).
Brun, Edmond, mécanicien, Grenoble.
Brun, Emile-Auguste, employé au Chemin de fer de Paris-Lyon-Méditerranée, Modane, Savoie.
• Brun, François-Antoine, architecte, rue Saint-Etienne, 29, Nice.
Brun, Germain (loge de Libourne, Gironde).
Brun, Lucien.
Brun, Pierre, marchand de grains, Grenoble.
Brun V., Versailles.
Brun-Prélong, Henri-Marie-Emile, trésorier-payeur général, Poitiers.
Brunard, fils loge de Lyon).
Brunard, J., Grande-Rue de la Guillotière, 15, Lyon.
Brunat (loge de Moulins).
Brunel, rue du Château-des-Rentiers, 170, Paris.
Brunellière, Ch., armateur, conseiller municipal, quai des Constructions, 10, Nantes.
Brunereau, Octave, employé au Chemin de fer des Charentes (loge de Saintes, Charente-Inférieure).
Brunet, jaugeur, quai de l'Oise, 29, Paris.
Brunet, huissier de ministère, rue du Champ-de-Mars, 5, Paris.
Brunet, fils, sergent-major au 91e de ligne (loge de Paris).
Bruneteau, employé, rue de Bellechasse, 50, Paris.
Brunswick, voyageur, rue de Crussol, 4, Paris.
Brunswick, Achille horloger, Besançon.
Bruyère (loge de Bordeaux).
Bruyère, Ernest (loge de Pont-Saint-Esprit, Gard).

Brylinsky.
Buathier (loge de Mâcon).
Bucelle, Edmond, fils (loge de Paris).
Bucelle, Emile, fabricant de fleurs, rue de la Glacière, 14, Paris.
Buchet (loge de Paris).
Buclon, Alfred-Etienne, fils, mécanicien, Oullins, Rhône.
Budet, Paul (loge de Toulouse).
Budor, fabricant de bijoux maçonniques, rue Berger, 6, Paris.
Budor, employé, rue Berger, 6, Paris.
Bué, Henri (loge française de Londres).
Bué, Jules, professeur de français à l'ancienne Université d'Oxford, Angleterre.
Buée (loge de Paris).
Buër, Jean-Marie, pâtissier, rue de Lourcine, 50, Paris.
Buessard (loge de Paris).
Buffenoir (loge de La Motte-Bouchot, Saône-et-Loire).
Buffet, P., Buenos-Ayres, République Argentine.
Bugand, architecte, rue de la Huchette, 29, Paris.
Bugne (loge de Blidah, Algérie).
Bugnicourt (loge de Laon).
Bugnon, Charles (loge de Paris).
Buguet, marchand de vins, avenue de Clichy, 7, Paris.
Buhler, Buenos-Ayres, République Argentine.
Buhot (loge de Saïgon, Cochinchine française).
Buillat (loge de Caen).
Buisset, architecte, rue des Boulangers, 22, Paris.
Buisson, rue du Pont-aux-Choux, 19, Paris.
Buisson (loge de Cannes, Alpes-Maritimes).
Buisson, Eugène-Emile, charpentier, quartier du Valbourdin, près Toulon.
Buisson, Jean-Auguste-Paul, tenant hôtel garni, rue des Gravilliers, 58, Paris.
Buisson, Jean-Claude, plâtrier, Albertville, Savoie.
Bulher, officier du génie dans l'armée française, puis général dans l'armée persane.
Bullier, Joseph.
Bullier d'Agde, Lunel, Hérault.
Bunel, imprimeur, rue des Batignolles, 46, Paris
Bunel (loge de Rouen).
Bunière, Georges (loge de Périgueux).
Burdet, rue de la Roquette, 130, Paris.
Buré (loge de Levallois-Perret, Seine).
Bureau, Brive-la-Gaillarde, Corrèze.
Burfin (loge d'Orléans).
Burgay, Pascal-Jean-Marie, maître d'hôtel, Pierrefitte-Nestalas, Hautes-Pyrénées.

Burgé (loge d'Orléans).
Burguet, Charles, docteur-médecin, Tunis, Tunisie.
Burill, pharmacien, rue de Lyon, 35, Paris.
Burion-Toscan, Jean-Etienne, cafetier au Cercle démocratique, rue Créqui, Grenoble.
Burlot (loge de Saint-Denis, Seine).
Buron (loge de Paris.
Bustrcher, Christian, entrepreneur, Besançon.
Bussetta (loge de Tunis, Tunisie).
Bussy, (loge de Vincennes, Seine).
Butin, photographe.
Butin (loge d'Annecy).
Byland, Eugène, propriétaire et cordonnier, Crolles, Isère.
Byot, Joseph, boucher, Besançon.

C

Cabaneau (loge de La Ciotat, Bouches-du-Rhône).
Cabanne (loge de Paris).
Cabanne, Léon, conducteur des ponts et chaussées, Fontainebleau, Seine-et-Marne.
Cabannes, Guillaume, boulanger, rue de Rouen, Beauvais.
Cabanon, (loge de La Ciotat, Bouches-du-Rhône).
Cabarré, Bordeaux
Cabart-Danneville (loge de Paris).
Cabaup, boulevard Heurteloup, 11, Tours.
Cabezon, Valparaiso, Chili.
Cabossel (loge de Paris).
Cabot, employé, Paris.
Cachet (loge de Neufchâteau, Vosges).
Cachet, Stéphane (loge de Paris).
Cadenat, Marc (loge du Vigan, Gard).
Cadet (loge de Limoges).
Cadier, propriétaire, Stockolm, Suède.
Cadieu (loge de Versailles).
Cadot, employé, rue Jarente, 13, Paris.
Cadouillac, Limoges.
Cadoz (loge de Paris).
Caduff, Martin (loge de Nice).

Caffort, avocat-défenseur, Tlémcen, Algérie.
Cagnadre, rentier, La Souterraine, Creuse.
Cagnon (loge de La Fère, Aisne).
Cahen, voyageur de commerce, rue du Faubourg-Saint-Denis, 51, Paris.
Cahen, jeune (loge de Lyon).
Cahen, Edouard, publiciste, rue de Berlin, 8, Paris.
Cahen, Léon, journaliste, rue Saint-Jacques, 350, Paris.
Cahen, Nephtali (loge de Paris).
Caillandre, Joseph, secrétaire de l'inspecteur de l'Octroi de Marseille.
Caillandre, Louis (loge de Marseille).
Caillard, Buenos-Ayres, République Argentine.
Caillaud (loge de Paris).
Caillaud-Chouard (loge de Lyon).
Caillaux, Bordeaux.
Caillé, La Rochelle.
Caillé, père, ruelle de l'Eglise, Argenteuil, Seine-et-Oise.
Caillé, fils (loge d'Argenteuil, Seine-et-Oise).
Caillère (loge de Bordeaux).
Caillou (loge de Lyon).
Cailloux (loge de Paris).
Caïre, H. (loge de Perpignan).
Caïs, Bienvenu, fils, (loge de Martigues, Bouches-du-Rhône).
Coïtucoli (loge de Nouméa, Nouvelle Calédonie).
Calabrin, Jacques, cordonnier, Chambéry.
Calas, Pierre, négociant, rue Valenciennes, 6, Toulouse.
Calcine, Martin (loge de Perpignan).
Caleu, La Pointe-à-Pitre, Guadeloupe.
Caligny, Anatole (loge de Paris).
Callerot, père (loge de Paris).
Callerot, fils (loge de Paris).
Callot, Georges.
Calmel, François-Régis (loge de Paris).
Calmel, Jean (loge de Paris).
Calmet, Benjamin, (loge de Perpignan).
Calmy, H. (loge de Paris).
Calvat, Louis-Jean-Edouard, instituteur, Laval, Isère.
Calvayrac, père, rue des Jeûneurs, 3, Paris.
Cambier (loge de Levallois-Perret, Seine).
Calvayrac, Adrien-Maurice, fils, (loge de Paris).
Cambon, Auguste-Eugène-Edouard, propriétaire, Saint-Afrique, Aveyron.
Cambots, artiste de l'Opéra-Comique (loge de Paris).
Cameau, Ovide, Port-au-Prince, Haïti.
Cameleyre (loge de Bordeaux).

Cames (loge de Marseille).
Camichel, Eugène, (loge de Paris).
Camille (loge de Paris).
Camilly (de), Augustin, fermier d'annonces, Paris.
Campagne, Jean, adjudant au 14e d'artillerie, Tarbes,
Campagnelle, Périgueux.
Campan, (loge de Bourg-en-Bresse).
Campion (loge de Paris).
* Camus, rédacteur au ministère de la Guerre, avenue de la Motte-Piquet, 25, Paris.
Camus (loge de Mantes, Seine-et-Oise).
Camus, Joseph-Auguste, Cayenne, Guyane française.
Camus, Pierre-Arthur, commerçant, Compiègne, Oise.
Camusat (loge de Nevers).
Camuset, père, Saint-Ouen, Seine.
Camuset, Edouard, fils (loge de Saint-Ouen, Seine).
Canart, Louis-Auguste, avenue Daumesnil, 211, Paris.
Candolle, Saint-Louis, Sénégal.
Canel (loge de Saint-Claude, Jura).
Canis, avocat (loge de Versailles).
Canit (loge d'Angers).
Canivet, Joseph, avocat (loge de Cognac, Charente).
Canivet, Raoul, publiciste, Paris.
Cannepa, Félix, propriétaire, Nice.
Canonville, père.
Cant, commis principal des Postes, Nouméa, Nouvelle-Calédonie.
Cantacuzène, rue Bréa, 18, Paris.
Cantacuzène, jeune, rue Bréa, 13, Paris.
Canu, rue Legoff, 2, Paris.
Canu (loge de Laon).
Capdebosq, Louis, B os-Ayres, République-Argentine.
Capdemont, Romain (loge de Buenos-Ayres, République-Argentine.
Capéran, Jean-Baptiste, négociant, rue Saint-Rome, 44, Toulouse.
Capoulade, Alexis-Joseph (loge de Paris).
Capoulade, Ernest, voyageur de commerce, rue Saint-Denis, 185, Paris.
Capoulade, Jean-Antoine (loge de Paris).
Capoulade, Jean-Eugène (loge de Paris).
Caprine, Tunis, Tunisie.
Caprioli (loge d'Alger).
Capron, E.
Capron, Georges (loge de Paris).
Caps, Lyon.

Carabelli, maire de Saïgon, Cochinchine française.
Carbonne, négociant en vins et spiritueux, Bordeaux.
Carcassone (loge de Paris).
Cardette, Sarlat, Dordogne.
Cardon, Hiram (loge de Paris).
Cardoze (loge de Bordeaux).
* Caren, rentier, conseiller municipal, Mustapha, Alger.
Careyre, V. (loge de Nice).
Carillon, employé, rue des Basses-Gatines 5, Paris.
Cariven (loge de Gaillac, Tarn).
Carl (loge de Levallois-Perret, Seine).
Carle, P.-H.-L., professeur de philosophie (loge de Paris).
Carlin, carrefour de l'Odéon, 3. Paris.
Carmélau, Antoine, avocat, Port-au-Prince, Haïti.
Camentré (loge de Paris).
Caron, comptable, rue de Belleville, 52, Paris.
Caron, Lisbonne, Portugal.
Carpentien (loge de Rouen).
Carpentier, Charles, professeur, rue du Cardinal-Lemoine, 7, Paris.
Carquet, François, juge de paix, Moutiers, Savoie.
Carraz (loge de Paris).
Carré, E. (loge de Blidah, Algérie).
Carré, Ernest, gainier, rue Charlot, 20, Paris.
Carré, Louis, fabricant de cadres, rue de la Montagne-Sainte-Geneviève, 5, Paris.
Carreau, peintre en voitures, rue de Paris, 85, Charenton, Seine.
Carréga, Ant. (loge de Nice).
Carrey, François, fondeur, Ruffec, Charente.
Carry, négociant, Boulogne, Seine.
Cartailhac, Emile, anthropologiste, conseiller municipal de Toulouse.
Cartault (loge de Paris).
Cartelier, avocat, ex-rédacteur au *Droit*, Paris.
Cartier, Brest.
Cartier (loge de Cette, Hérault).
Cartier, François, instituteur, Chamoux, Savoie.
Casabianca, E. (loge française de Londres).
Casagrande, Louis, Buenos Ayres, République Argentine.
Casas, Lucien, ingénieur civil (loge de Tours).
Cascabel, artiste lyrique.
Casse, Elie, maire et conseiller d'arrondissement, Trie, Hautes-Pyrénées.
Casset (loge de Lyon).
Casset, Joseph-François, instituteur, Vérel-Pragondran, Savoie

Cassin, marchand de chaussures, rue Saint-Martin, 16, Vanves, Seine.
Castaing, Prosper, propriétaire, Mauvezin, Gers.
Castaneda, docteur-médecin (loge de Paris).
Castanet, tailleur, Beynat, Corrèze.
Castel, employé, boulevard Saint-Germain, 34, Paris.
Castel, La Souterraine, Creuse.
Castel, Périgueux.
Castel, négociant, Saint-Thomas, Antilles danoises.
Castel, Joseph-Remy, négociant, aux Cayes, Haïti.
Castellana-Guerrero (de), rue du Faubourg-Montmartre, 17, Paris.
Castro (loge de Bordeaux).
Catalo (loge de Paris).
Cathérineau, répartiteur des contributions indirectes (loge de Bougie, Algérie).
Catilina, Victor, Port-au-Prince, Haïti.
Catiopold, G. (loge de Paris).
Catonné, agent-voyer, Moulins-Engilbert, Nièvre.
Cats, Paris.
Cattes (loge de Paris).
Cattiaux, fils, rue Clavel, 4, Paris.
Caubert (loge de Neufchâteau, Vosges).
Cauchard, Désiré (loge de Conflans-Andresy, Seine-et-Oise).
Cauchin (loge de Saint-Ouen, Seine).
Caudron, musicien au 74e de ligne (loge de Paris).
Caujolle, Jean-Marie, maréchal des logis chef au 14e d'artillerie, Tarbes.
Caulet (loges de Nîmes et d'Alais).
Caumont, fabricant, rue de Paris, 186, Montreuil, Seine.
Causse (loge de Marseille).
Causse, chef de dépôt au chemin de fer, Gisors, Rhône.
Caussin, Bône, Algérie.
Cauvain (loge de Paris).
Cauveron, négociant, Nouméa, Nouvelle-Calédonie.
Cauvière (loge de Cannes, Alpes Maritimes).
Cauville, Alfred, boulanger, Neuilly-en-Thelle, Oise.
Cauvin, J., Buenos-Ayres, République Argentine.
Caux, rue Beaubourg, 85, Paris.
Cavalier, Buenos-Ayres, République Argentine.
Cavalier, Georges, ingénieur, passage Masséna, 15, Neuilly, Seine.
Cavalier, Numa,
Cavalle (loge d'Hyères, Var).
Cavard, Jules-Arthur, rue du Général-Watrin, Beauvais.
Caveggia, Marc, entrepreneur, Besançon.

Cavelier (loge de Fécamp, Seine-Inférieure).
Caviale (loge de Rouen).
Cayeux (loge de Versailles).
Caylus, conservateur, au cimetière du Père-Lachaise, Paris.
Cayrol, Auguste (loge de Perpignan).
Cazabon (loge de Paris).
Cazade, Pierre, représentant de commerce, Aire-sur-l'Adour, Landes.
Cazalas, Laurent-Jean-Marie, docteur-médecin, Bagnères-de-(Bigorre, Hautes-Pyrénées.
Caze (loge de Soissons, Aisne).
Cazeaux, Pierre, fabricant de balais, Pau.
Cazelles, R. (loge de Perpignan).
Cazenave (loge de Blidah, Algérie).
Cazeneuve, docteur et professeurde la Faculté de médecine de Lyon.
Cécéreu, R. (loge de Valparaiso, Chili).
Cécile, Charles, tôlier, rue des Lombards, 12, Paris.
Celières, La Pointe-à-Pitre, Guadeloupe.
Celly, Amédée, Cette, Hérault.
Celse, teneur de livres, boulevard d'Italie, 3, Paris.
Censier (loge de Paris).
Cerceau, Joseph, mécanicien, rue de Ponthieu, 40, Paris.
Cercueil, Edmond, Paris.
Cère, Emile (loge de Paris).
Cérède, chef de musique.
Cérésoli (loge de Paris).
Cerf (loge de Marseille).
Cerf, Edmond (loge de Lyon).
Cerf, Léon (loge de Lyon).
Cerf-Schmer (loge de Lille).
Certos, tailleur, rue Babille, 6, Paris.
Cerziat (loge de Bordeaux).
Cessac, rue Saint-Sauveur, 22, Paris.
Cesselin, employé, Paris.
Cézard (loge de Paris).
Chabanne (loge de Saint-Etienne).
Chabert (loge de Paris).
Chabert, Joanny, Saintes, Charente-Inférieure.
Chabert, Martin, chapelier, Roman, Drôme.
Chabert, Pierre-Marie, maître-charpentier, Tullins, Isère.
Chabert, Séraphin, employé au chemin de fer, Grenoble.
• Chabirand, Marie-Louis-Geoffroy, ex-lieutenant de vaisseau, maire de Niort.
Chablanet (loge de Mussidan, Dordogne).
Chabran, Lyon.

Chabrit, Clermont-Ferrand.
Chac, E., Buenos-Ayres, République Argentine.
Chadapaux (loge de Paris.
Chaffin, Philippe, maître d'hôtel, rue des Lombards, 8, Paris.
Chaffraix (loge de Paris).
Chaigneau, Limoges.
Chaigneau (loge de Thouars, Deux-Sèvres,
Chaillon, docteur-médecin, Vernon, Eure.
Chailloteau, Saintes, Charente-Inférieure.
Chailloux, docteur-médecin, Paris.
Chaintrier, H., Buenos-Ayres, République Argentine.
Chalamel, scieur de long, rue de Charenton, 34, Paris.
Chalamel (loge de Lyon).
Chaleroux, Gustave, brasseur (loge de Ruffec, Charente).
Chalet, propriétaire, Alexandrie, Egypte.
Chalot, employé, rue Myrrha, 6, Paris.
Chambard, Ernest, docteur-médecin (loge de Paris).
Chambeau-Débrosse, Port-au-Prince, Haïti.
Chambert, Jean-François, graveur, Besançon.
Chambon (loge de Paris).
Chambon (loge de Levallois-Perret, Seine).
Chambon, fabricant de comestibles (loge de Tulle).
Chambon, ancien artiste lyrique, Marmande, Lot-et-Garonne.
Chambord (loge de Saïgon, Cochinchine française).
Chambost (loge de Villefranche, Rhône.
Chamiot-Prieur, Casimir, instituteur, Sainte-Hélène-des-Millières, Savoie.
Chamoux, Georges, manufacturier, Vovray, Haute-Savoie.
Champagne, Joseph, charpentier, rue Pétiniaud-Beaupeyrat, Limoges.
Champeaux (de), lieutenant de vaisseau (loge de Saïgon, Cochinchine).
Champeval, Brive-la-Gaillarde, Corrèze.
Champeval (loge de Troyes).
Champieux, Valentin (loge de Saint-Ouen, Seine).
Champion, père, Châlon-sur-Saône.
Champion, Emile, fils (loge de Châlon-sur-Saône).
Champisien Alexandre, Buenos-Ayres, République Argentine,
Champonois, Emile, limonadier, rue Benjamin-Delessert, 12, Paris.
Champury (loge de Nantes).
Champy (loge de Boulogne, Seine).
Champy (loge d'Epinal).
Champy, E., La Pointe-à-Pitre, Guadeloupe.
Chanaud, L. (loge de Perpignan).
Chanceaulm (loge de Paris).

Chancenotte (loge de Paris.)
Chanchole, conducteur principal des ponts et chaussées, allée Lafayette, 49, Toulouse.
Chancy (loge de Paris).
Chanoine, employé de commerce, rue du Faubourg-Poissonnière, 136, Paris.
Chanson, J. (loge de Saint-Ouen, Seine).
Chante, Bessèges, Gard.
Cha..tereau, C. (loge de Paris).
Chantrelent (loge de Paris).
Chanut, employé principal des chemins de fer, gare de La Chapelle, Paris.
Chanut, peintre, boulevard de Sébastopol, 61, Paris.
Chanvigne (loge de Paris)
Chaoul-Ribot (loge de Nîmes).
Cnapart (loge de Paris).
Ch.peau, mécanicien, rue de Sambre-et-Meuse, 34, Paris.
Chapelart ou Chapellart, mécanicien, rue de Sambre-et-Meuse, 34, Paris.
Chapelet (loge de Paris).
• Chapelle sellier, quai des Grands-Augustins, 17, *bis*, Paris.
Chapelle (loge de Périgueux).
Chapelon (loge de Saint-Etienne).
Chapelon, entrepreneur, La Flèche, Sarthe.
Chaperon, Noël (loge de Paris).
Chapin, père, Lyon.
Chaplet, homme d'affaires, Nouméa, Nouvelle-Calédonie.
Chaplet, propriétaire, Yate, Nouvelle-Calédonie.
Chaponnet (loge de Paris).
Chapotat, Jean, tôlier, rue Saint-Maur, 210, Paris.
Chapoteau, sellier, rue d'Hautpoul, 43, Paris.
Chapparre, Hippolyte, Saintes, Charente-Inférieure.
Chapparre, Louis, Saintes. Charente-Inférieure.
Chappas, père, Paris.
Chappas, Léon, fils (loge de Paris).
Chaptal, conseiller de préfecture.
Chapuis, avocat, Marseille.
Chapuis, Laurent-Joseph, marchand de vins, Besançon
Chapux (loge de Constantinople, Turquie).
Chapuy, Jean-Pierre, inspecteur à la Centrale, Albertville, Savoie.
Charain, Edouard, maire de Tulle.
Charavay, secrétaire de la revue *la Révolution Française*.
Chardenot, J.-P., greffier de justice de paix, Besançon.
Charpigny, marchand de vins, Grande-Rue, 12, bis, Saint-Mandé, Seine.

Charel, capitaine de navire (loge de Saint-Pierre, Martinique).
Charenton (loge de Paris),
Charlau, Julien, typographe, rue Bridaine, 19, Paris.
Charlemaine (loge de Neuilly-Plaisance, Seine-et-Oise).
Charles, Limoges.
Charles, Emile, professeur, rue Lacépède, 5, Paris).
Charles, Jean (loge de Paris).
Charlet, Jean-Marie, négociant en vins, rue des Charbonniers, 10, Paris.
Charlloleau (loge de Saintes, Charente-Inférieure).
Charlon, Noël (loge de Grenoble).
Charlot, Isidore, fabricant de caoutchoucs, rue Saint-Ambroise, 25, Paris.
Charmansat, marchand de vins, Paris.
Charmier (loge d'Aix, Bouches-du-Rhône).
Charmoux (loge de Vincennes, Seine).
Charnault, Emile (loge de Paris).
Charnault, Victor, négociant, rue des Deux-Portes-Saint-Sauveur, 15, Paris.
Charnay (loge de Bourg-en-Bresse).
Charon, Pierre-Nelzir, Port-Louis, Ile Maurice.
Charpenay, Jean-Louis, employé au Gaz, Grenoble.
Charpentier, docteur-médecin.
Charpentier, maître d'hôtel, rue Royale, 1, Paris.
Charpentier, marchand de vins, boulevard de Vaugirard, 23, Paris.
Charpentier, Alfred (loge de Paris).
Charpentier, E., rue Jenner, 58, Paris.
Charpiot, Alexandre, Vieux Chemin de Paris, Montreuil, Seine.
Charpy, négociant, rue de La Chapelle, 180, Paris.
Charrassin (loge de Paris).
Charreard, Alexandre, pianiste, rue des Fourneaux, 17, Paris.
Charreyre, Raphaël (loge de Nice).
Charrière (loge de Poitiers).
Charrière, Claude-François, négociant, Besançon.
Charrin, Brive-la-Gaillarde, Corrèze.
Charrin, ancien marbrier, Dracé, par Romanèche, Rhône.
Charriou, Emile (loge de Melun).
Chartier, employé, rue Trézel. 14, Paris.
Chartier, Orgeval, Seine-et-Oise.
Chartier, Ed. (loge de Paris).
Chartier, Léon (loge de Paris).
Charton. Nicolas, mécanicien, rue d'Orléans-Saint-Honoré, 8, Paris.
Charlet, François, maréchal-ferrant, Notre-Dame-de-Vaulx, Isère.

Chary, Auguste, chef tonnelier (loge de Dijon).
Chary, Charles, entrepreneur (loge de Dijon).
Chaslin, Vincennes, Seine.
Chassaigne, Brive-la-Gaillarde, Corrèze.
Chassaigne, professeur au Collège de Libourne, Gironde,
Chassaing, E. (loge de la Souterraine, Creuse).
Chassaniol, officier en retraite (loge de Paris).
Chassard (loge de Paris).
Chasseraux, Alexandre, Buenos-Ayres, République Argentine
Chasseriaud (loge de Saintes, Charente-Inférieure).
Chassin, adjoint au maire du XXe arrondissement de Paris.
Chastenet, Adrien, marchand de fer, premier adjoint au maire de La Souterraine, Creuse.
Chastroux (loge de Marseille).
Château, comptable, rue de Mazagran, 18, Paris.
Chateauneuf, vice-président de la Société des Sauveteurs de la Seine, administrateur de la Caisse d'Epargne de Paris.
Chateauneuf, J. D. (loge de Valparaiso, Chili.
Chatel (loge d'Alger).
Chatelard, capitaine (loge de Bordeaux).
Chatelard, Saint-Pierre, Martinique.
Chatellier, Cayenne, Guyanne française.
Chatillon, conducteur des ponts et chaussées (loge de Bougie, Algérie).
Chatin (loge d'Angers).
Chatin, L. (loge de Saint-Ouen, Seine).
Chatouillot, rue des Trois-Couronnes, 30, Paris.
Chatouillot, ferblantier, passage Pivert, 7 *bis*, Paris.
Chatras, négociant et propriétaire, Estivaux, Corrèze.
Chatrian, E. (loge française de Londres).
Chatté (loge de Paris).
Chaubet, tailleur, rue Sainte-Anne, 27, Paris.
Chaumeaux, Jean, boulevard des Batignolles, 98, Paris.
Chaumier (loge de Paris).
Chaunard (loge d'Orléans).
Chaussade, instituteur, Nogent-sur-Marne, Seine.
Chausse (loge de Saint-Etienne).
Chaussy, Aubenas, Ardèche.
Chauveau, Edmond (loge de Melun).
Chauvelet, Ch. (loge de Paris).
Chauvelot, conseiller d'arrondissement, Beaune, Côte-d'Or
Chauvet, coupeur-tailleur, rue Villedo, 3, Paris.
Chauveur, agent-voyer, Donzenac, Corrèze.
Chauvière (loge de Grasse, Alpes-Maritimes).
Chauvin, passage Sainte-Marie-du-Temple, 15, Paris.

Chauvin, ingénieur-mécanicien, boulevard de La Villette, 50, Paris.
Chauvin (loge de Bordeaux).
Chauvin, Henri (loge de Paris).
Chavaroche (loge d'Aix, Bouches-du-Rhône).
Chavée, Honoré, professeur de linguistique.
Chavinier (loge de Paris).
Chavrier, rédacteur de la *Philosophie Cosmopolite* (loge de Nice).
Chaykowitz, fabricant de casquettes, rue des Quatre-Fils, 8, Paris.
Chayla, Cayenne, Guyane française.
Chazal (de), Edmond, Port-Louis, île Maurice.
Chazal (de), Evenor, Port-Louis, île Maurice.
Chazel, Lévy (loge de Paris).
Chef, coiffeur, rue Paradis-Poissonnière, 57, Paris.
Chefd'homme, maître d'hôtel, rue Basfroi, 31, Paris.
Chefdrue, Bénédick, employé de commerce, La Pointe-à-Pitre, Guadeloupe.
Chefome, B., La Pointe-à-Pitre, Guadeloupe.
Cheillan (loge de Toulon).
Cheillaut (loge de Martigues, Bouches-du-Rhône).
Chemery (loge de Bar-le-Duc).
Chemin (loge d'Asnières, Seine).
Chemin, Alger.
Chemin-Dupontès, professeur.
Chemla (loge française de Tunis, Tunisie).
Cheneau, rue Lepic, 25, Paris.
Chenel (loge de Saint-Etienne).
Chenet, Buenos-Ayres, République Argentine.
Chenevée, Neuilly, Seine.
Chenot, Emile, négociant, rue Lafayette, 94, Lyon.
Chenot, Jean-Baptiste, marchand de vins-traiteur, rue de la Juiverie, 48, Melun.
Chenouard (loge de Paris).
Chenu, Margreet-Street. 24, Cavendish square, Londres.
Chérignet (loge de Paris).
Chérius-Chéry, Saint-Pierre, Martinique.
Chermeson (loge de Paris).
Chéron, rue du Faubourg-Saint-Honoré, 14, Paris.
Chéron (loge de Vincennes, Seine).
Chervy, entrepreneur de maçonnerie, rue Saint-Denis, 341, Paris.
Chesnaut, Rueil, Seine-et-Oise.
Chesneau, Abel, rue de Choiseul, 17, Paris.
Cheuret, Laval.

• Cheuret, Léon, notaire, adjoint au maire du Havre.
Chevagneux (loge de Martigues, Bouches-du-Rhône).
Chevalier, Périgueux.
Chevalier, pharmacien, Cayenne, Guyane française.
Chevalier, A., mécanicien, rue Viala, 4, Paris.
Chevalier, Emile, artiste dramatique.
Chevalier, Erodo (loge de Rouen).
Chevalier, F. (loge de Courbevoie, Seine).
Chevalier, Gustave (loge de Paris).
Chevalier, H. (loge de Courbevoie, Seine).
Chevalier, Jean-Baptiste, mécanicien, rue Viala, 4, Paris.
Chevalier, Louis, Rouen.
Chevalier-Jolly, pharmacien, rue de Meaux, 13, Paris.
Chevallereau, docteur-oculiste, rue de Birague, 14, Paris.
Chevallier, Louis (loge de Paris).
Chevalon, employé, rue des Archives, 4, Paris.
Chevassu (loge de Saint-Ouen, Seine).
Chevassu, greffier de la justice de paix du canton de Neuville-au-Bois, Loiret.
Chevaucher (loge de Paris).
Chevé, Emile (loge de Paris).
Chevillard, marchand de vins, rue Saint-Maur, 128, Paris.
Chevillard, François, marchand de vins, rue Saint-Martin 20, Paris.
Chevrel, propriétaire, rue Ménessier, 5, Paris.
Chevrel, E., négociant.
Chevrier, conducteur de chemin de fer, rue du Bac-d'Asnières, 15, Clichy, Seine.
Chevrier, Auguste, négociant, Albertville, Savoie.
Chevrolat (loge de Paris).
Chèze, L. (loge de Paris).
Chibaud, César (loge de Lyon).
Chiesa, A., rue Lieusson, Ismaïlia, Egypte.
Chilini, Marc-Aurèle, professeur au Lycée de Nice.
Chiousse (loge d'Aix, Bouches-du-Rhône).
Chiozzi, Augustin-François, conducteur-chef à la Cie de Paris-Lyon-Méditerranée, Grenoble.
Chiquant (loge d'Orléans).
Chiquet, ébéniste, passage Raoul, 22, Paris.
Chmittelin, Eugène, entrepreneur, Besançon.
Chmitz, Charles, architecte, administrateur forestier, inspecteur à la Cie parisienne du Gaz (loge de Paris).
Chobert (loge de Paris).
Choimain, marchand de vins, Ecouen, Seine-et-Oise.
• Choisnet, Alfred, directeur des papeteries de la maison Firmin-Didot, rue Garancière, 7, Paris.

Chollet, cordonnier, rue des Canettes, 14, Paris.
Chopard, Tunis, Tunisie.
Chopard, A., docteur-médecin (loge de Lille).
Chopin (loge de Cambrai).
Choquard (loge de Lyon).
Choret, adjoint au maire de Saint-Germain-en-Laye, Seine-et-Oise
Choret, Emile, fils (loge de Saint-Germain-en-Laye, Seine-et-Oise).
Chotard, Versailles.
Choteau, Auguste, blanchisseur, Compiègne, Oise.
Choteau, Jean-Baptiste-Auguste, industriel, Compiègne, Oise.
Choteau, Octave-Jean-Baptiste, blanchisseur, Compiègne, Oise.
Choufleury, voyageur de commerce.
Chougnet, maître de lavoir, rue Denfert-Rochereau, 60, Paris.
Choumer, Adolphe, rue Vivienne, 47, Paris.
Chouteau, Eugène, professeur, Valparaiso, Chili.
Chouvel-Lostal, Lamontgie, Puy-de-Dôme.
Chouzet (loge de Saint-Etienne).
Chrisphonte, Port-au-Prince, Haïti.
Christiæns (loge de Paris).
Christinet (loge de Paris).
Christolomme, entrepreneur, Grenoble.
Christophe, O., huissier près le Tribunal de Neufchâtel, conseiller municipal et membre du Bureau de bienfaisance de Forges-les-Eaux, Seine-Inférieure.
Christy, Abel-Charles-Victor, chemisier, rue de Rivoli, 174, Paris.
Chrysostome, E. (loge de Paris).
Chupoulon (loge de Saintes, Charente-Inférieure).
Cibiel, facteur, rue Baillet, 6, Paris.
Cibiel, fils, Paris.
Citardy, La Pointe-à-Pitre, Guadeloupe.
Cladièbe (loge de Paris).
Cladière, bijoutier, rue Chapon, 17, Paris.
Clairet, rue des Bouteilles, 17, Aix, Bouches-du-Rhône.
Clamousse, père, Paris.
Clamousse, Lucien, fils (loge de Paris).
Clapier (loge de Paris).
Clapier, architecte, Brive-La-Gaillarde, Corrèze.
Clara, commissionnaire, rue Béranger, 7, Paris.
Claret de la Touche, Adolphe-Pierre-Marie, contrôleur des contributions directes, Quimper.
Clary, Fernand (loge de Nice).
Clary, François (loge de Nice).

Classon, Bruno, adjoint au maire de Toulouse.
Claude, député de la Meurthe.
Claude, vétérinaire départemental, rue Michelet, 15 (Mustapha), Alger.
Claude, J. (loge de Soissons, Aisne).
Claudius, chef de bureau à la Préfecture de l'Isère, Grenoble.
Clauër (loge de Paris).
Claus, Zacharie, marchand de cuirs, rue de la Verrerie, 36, Paris.
Claustres, négociant, rue Notre-Dame-de-Nazareth, 24, Paris.
Clavel, S , place Saint-Léger, 22, Chambéry.
Claveric, Sarlat, Dordogne.
Clavié, Pierre-Tranquille, garde d'artillerie, au Bouchet, Seine-et-Oise.
Clavier, N.-A., professeur de français au Grand-Lycée Guillaume III, Batavia, île de Java.
Clémaron, Ernest, Vienne, Isère.
Clémens, P.-Ch., fils, Rio-Janeiro, Brésil.
Clément, rue de Maubeuge, 84, Paris.
Clément, Cette, Hérault.
Clément (loge de La Ciotat, Bouches-du-Rhône).
Clément, architecte, Alger.
Clément, Ed., ébéniste, Tunis, Tunisie.
Clément, Ernest, chef de gare, Djédeïda, Tunisie.
Clément, Eugène, conducteur de travaux, Bagnères-de-Bigorre, Hautes-Pyrénées.
Clément, Jules-Jacques, employé au ministère des Finances, rue des Moines, 55, Paris.
Clément, Léonard, entrepreneur, route de la Loubayre, Tarbes.
Clerc, Jean-François, propriétaire, Boussy, près Rumilly, Haute-Savoie.
Clerc, Joseph-Marius, employé de sous-préfecture, Besançon.
Clerc, Léon, Londres, Angleterre.
Clergeaud, artiste lyrique (loge de Bordeaux).
Clergeot (loge de Levallois-Perret, Seine).
Clerget, A., Buenos-Ayres, République Argentine.
Cléricy, rue du Pont-Neuf, 5, Nice.
Cléricy, Pacifique, médecin en chef de l'Hôpital civil de Nice.
Clérin (loge de Paris).
Clermont, aîné, Bordeaux.
Clermont, jeune, Bordeaux.
Clérot (loge de Rouen).
Clervoy, rue Rochechouart, 89, Paris.
Cleyet (loge de Lyon).
Cliquet (loge de Fécamp, Seine-Inférieure).

Cliquot, lieutenant au 74e de ligne (loge de Paris).
Clochepin, Jules-André, docteur-médecin, Tracy-le-Mont, Oise.
Clodius (loge de Paris).
Cloppet, Jean-Baptiste, meunier, Mercury-Gémilly, Savoie.
Clouet (loge de Lyon).
Cloupin (loge de Monségur, Gironde).
Cloux, Charles, agent des ponts-et-chaussées, en Algérie.
Cloy, instituteur, Pantin, Seine.
Cobalet, artiste de l'Opéra-Comique.
Coblentz, Léonce (loge de Neuilly-Plaisance, Seine-et-Oise).
Coblenze, Jules, papetier, boulevard de Sébastopol, 101, Paris.
Coblenze, Maurice (loge de Paris).
Coblenze, Samuel, électrotypeur, rue de l'Abbé-Grégoire, 15, Paris.
Cochet, Orléans.
Cochois, Edmond, officier (loge de Paris).
Cochon, Louis (loge de Paris).
Coco, maçon, Boissy-Saint-Léger, Seine-et-Oise.
Cocula, Frédéric, médecin vétérinaire, Saint-Germain-de-Bel-Air, Lot.
Codet, Jean Julien, négociant, Saint-Junien, Haute-Vienne.
Codol, Martigues, Bouches-du-Rhône.
Cœur, Claude-François, horloger, Besançon.
Coffin (loge de Saint-Quentin, Aisne).
Cofflard, Eloi, père, rentier, Saint-Just-des-Marais, Oise.
Cofflard, Eloi, fils, cultivateur, Villers-Saint-Barthélemy, Oise.
Cognet (loge de Tours).
Cohen, David (loge de Paris).
Cohen, Moïse négociant, Tunis, Tunisie.
Cohendy, professeur à la Faculté de droit (loge de Lyon).
Coicou, Edmond, Port-au-Prince, Haïti.
Coicou, P.-L., Port-au-Prince, Haïti.
Coiffier, bijoutier, rue de Mulhouse, 11, Paris.
Coignet, manufacturier, Saint-Denis, Seine.
Coillot, Joseph, tailleur, Besançon.
Coindet, Alfred-Auguste, horloger, Besançon.
Coindreau (loge de Bordeaux).
Coislin (de), île de la Réunion.
Coisplet, employé, rue Allard, 8, Saint-Mandé, Seine.
Colas (loge de Lisieux, Calvados).
Colbert, J., Saint-Pierre, Martinique.
Colboc, horloger, Paris.
Coléon, Edouard, employé de commerce, Saint-Marcellin, Isère.

Colignon (loge de Lorient).
Colignon, Jules, pharmacien, rue Saint-Benoît, 17, Paris.
Colin, rue Bréda, 13, Paris.
Colin, coffretier, rue Jean-Jacques-Rousseau, 80, Paris.
Colin (loge de Saint-Claude, Jura).
Colin, père, vice-consul à Tampico, Mexique.
Colin, J.- T., Port-au-Prince, Haïti.
Colin, N. (loge de Paris).
Colin, Victor, chancelier du Consulat de la République, Galatz, Roumanie.
* Collange, ancien chef d'institution, rentier, maire, conseiller municipal de Levallois-Perret, Seine.
Collard, cordonnier, rue Saint-Sauveur, 47, Paris.
Collas, Jean, docteur-dentiste (loge de Corfou, îles Ioniennes).
Collavet, Joseph, limonadier, Les Saillans, Isère.
Collémé, François-Achille, ingénieur, Besançon.
Collesolle, J.- François, comptable, Besançon.
Colletin, Paul (loge des Bouches-du-Rhône).
Calliaud, propriétaire, rue Marcadet, 83, Paris.
Collignon (loge de Clichy, Seine).
Collignon, Emile-Louis-Adolphe, employé, rue Berzélius, 13, Paris.
Collin (général).
Collineau, marchand de vins, boulevard Rochechouart, 62, Paris.
Collomb, Auguste, chauffeur au Chemin de fer de Paris Lyon-Méditerranée, chemin du Polygone, Grenoble.
Collomb, Pierre, charpentier, Aigueblanche, Savoie.
Collonge, Jean-Baptiste, rue de la Légion-d'Honneur, 3 *bis*, Saint-Denis, Seine.
Collot, Pierre-Martial, ingénieur, Guéret.
Colomb (loge de La Ciotat, Bouches-du Rhône)..
Colomb (loge de Sisteron, Basses-Alpes).
Colombani, officier d'administration (loge d'Oran, Algérie).
Colombel, avocat, maire de Nantes.
Colombet (loge de Marseille).
Combert, Jules-Numa (loge de Marseille).
Combes (loge de Constantinople, Turquie).
Combès, receveur-buraliste, rue Saint-Sauveur, 28, Perpignan.
Combet, Emile, Martigues, Bouches-du-Rhône.
Combet, N. (loge de Toulon).
Combier, rue des Haies, 61, Paris.
Combrichou Francisque, secrétaire général des théâtres municipaux de Lyon.
Comby (loge de Paris).

Compagnon, avenue de Clichy, 65, Paris.
Compère, Victor, rue de la Verrerie, 89, Paris.
Compoint, rue Boursault, 44, Paris.
Comtesse, Alexis, mécanicien, Saint-Quentin, Aisne.
Condamine, négociant, Meyssac, Corrèze.
Condat, Lyon.
Condé, Dol, fils, aux Cayes, Haïti.
Condemine, Nontron, Dordogne.
Conord (loge de Versailles).
Conquet (loge de Limoux, Aude).
Consolat, Marius-Aimé, commis principal des contributions indirectes, Martigues, Bouches-du-Rhône.
Constancien, Hippolyte, percepteur, Bellac, Haute-Vienne.
Constans (loge du Pecq, Seine-et-Oise).
Constant, A (loge de Bordeaux).
Constant, L. (loge de Clichy, Seine).
Constantin (loge de Bar-le-Duc).
Constantin, officier d'artillerie, Saint-Marc, Haïti.
Contansouza ou Contensouzas, Lyon.
Contat, Claude, serrurier, Besançon.
Contausset (loge de Paris).
Conte, Lyon.
Conte, directeur du Grand-Hôtel, Cannes, Alpes-Maritimes.
Contestin, ingénieur (loge de Saïgon, Cochinchine française).
Contini, Joseph, Cannes, Alpes-Maritimes.
Contour (loge de Paris).
Contre, sous-chef de gare, rue Brochant, 10, Paris.
Contreau, Louis-Frédéric, horloger, rue du Faubourg-Saint-Martin, 8, Paris.
Contrebas (de).
Convers ou Convert (loge de Bourg-en-Bresse).
* Copin, conseiller municipal de Cambrai, Nord.
Copin, Paul (loge de Paris).
Coppin, H. (loge de Paris).
Coppon, Eugène, conseiller municipal de Nice.
Coquel (loge de Lyon).
Coquillon (loge de Paris).
Coradin, Richard, employé de commerce, La Pointe-à-Pitre, Guadeloupe.
Corbelli, Charles, rue du Château, 110, Paris.
Corbière, sous-préfet.
Cord (loge de Paris).
Cordelle, marchand de vins, rue de Vaugirard, 16, Paris.
Cordier, ancien avoué (loge de Paris).
Cordier, Palmyre, agent d'assurances, Besançon.
Cordon, Hippolyte, Saint-Pierre, Terre-Neuve.

Cormier (loge de Paris).
Corne (loge de Toulouse).
Cornet, père (loge de Paris).
Cornet, Darius-Julien, fils (loge de Paris).
Cornet, Emile, cultivateur, Besançon.
Cornette, rue des Grandes-Fontaines, Argenteuil, S.-et-O.
Cornil (loge de Vichy, Allier).
Cornu, Ferdinand (loge du Havre).
Cornu, N. (loge de Dunkerque, Nord).
Coron, charpentier, rue de Reuilly, 67, Paris.
Corra, conseiller municipal de Neuilly, Seine.
Correy (loge de Paris).
Cosnard (loge de Paris).
Cossard, employé, boulevard de Reuilly, 23, Paris.
Cossard, éventailliste, au Petit-Fercourt, par Noailles, Oise.
Cosson, chauffeur à la machine fixe de Ruffec, Charente.
Costaz, Armand, boulanger, Albertville, Savoie.
Coste, agent-voyer, Meyssac, Corrèze.
Coster, rue Damesme, 15, Paris.
Costes (loge de Toulouse).
Cotelle (loge de Melun).
Cotin (loge de Nantes).
Cotta, A. (loge de Paris).
Cottais, Nancy.
Cottard (loge du Havre).
Cotte (loge de Bougie, Algérie).
Cottelle (loge de Saumur, Maine-et-Loire).
Cottereau, doreur sur cuir, rue des Vieilles-Haudriettes, 3, Paris.
Cotterau (loge de Saint-Denis, Seine).
Cottin, dessinateur, Paris.
Couanon, H. imprimeur, rue du Roi-de-Sicile, 12, Paris.
Couchot, François-Félix, percepteur des contributions, Besançon.
Couchy, B.
Couder (loge de Laon).
Couderc (loge d'Orléans).
Couderc (loge de Cette, Hérault).
Coudereau, Charles, docteur-médecin (loge de Paris).
Coudert, directeur de *l'Indicateur*, Bordeaux.
Coudert, Paul (loge de Bourg-en-Bresse).
Coudray, maître de lavoir, passage Saint-Pierre, rue Saint-Antoine, 162, Paris.
Coudré, négociant en fleurs, rue d'Amboise, 1, Paris.
Couget Alphonse-Jean-Marc, maire et conseiller d'arrondissement, Lannemezan, Hautes-Pyrénées.

Cougnac, Boulogne-sur-Mer.
Cougnene, fils, Cette, Hérault.
Cougnesse (loge de Cette, Hérault).
Cougniacq (loge de Boulogne-sur-Mer).
Cougnon, professeur.
Couilbaux (loge du Pecq, Seine-et Oise).
Coulangeon, Jean-Baptiste, courtier de commerce, rue des Martyrs, Paris.
Coulon, propriétaire, Avenue Duquesne, 27, Paris.
Coulon, Albert, adjudant au 58e de ligne, rue des Infirmiers, 13, Avignon.
Coulon, C. (loge française de Londres).
Coulon, J.-B., conseiller municipal de Saumur, Maine-et-Loire.
Coulon, Siméon-Albert, adjudant au 58e de ligne, Clermont-Ferrand.
Couly, Placide.
Coumétou, Anaclet, distillateur, place Maubourguet, Tarbes.
Coumétou, Théodore, maître d'hôtel, rue Thiers, Tarbes.
Coumoul, docteur en droit, juge suppléant (loge de Toulon).
Coupet, Auguste, Port-au-Prince, Haïti.
Coupry (loge de Nantes).
Courbet, chef de service à la Préfecture de la Seine.
Courbet (loge de Martigues, Bouches-du-Rhône),
Courboulay, fils (loge de Paris).
Courcel (loge de Paris).
Courcelle-Seneuil, Jean-Léopold, officier de marine, rue des Fonderies, 105, Rochefort-sur-Mer.
Courché, T.-H., négociant-fondeur, secrétaire général de la Chambre syndicale des constructeurs, mécaniciens, chaudronniers et fondeurs de l'arrondissement du Havre.
Courchinoux, Louis, libraire, place Maubert, 14, Paris.
Couret (loges d'Orléans).
Coureur, (loge de Paris)
Courlet, rue de Belleville, 38, Paris.
Courlet, conseiller municipal de Martigues, Bouches-du-Rhône.
Courmeau, négociant, rue de Rivoli, 240, Paris.
Cournerie, ingénieur civil, Cherbourg.
Courourel (loge de Marseille).
Coursières, aîné, tailleur de pierres, Caussade, Tarn-et-Garonne.
Coursières, cadet, tailleur de pierres, Caussade, Tarn-et Garonne.
Coursolles, Voves, Eure-et-Loir.
Court, employé de la maison d'escompte Aristide Lasserre Caussade, Tarne-et-Garonne.
Cour.ade, E., Buenos-Ayres, République Argentine.

Courtans (loge de Toulouse).
Courtault, employé, rue du Havre, 8, Paris.
Courtaux, Mathias-Frédéric, Saint-Denis, île de la Réunion.
Courtial (loge de Toulouse).
Courtillier, docteur-médecin (loge de Paris.).
Courtin, Bordeaux.
Courtois, La Pointe-à-Pitre, Guadeloupe.
Courtois, Alphonse, instituteur, Buenos-Ayres, République-Argentine.
Courtois, J.-A., juge au Tribunal de cassation, Port-au-Prince, Haïti.
Courtois, Jules, docteur-médecin, Port au-Prince, Haïti.
Courtot, Prosper, instituteur, Besançon.
Courtot, Séraphin, limonadier, Besançon.
Courvoisier, Casimir, horloger, Besançon.
Cousin (loge de Rochefort).
Coustal, Gustave-François, architecte, Pau.
Coustant (loge de Nevers).
Coustey (loge de Madrid, Espagne).
Coustillier (loge de Boulogne-sur-Mer).
Couston, boulevard Bonne-Nouvelle, 7, Paris.
Coutant, entrepreneur de couverture, boulevard de La Villette, 18, Paris.
Coutardy, rue Cujas, 11, Paris.
Couteleau, directeur de l'Institution de Reusse, Paris.
Couteleau, fils (loge de Paris).
Couton, Abel (loge d'Orléans).
Coutriss, Alcide, commerçant, Tunis, Tunisie.
Coutriss, Félix, rédacteur à la *Presse*, directeur de la revue mensuelle *la Villégiature*, rue Servandoni, 12, Paris.
Coutures, Louis (loge de Paris).
Couturier (loge de Paris).
Couturier, Prosper, employé au chemin de fer, Tarbes.
Couturier-Hardy (loge de Laon).
Couty, Placide (loge de Paris).
Couverchel, cultivateur, Frétoy- Grémévillers, par Songeons, Oise.
Couzin, rue Maurice-Mayer, 12, Paris.
Coyne, commandant.
Crapet (loge de Paris).
Cravarol (loge de Saint-Geniès-de-Malgoires, Gard).
Credeville (loge de Paris).
Cregut, J. (loge de Bessèges, Gard).
• Crémieux, Albert-Gaston, fils, avocat à la Cour d'appel, rue de Montfaucon, 6, Paris.
Crépin, musicien (loge de Caen).

Crespin aîné, de Vidouville, maison de vente à crédit, boulevard Barbès, 11, 13 et 15, Paris.
Crespin, Adolphe, chef de bureau à la Direction de l'Intérieur, à la Martinique.
* Crespin, Jean-Jacques, avocat, conseiller général, Saint-Louis, Sénégal.
Cresson, Jean, employé, rue Saint-Honoré, 260, Paris.
Crettet, Jean-Victor, avoué, Annecy.
Creusefond, Philippe, employé, boulevard Saint-Michel, 19, Paris.
Creusevault, boulanger, rue Marceau, 4, Paris.
Criquebeuf, E.-Ch. (loge d'Evreux).
Cristol, Auguste, menuisier, rue de la Grange-aux-Belles, 22 *bis*, Paris.
Crochet (loge de Paris).
Croix (loge de Trouville, Calvados).
Crosbie, A., Buenos-Ayres, République Argentine.
Crosnier (loge de Versailles).
Crosnier, Vincent (loge de Conflans-Andrecy, Seine-et-Oise).
Crouzet, Buenos-Ayres, République Argentine.
Crouzet, Joseph, Grande-Rue, 32, Bessèges, Gard.
Crozel, père (loge de Paris).
Crozel, fils (loge de Paris).
Crozon, rue Gozlin, 17, Paris.
Cucher-Berne, Saint-Pierre, Martinique.
Cudenet (loge de Bordeaux).
Cuenne (loge de Gray, Haute-Saône).
Cugnon, Cyrille (loge de Saint-Quentin, Aisne).
Cuisinier, Jules, ingénieur civil, rue des Meuniers, 65, Paris.
Cuisinier-Boutrau, Charles, inspecteur de compagnies d'assurances, préfet.
Cunisset, avocat, conseiller municipal (loge de Dijon).
Cuny, Chartres.
Cuny, Armand (loge de Perpignan).
Curiol, maître-imprimeur.
Curtelin (loge de Tunis, Tunisie).
Curtelin, François-Pierre, percepteur, Beaufort, Savoie.
Curtet, Claude, cultivateur, Saint-Thibaud-de-Couz, Savoie.
Curutchet, Buenos-Ayres, République Argentine.
Cusenier, Eugène, distillateur, Besançon.
Cussat (loge d'Albertville, Savoie).
Custel, J.-C.
Cutivel, Eugène-Joseph-Alphonse, instituteur, Herbeys, Isère.
Cuzent, père, Brest.
Cypre (loge de Lille).

D

Dabadie, J. (loge de Perpignan).
Dachenais, E. (loge de Saint-Ouen, Seine).
Daclin, rue Coquillière, 10, Paris.
Dacosta, E., père, professeur, membre de l'Association polytechnique, rue Gay-Lussac, 48, Paris.
Dadillon (loge de Clichy, Seine).
Dagand, propriétaire, La Ho ssoye, par Auneui', Oise.
Dagois, entrepreneur de travaux publics (loge d'Angers).
Daguerre (loge de Paris).
Daguerre, Jean-François, négociant, Colon-Aspinwal, Panama.
Dahoust, employé, rue Lecourbe, 43, Paris.
Daigremont, employé, boulevard Murat (bâtiment de l'octroi), Paris.
Daille, Cette, Hérault.
Dailly, docteur-médecin (loge de Paris).
Dailly, employé, rue de Poitou, Paris.
Dains, père, Levallois-Perret, Seine.
Dains, Louis-Antoine, fils (loge de Levallois-Perret, Seine).
Daire (loge de Vincennes, Seine).
* Daix, maître de pension, maire de Neuilly, Seine.
Dalais, Port-Louis, île Maurice.
Dalia, artiste dramatique (loge de Rouen).
Dalien (loge de Nancy).
Dalloca, rue notre-Dame-de-Lorette, 6, Paris.
Dalloyau, cartonnier, rue du Temple, 48, Paris.
Dally, Jean (loge de Paris).
Dally, Philippe (loge de Paris).
Dalmas, Joseph fabricant de glace artificielle (loge de Tunis, Tunisie).
Dalmas, Joseph, mécanicien, Tunis, Tunisie.
Dalmont, Saintes, Charente-Inférieure.
Damblon, employé, boulevard de La Villette, 16, Paris.
Dambricourt, publiciste, Tours.
Damerin, vente de fonds de commerce, rue Burq, 17, Paris.
Damian (loge de Lyon)
Damilot, fils (loge de Paris).

Damin, père (loge de Paris).
Damin, André-Auguste, fils (loge de Paris).
Damus, Cette, Hérault.
Danaé, Charles, La Pointe-à-Pitre, Guadeloupe.
Dancenis, P., Saint-Pierre, Martinique.
Dangetterre (loge de Cambrai, Nord).
Dangon, marchand de tabac, rue Pont-Moren, Annecy.
Daniel (loge de Rouen).
Daniel, fils (loge de Neuilly-Plaisance, Seine-et-Oise).
Daniel, Florentin (loge du Havre)
Daniel, H., père, Neuilly-Plaisance, Seine-et-Oise.
Daniel, Henri (loge de Paris).
Daniel, Léon, Jassy, Roumanie.
Danois, Louis, peintre en bâtiments, rue du Faubourg-Saint-Antoine, 142, Paris.
Daout, Pierre, quai du Louvre, 8, Paris.
Daphné, Jos , père, employé des ponts et chaussées, La Pointe-à-Pitre, Guadeloupe.
Daphné, Louis-Joseph-Charlemagne-Jérémie, fils, La Pointe-à-Pitre, Guadeloupe.
Daquo (loge de Paris).
Darcq (loge de Paris).
Dard (loge de Chalon-sur-Saône).
Dard, Emile, typographe, rue Bréa, 13, Paris.
Daridau (loge Paris).
Darlut, Léopold (loge de Limoges).
Darlut, Martial, voyageur, chemin des Ruchoux, Limoges.
Darmoy, S. (loge de Paris),
Darodes, architecte (loge de Paris).
Darton, deuxième adjoint au maire de Nevers.
Dasté, Gustave, Bordeaux.
Daubourg, D., imprimeur, boulevard Beaumarchais, 99, Paris.
Daudy (loge de Constantine, Algérie).
Daufès (loge de Florac, Lozère).
Dauge (loge de Paris).
Daumain, capitaine d'infanterie de marine (loge de Cherbourg).
Daumain ou Daumin, percepteur, rue de l'Alma, 8, Laval.
Daumas (loge de Nîmes et d'Alais).
Daumas, J., Buenos-Ayres, République Argentine.
Daumène (loge de Pont-Saint-Esprit, Gard).
Daumenge, L., Martigues, Bouches-du-Rhône.
Daumont, au Pecq, Seine-et-Oise.
Daunis, rue de Bercy, 245, Paris.
Dauphin, Alexandrie, Egypte.
Dauphin, Edmond, Port-au-Prince, Haïti.

Dauphin, J.-B., Port-au-Prince, Haïti.
Dauxois, J., comptable d'usine, La Motte-Bouchot, Saône-et-Loire.
Davailly, Edmond (loge de Paris).
Daverdin (loge de Paris).
Davey, W.-B., Honolulu, îles Hawaï.
David, rue d'Anjou-Saint-Honoré, 17, Paris.
David, marchand de vins, rue de Flandre, 185, Paris.
David (loge de Saint-Etienne).
David, fabricant de chaînes-câbles, au Havre.
David, Bernard, négociant (loge de Bordeaux).
David, Félicien, compositeur de musique.
David, Frédéric-Auguste, agent-voyer piqueur, Vizille, Isère.
David, Gaston (loge de Paris).
David, Henri (loge de Paris).
David, Henri, tuilier, Domène, Isère.
David, Julien François, professeur de mathématiques, La Réole, Gironde.
David, Léon, Saint-Domingue, Haïti.
David-Cavaz, Maximin-Joseph, commis-greffier au Tribunal civil, Grenoble.
Davies, William-Edward, capitaine de cabotage (loge de Dunkerque).
* Davinière, Auguste-Louis, dessinateur au Ministère de la Guerre, rue du Théâtre, 130 (cité Thuré, 2), Paris.
Daycard, P. (loge de Valparaiso, Chili).
Dayez (loge de Paris).
Dax, Alexis, entrepreneur, rue Doudeauville, 29, Paris.
* Dazet, Georges-Alexis-Edouard, avocat, conseiller général des Hautes-Pyrénées, rue Massé, Tarbes.
Dazet, Louis, avoué, Tarbes.
Debas, C.-L., Saint-Thomas, Antilles danoises.
Deberle, Alfred, homme de lettres, rue Boulard, 15, Paris.
Debergne, E., limonadier, rue des Prêcheurs, 16, Paris.
Debert, lieutenant d'infanterie (loge de Paris).
Debièvre, rue Delsaulx, 39, Valenciennes, Nord.
Debize, Paris.
Debock, typographe, rue du Temple, 25, Paris.
Debord, rue de Meaux, 81 bis, Paris.
Debort, Antoine (loge de Limoges).
Debort, Gustave, négociant, avenue du Crucifix, Limoges.
Debout (loge de Soissons, Aisne).
Debout, Georges-Lucien (loge de Laon).
Debout, Joseph, boulevard de l'Assaut, Beauvais.
Debraisne (loge de Paris).
Debreuille, Thiers, Puy-de-Dôme.

Débroas (loge de Lyon).
Debrou, E., Buenos-Ayres, République Argentine.
Debrou, Emile (loge de Paris).
Debut, A. loge de Lyon).
Decan, caissier, rue Vivienne, 18, Paris.
Decaudin (loge de Paris).
Déchanet (loge de Gray, Haute-Saône).
Dechosal, employé, quai de Valmy, 51, Paris.
* Dechevaux-Dumesnil, François, publiciste, directeur et rédacteur du journal *Le Franc-Maçon*, Paris.
Decker, Théodore, mécanicien, rue Notre-Dame-de-Nazareth, 13, Paris.
Déclasse, Décimus, ex-commissaire du Gouvernement, Port-au-Prince Haïti.
Decqueher (loge de Boulogne-sur-Mer).
Decraène, Augustin, blanchisseur, rue de la Pépinière, 62, Paris.
Decré, voyageur de commerce, rue d'Alger, 3, Paris.
Dedicre (loge de Pontoise, Seine-et-Oise).
Defasquelles, Eugène, cultivateur, à la Ferme de l'Hôtel-Dieu, Oise.
Deffarges (loge de Périgueux).
Deflou, employé de recettes, rue de Laval, 24, Paris.
Déforges, inspecteur général de la Compagnie l'*Union*.
Défossés, photographe, boulevard ou rue Saint-Denis, 19, Paris.
Defougère, Périgueux.
Defrance, Paris.
Degas, Constant, tapissier, rue de Provence, 68, Paris.
Dégéant (loge de Tours).
Degoul, marchand ferrailleur, rue du Pont-Louis-Philippe, 24, Paris.
Degouville, Laon.
Degroux, Alphonse (loge de Paris).
Degrave, artiste du Grand-Théâtre de Lille.
Deguillien (loge de Paris).
Deguitre (loge de La Rochelle).
Dehanot, Saint-Mandé, Seine.
Dehors, négociant lampiste, Londres, Angleterre.
* Dehoux, J.-B., docteur-médecin, ancien directeur de l'École nationale de Médecine de Port-au-Prince, Haïti, rue Oberkampf, 78, Paris.
Deiffel, rue de Montmorency, 28, Paris.
Deiffel, aubergiste, tenant l'*Hôtel des Trois-Piliers*, Beauvais.
Deinguidard, Antoine (loge de Buenos-Ayres, République Argentine).

Dejan, Daguesseau, Port-au-Prince, Haïti.
Dejean (loge de Neuilly, Seine).
Déké (loge de Beauvais).
Dekker, imprimeur, rue du Faubourg-du-Temple, 99, Paris.
Dela (loge de Paris).
Dela, R., Saint-Pierre, Martinique.
Delabroise (loge de Maule, Seine-et-Oise).
Delaby, négociant, adjoint au maire du VIe arrondissement de Paris.
Delaby, Saint-Vincent de Paul (loge de Constantine, Algérie).
Delachat (loge de Paris).
Delacoste (loge de Londres, Angleterre).
Delacour, lieutenant de vaisseau, aide de camp du général Pajol, commandant de la Garde nationale.
Delacour (loge de Forge-les-Eaux, Seine-Inférieure).
Delacour, C., rue de la Condamine, 82, Paris.
Delacour, C., Corfou, îles ioniennes.
Delacroix, employé, rue Rochechouart, 72, Paris.
Delacroix, maître d'armes (loge de Paris).
Delacroix-Marsy.
Delafond, Nîmes.
Delage, avenue d'Italie, 182, Paris.
Delage, fils (loge de Courbevoie, Seine).
Delage, Hugues, employé, rue Saint Martin, 131, Paris.
Delagneau, coiffeur, rue de Crimée, 17, Paris.
Delagneau (loge de Joigny, Yonne).
Delagrange, Charles, imprimeur, Besançon.
Delagrave (loge de Paris).
Delahaut, Jules, cantinier, rue Blanche, 24, Paris.
Delahaye, boulevard Bonne-Nouvelle, 5, Paris.
Delahaye, Charly, Aisne.
Delahaye, C., Buenos-Ayres, République Argentine.
Delahaye, Hippolyte, Buenos-Ayres, République Argentine.
Delaigle, fabricant de fouets, rue du Faubourg-Saint-Martin, 6, Paris.
Delail (loge de Toulouse).
Delaître, Paul, fils (loge de Paris).
Delamare (loge de Beauvais).
Delamare (loge de Dieppe, Seine-Inférieure).
Delamare (loge de Lisieux, Calvados).
Delamarre (loge de Bourg-en-Bresse).
Delamotte (loge de Paris).
Delan, O., rue Muller, 23, Paris.
Delandre, entrepreneur, Jouy-Mauvoisin, Seine-et-Oise.
Delanne (loge de Paris).

Delanoue, Gustave (loge de Tours).
Delapierre (loge de Paris).
Delaquerrière, artiste de l'Opéra-Comique (loge de Paris).
Delarbre (loge de Paris).
Delaroche, Tours.
Delaroche, Ferdinand (loge de Paris).
Delarue, marchand épicier, rue de la Roquette, 51, Paris.
Delarue (loge d'Asnières, Seine).
Delasalle, rue Saint-Martin, 198, Paris.
Delatour, T., Port-au-Prince, Haïti.
Delattre, rue Félix, 32, Levallois-Perret, Seine.
Delattre (loge de Saint-Quentin, Aisne).
Delattre, père (loge de Saintes, Charente-Inférieure).
Delattre, Albert, fils (loge de Sainte, Charente-Inférieure).
Delattre, Eugène, employé de commerce (loge de Ruffec, Charente).
Delau, A., (loge française de Montréal, Canada),
Delaulme ou Deloulme (loge de Paris).
Delaunay, Alexandre (loge de Paris).
Delaunay, Emile (loge de Paris).
Delaunay, Gaëtan.
Delaune, rue d'Argout, 32, Paris.
Delaunoy, docteur médecin (loge de Paris).
Delaurent, négociant, route de Paris, Limoges.
Delaux (loge de Toulouse).
Delavaux, L (loge de Londres, Angleterre).
Delay, Antoine (loge de Paris).
Delay, Louis (loge de Paris).
Delaye, Charles, Buenos-Ayres, République Argentine.
Delayen (Hervey, dit).
Delbeau, J.- B., Jacmel, Haïti.
Delbeau, J.- D., Jacmel, Haïti.
Delcambre, musicien au 74e de ligne (loge de Paris).
Delcher (loge de Paris).
Delcourt (loge de Pantin, Seine).
Deldem, serrurier, rue Traversine, 47, Paris.
Delec, Saint-Pierre, Martinique.
Delerme, Eugène, aux Cayes, Haïti.
Delesmillière (loge de Paris).
Delesse, boulevard de Sébastopol, 16, Paris.
Delétraz (loge de Paris).
Deleuze (loge de Pont-Saint-Esprit, Gard).
Delfosse, fumiste, rue du Théâtre, 40, Paris.
Delga (loge de Paris).
Delga, entrepreneur, rue des Blanchers, 6, Toulouse.
Delga, Antoine, Saintes, Charente-Inférieure.

Delherbe (loge de Tunis, Tunisie).
Delibes, père, Paris.
Delibes, Édouard, fils (loge de Paris).
Delibes, Jules-Benjamin, employé aux tabacs, Maubourguet, Hautes-Pyrénées.
Deligat, Jules, métreur, rue Beautreillis, 1, Paris.
Deligne, Adolphe, mécanicien, avenue d'Eylau, 103, Paris.
Delille, Oscar (loge de Dunkerque).
Delivet (loge de Paris).
Dellavalle, aîné, Périgueux.
Delmare, Mâcon.
Delmarès, sous-préfet.
Delmas (loge de Bordeaux).
Delmas, Antoine, marchand ferrailleur, rue du Pont-Louis-Philippe, 26, Paris.
Delminique, Jean, tuilier Eybens, Isère.
Delmond, S.- B., Saint-Pierre, Martinique.
Delmont, Jean-Baptiste.
Delmotte, comptable, rue de Rivoli, 66, Paris.
Delogé, couvreur, rue d'Alleray, 35, Paris.
Delon (loge de Paris).
Delon (loge de Marseille).
Delon (loge de Béziers, Hérault).
Delon, Pierre, marchand de vins, Milhaud, Gard.
Deloncle, Henri, rue, Gœthe, 5, Paris.
Delord, menuisier, Brive-la-Gaillarde Corrèze.
Délorier, T.- L. (loge de Montréal, Canada).
Delort, Port-Louis, île Maurice.
Deloy (loge de Saint-Etienne).
Delpière, peintre en bâtiments, rue du Dragon, 37, Paris.
Delpierre, Charles, commissionnaire-expéditeur, Boulogne-sur-Mer.
Delpierre-Poure, ancien armateur et saleur, Boulogne-sur-Mer.
Delpuech (loge de Paris).
Delpy, négociant, Brive-la-Gaillarde, Corrèze.
Delrat, artiste lyrique (loge de Toulouse).
Debrio (loge de Paris).
Deltout, Buenos-Ayres, République Argentine.
Delutchi, Pierre, professeur, Buenos-Ayres, République Argentine.
Delvaille, S.- E., rue de l'Entrepôt, 13, Paris.
Delvert (loge de Paris).
Delvincourt, Charles, voyageur de commerce, Besançon.
Délyot, Léon, propriétaire, Besançon.
Demange (loge de Nancy).

Demangeat, préfet.
Demanze (loge de Paris).
Demay, père, Boulogne-sur-Mer.
Demay, Pierre-Charles, fils (loge de Boulogne-sur-Mer).
Demay, Victor, fils (loge de Boulogne-sur-Mer).
Démont, R.-S., homme de lettres.
Demeuse, employé, rue d'Oltémont, 31, Paris.
Demoflys (loge de Tunis, Tunisie).
Démogé, Paul-François, agriculteur, Besançon.
Demogeot (loge de Paris).
Demondenard (loge d'Agen).
Demonque, professeur au Collège communal de Blidah, Algérie.
Démost, Port-au-Prince, Haïti.
Demoyé (loge de Paris).
Denangle (loge de Paris).
Denans, père, rue de Grenelle, 116, Paris.
Denans, Ernest, fils (loge de Paris).
Dénarié, Adrien, entrepreneur, Grenoble.
Denayrou, Paulin, marchand de porcs, Caussade, Tarn-et-Garonne.
Denempont (loge de Boulogne-sur-Mer).
Denier (loge de Paris).
Denigès, Bordeaux.
Denis, graveur, rue des Grands-Augustins, 28, Paris.
Denis, voyageur, Lariche-extra, près Tours, Indre-et-Loire.
Denis, Ernest, Jacmel, Haïti.
Denise, rue du Château-d'Eau, 32, Paris.
Denizet, G. (loge de Rouen).
Denizot, artiste dramatique.
Dennery, Charles, aux Cayes, Haïti.
Dennery, Hennery, aux Cayes, Haïti.
Dénoc, Charles, Buenos-Ayres, République Argentine.
Denoix, négociant, Brive-la-Gaillarde, Corrèze.
Denot (loge de Philippeville, Algérie).
Dénoye (loge de Lyon).
Densina (de), E., Port-Louis, île Maurice.
Denus, Henri, employé, rue Martel, 3, Paris.
Depaepe (loge de Paris).
Depas, Victor, Bordeaux.
Depas-Medina, aux Cayes, Haïti.
Dépestre, T., Jacmel, Haïti.
Deplanche, imprimeur, passage du Caire, 71-73, Paris.
Depoix (loge de Clichy).
Deprun, agent-voyer, Lapleau, Corrèze.
Dequaire, Jules, professeur de philosophie au lycée, rue de Marengo, 6, Saint-Etienne.

Deray, Philibert, contremaître, Epernay, Marne.
Dercourt, capitaine (loge du Havre).
Deré (loge de Paris).
Dereins, docteur-médecin, rue Bréa, 23, Paris.
Derel, Antoine (loge de Buenos-Ayres, République Argentine).
Derenoncourt, J.-B., Port-au-Prince, Haïti.
Dereux, rue des Abbesses, 46, Paris.
Derieul de Roland, fils.
Derivery (loge de Neuilly-Plaisance, Seine-et-Oise).
Dermaugy (loge de La Fère, Aisne).
Derminot (loge de Paris).
Déroseaux, Adolphe, Buenos-Ayres, République Argentine).
Derosselle, H., président de la Société de gymnastique, d'escrime et de tir du 1er arrondissement de Paris.
Derouet, Pierre, marchand de salaisons, rue Mondétour, 15, Paris.
Derrieux (loge de Marseille).
Dervillers, père (loge de Laon).
Dervillers, Arthur, fils (loge de Laon).
Dervillez, boulanger, Bucy-le-Long, Aisne.
Désange, rue de la Glacière, 30, Paris.
Desbas, C.-L., Saint-Thomas, Antilles danoises.
Desbleumortiers, boulevard de Montmorency, Argenteuil, Seine-et-Oise.
Descamps (loge de Lille).
Descamps, Bernard, chef de train, rue Saint-Louis, 12, Toulouse.
Descamps, Léon-Etienne (loge de Paris).
Descartes (loge de Tours).
Descelliers (loge de Trouville, Calvados).
Deschamps, Frédéric, bâtonnier de l'ordre des avocats, conseiller municipal de Rouen et conseiller général de la Seine-Inférieure.
Deschamps, Lambert, Port-au-Prince, Haïti.
Deschamps, Louis, champignonniste, rue des Adultes, 5, Gentilly, Seine.
* Deschanel, P.-E.-L., — a déclaré, par lettre du 9 août 1888, ne pas faire partie de la Franc-Maçonnerie; — a été confondu avec son père, dans une transcription de liste.
Deschaux, Annonay, Ardèche.
Deschevaux (loge du Havre).
* Descombes, père, inspecteur des finances, trésorier du Sénat.
Descombes, fils (loge de Paris).
Descombes, Henri-Jérôme-Marie, conducteur au chemin de fer, Bourgoin, Isère.

Descomps (loge de Bordeaux).
Descomtes, B. (loge de Paris).
Descors, François, Savigny-sur-Orge, Seine-et-Oise.
Descoubes, P., Buenos-Ayres, République Argentine.
Descroizilles, Henri-Charles, Port-Louis, île Maurice.
Desebbe, Joseph, voyageur de commerce, Chambéry.
Desenglois (loge de Paris).
Desenne (loge de Paris).
Desfammes (loge de Paris).
Desfeuilles, professeur, boulevard Montparnasse, 140, Paris.
Desforges, employé, rue de La Chappelle, 47, Paris.
Desfoux, Albert-Gilles, entrepreneur de menuiserie, Dauville-sur-Mer, Calvados.
Desgranges (loge de Saint-Etienne).
Desgraux (loge du Havre).
Deshaire, Lyon.
Deshayes (loge du Havre).
Deshayes, Adolphe menuisier, rue des Vertus, 23, Paris.
Designolle (loge de Paris).
Désirabode (loge de Paris).
Desisnard, négociant, Saint-Marc, Haïti.
Desjacques, entrepreneur, Lamazière-Basse par Lubersac, Corrèze.
Desjardin, Alphonse-Eugène, Boulogne-sur-Mer.
Deslandes, négociant, boulevard Beaumarchais, 38, Paris.
Deslignières (loge de Nevers).
Desmazes (loge de Nice).
Desmoulins, Eugène, comptable, rue Joubert, 8, Paris.
Desnau (loge de Nantes).
Desnoës, Louis, tailleur, rue Bailleul, 10, Paris.
Desnouveaux (loge de Chaumont).
Desnoyers, docteur-médecin, île Maurice.
Desoille (loge de Paris).
Desorme, rue Beauregard, 6, Paris.
Desperonnat (loge de Paris).
Desplanques, père, Paris.
Desplanques, Adrien, fils (loge de Paris).
Desplats, Pierre, Buenos-Ayres, République Argentine.
Despois, Eugène, professeur, rue Saint-Jacques, 340, Paris.
Desprats, principal au Collège de Villefranche, Rhône.
Desprez, officicier d'administration.
Desrez, C. (loge de Lisieux, Calvados).
Desroses, Théodore-Endarique, capitaine, Saint-Pierre, Martinique.
* Desseaux, Louis-Philippe, avocat, procureur général, député de Rouen, préfet.

Destanesse (loge de Bordeaux).
Destouche, conseiller municipal.
Destrées, négociant, Bordeaux.
Destrem, docteur-médecin, rue Lecourbe, 112, Paris.
Destrez, directeur du Crédit communal de France (loge de Paris).
Desuiten, artiste du théâtre de Boulogne-sur-Mer.
Desvaux, Périgueux.
Desvignes, J., représentant de commerce, 21, Great S'-Helens, Londres, Angleterre.
Detès, instituteur (loge d'Avignon).
Dethez (loge de Marseille).
Déthiollaz, Claude-Marie, chapelier, Annecy.
Dethon, Ambroise, employé, rue des Vieilles-Haudriettes, 3 bis, Paris.
Detraz, Victor, receveur des contributions indirectes (loge de Martigues, Bouches-du-Rhône).
Detremont, Eugène, mécanicien, rue Basfroi, 14, Paris.
Devarenne, (loge de Paris).
Devaux, Tours.
Devert (loge de Paris).
Devevey (loge de Paris).
Devick, Louis, (loge de Nice).
Devidau (loge de Paris).
Deville (loge de Roanne, Loire).
Devos, François, mécanicien, rue Demours, 78, Paris.
Dewaëre, rue Neuve-Saint-Augustin, 21, Paris.
Dewailly, rue de Sèvres, 137, Paris.
Deynaud (loge de Monségur, Gironde).
Déyrey (loge de Bordeaux).
Deyrolle, rue du Colisée, 27, Paris.
Dez (loge de Dunkerque).
Dezarnauds, Nouméa, Nouvelle-Calédonie.
Dezest (loge de Bordeaux).
D'harcourt, père, Paris.
D'harcourt, Alexandre, fils (loge de Paris).
Dhérissard, Eugène-Léon (loge de Paris).
Dhériveau (loge de Tours).
D'Hulst (loge de Paris).
Dibot, D. (loge de Paris.)
Didier, tourneur, rue de la Grande-Truanderie, 33, Paris.
Didier, F. (loge de Saïgon, Cochinchine française).
Didier, René, artiste dramatique.
• **Didiot**, Joseph, ancien négociant, propriétaire, conseiller municipal, Rivoli, par Mostaganem, Algérie.
Didon, Louis (loge de Paris).

Diernegard (loge de Saint-Ouen (Seine).
Dierx (loge de Saïgon, Cochinchine française).
Dietz, ingénieur aux Ateliers de Paris-La-Villette.
Dieudonné, au Raincy, Seine-et-Oise.
Diffloth (loge de Paris).
Digeon, rue de la Nation, 10, Paris.
Diligence (loge du Havre).
Dillery, Marie-Constant, propriétaire, rue de Moscou, 8, Paris.
Dindinot (loge de Paris).
Dinoir, employé, rue de Turbigo, 35, Paris.
Dinville, fermier, boulevard de La Villette, 182, Paris.
Dion, Jacques. percepteur, Le Monestier-de-Clermont, Isère.
Dioré, Port Louis, île Maurice.
Diou, H., imprimeur, rue de Château-Landon, 37, Paris.
Divis (loge de Saint-Germain-en-Laye, Seine-et-Oise).
• Dislère, Paul, ingénieur des Constructions navales et secrétaire du Conseil des travaux de la marine.
Dissès, Antoine-Ernest, directeur de la compagnie d'assurance *le Lot*, rue Pierre-Brunie, 1, Cahors.
Dobar (loge de Saint-Denis).
Dobbels Saint-Pierre, Martinique.
Dobresset, (loge de La Fère, Aisne).
Doby (loge de Paris).
Docquier, L.-J., homme d'affaires, boulevard Beaumarchais, 95, Paris.
Dodey, Louis-Constant-Hippolyte, inspecteur primaire, Albertville, Savoie.
Dodomenico, Gilbert, exportateur, rue du Clocher, 32, Limoges.
Dognon, A (loge du Havre).
Doignon (loge de Paris).
Doinel, Jules-Stany (loge d'Orléans).
Dolians (loge de Versailles).
Dole, Louis-Antoine, limonadier, Besançon.
Dolley, Louis (loge de Villedieu-les Poêles, Manche).
Dolt (loge de La Ciotat, Bouches-du-Rhône)
Domaine (loge de Pont-Saint-Esprit, Gard).
Dome, fils, rampiste, rue Taranne. 11, Paris.
Dome, Bernard rampiste, rue Taranne, 11 Paris.
Domenech, François, juge de paix, Perpignan.
Domengine, Paul, voyageur de commerce, Pau.
Domenterger (loge de Saint-Quentin, Aisne).
Domer (loge de Rouen).
Domergue, Ch. (loge de Bessèges, Gard).
Domergue, L. (loge de Bessèges, Gard).
Domergue, Tony-François, chef d'orchestre, Besançon.

Domingue, Michel, en Haïti.
Dominique, J.-L., Port-au-Prince, Haïti.
Dominique, Lélio, Port-au-Prince, Haïti.
Domon, Charles-Joseph, horloger, Besançon.
Donadieu, G. (loge d'Issoudun, Indre).
Donat, journaliste (loge de Paris).
Donckèle, Henri, Paris.
Donge, Denis-Gabriel, rentier, Besançon.
Donier, Alfred, limonadier, Besançon.
Donnadieu, rue de Turenne, 19, Paris.
Donnadieu, aux Batignolles, Paris.
Donné, Limoges.
Donnet (loge de Paris).
Donon, Ch. (loge de Madrid, Espagne).
Donon, Jules (loges de Madrid, Espagne).
Dor, mécanicien, rue Riquet, 73, Paris.
Doraine (loge de Saint-Quentin, Aisne).
Doré (loge de Trouville, Calvados).
Doré, Louis, rue Saint-Martin, 46, Laon.
Doret, frère (loge de Saint-Denis, Seine).
Dorgans, Auguste, chef du bureau militaire, à la mairie de Tarbes
Dorient, Louis (loge de Montrouge, Seine).
Dormois (loge de Saint-Affrique, Aveyron).
Dormoy (loge de Paris).
Dory (loge de Paris).
Dosne, marchand de vins, Paris.
Dossun, Jean-Marie, professeur au Lycée, rue du Lycée, 18, Tarbes.
Douay, professeur de philosophie, homme de lettres, rue de l'Odéon, 21, Paris,
Doubledent (loge de Bordeaux).
Doubler ou Doublère (loge de Paris).
Doublot, Charles, professeur au collège, rue du Pont, 1, Gray, Haute-Saône.
Doubrère (loge de Paris).
Doucède, Henri (loge de Buenos-Ayres, République Argentine).
Doucet (loge de Tours).
Doucet, E., Buenos-Ayres, République Argentine.
Doucet, Marius-Dominique, cafetier, Faverges, Haute-Savoie.
Douchet (loge de Bougie, Algérie).
Douchy (loge de Clichy, Seine).
Doudeau, Maurice, (loge de Paris).
Doudement (loge de Paris).

Dougny, Alais, Gard.
Douliot (loge de Paris).
Doumer, député de l'Aisne.
Dourain, éventailliste, Andeville, par Méru, Oise.
Dourlent (loge de Paris).
Dourlent, rue de la Borne, 7, Sannois, Seine-et-Oise.
Douvier, G. (loge de Pantin, Seine).
Douwé, mécanicien-dentiste, rue de Norvins, Paris.
Doux, Paul, Buenos-Ayres, République Argentine.
Douyon, Mauléus, aux Cayes, Haïti.
Douyon, Valérius, aux Cayes, Haïti.
Douyon, Vital, huissier, aux Cayes, Haïti.
Doyen (loge de Paris).
Doyon, E. (loge de Montréal, Canada).
Doz (loge d'Orléans).
Dozière (loge de Paris).
Drau, tonnelier (loge de Libourne, Gironde).
Drault, bijoutier, rue Vincent, 5, Paris.
Drault, François, Madrid, Espagne.
Dréaux (loge de Libourne, Gironde).
D escher (loge de Paris).
Dresse, Adolphe, Buenos-Ayres, République Argentine.
Dreux (loge d'Orléans).
Dreyfus, voyageur, rue de Turenne, 78, Paris.
Dreyfus (loge de Nancy).
Dreyfus (loge de Saint-Etienne).
Dreyfus, Joseph, négociant, Besançon.
D eyfus-Brisac, médecin des hôpitaux (loge de Paris).
D iard (loge de Paris).
• Drier, chef de comptabilité, rue de la Harpe, 57, Paris.
Drivet, Claude, charpentier, Chambéry.
Drivon (loge de Neuilly, Seine).
Dromnelle (loge de Paris).
Drot, officier au 40e de ligne (loge de Paris).
Drouard, rue des Lions Saint-Paul, 6, Paris.
Drouard, maréchal-ferrant, au Vésinet, Seine-et-Oise.
Drouaud, docteur-médecin (loge de Bordeaux).
Drouault, Jacques-Edouard, négociant en vins, quai de Bercy, 5, Paris.
Drouelle, Jean-Batiste, rentier, Besançon.
Drouet, rue de la Tour, 131, Paris.
Drouet, Saint-Denis, Seine.
Drouhin, marchand de vins, rue de l'Argonne, 17, Paris.
Drouhot, père, Paris.
Drouhot, Antoine, fils (loge de Paris).
Drouillard, Ed., Port-au-Prince, Haïti.

Druilhet, J., Buenos-Ayres, République Argentine.
Dubar (loge de Bougie, Algérie).
Dubard, ex-colonel de la 4e légion de marche du Rhône (loge de Lyon).
Dubellay, pasteur protestant démissionnaire (loge de Paris).
Dubied (loge de Bourg-en-Bresse).
Dubief (loge de Mâcon).
Dublos, Saint-Louis, Sénégal.
Duboc, avenue du Commandeur, 17, Paris.
Duboc (loge de Saint-Nazaire, Loire-Inférieure).
Duboille, Charles-Ernest-Joseph, négociant, rue de Chabrol, 65, Paris.
Dubois (loge de Neuilly, Seine).
Dubois, médecin-major au 1er régiment de ligne, Cambrai, Nord.
Dubois, Meulan, Seine-et-Oise.
Dubois, pharmacien militaire (loge de Bougie, Algérie).
Dubois, A., rue de Saint-Denis, 168, Paris.
Dubois, Auguste, artiste porcelainier, rue de la Fonderie, Limoges.
Dubois, E., docteur-médecin (loge de Toulon).
Dubois, Ernest (loge de Londres, Angleterre).
Dubois, F.-E., ex-secrétaire d'Etat au département de la Justice et de l'Instruction publique, Port-au-Prince, Haïti.
Dubois, François, lithographe, rue Oberkampf, 7, Paris.
Dubois, Jean-Antoine, marchand de vins, rue de Reuilly, 43, Paris.
Dubois, Paul (loge de Paris).
Dubois, Philibert (loge de Vichy, Allier).
Dubois, Prosper-André, négociant, Brest.
Dubosc, Anatole, employé, rue des Moulins, 18, Paris.
Dubosc, Arthur, employé, Lille.
Dubosc, E., Rouen.
Duboscla̲rd, Michel, directeur d'usine, chemin du Mas, Limoges.
• Duboscq, Jean, avocat, ancien notaire, ancien agréé au Tribunal de commerce de Bordeaux, directeur d'un cabinet de contentieux et de recouvrements, rue Richer, 41, Paris.
Dubourg, Pierre, surveillant général des travaux de la ville de Bordeaux.
Dubourjal, père.
Dubourjal, fils
Dubousquet (loge de Sarlat, Dordogne.)
Dubranle, père, serrurier-mécanicien (loge de Cognac, Charente).
Dubray (loge de Saint-Germain-en-Laye, Seine-et-Oise).

Dubret (loge de Paris).
Du Breuil (loge de Constances, Manche).
Dubreuil, Georges (loge de Rouen).
Dubrœucq (loge de Poitiers).
Dubuis (loge de Paris).
Dubuisson (loge de Havre).
Dubuisson (Lavelatte, dit), artiste au théâtre de Dunkerque.
Dubut de Laforest, homme de lettres, conseiller de préfecture.
Dubuyat, rue Vendôme, 221, Lyon.
Duc, Léon-Joseph, employé à la mairie, Besançon.
Ducas (loge de Cette, Hérault).
Ducasse (loge d'Angers, Maine-et-Loire).
Ducasssou, Pierre, Buenos-Ayres, République Argentine.
Ducellier, Ernest, marchand épicier, rue d'Orléans, 17, à Bercy, Paris.
Duchemin (loge du Havre).
Duchemin, Frédéric, inspecteur de la Salubrité, rue du Cloître-Saint-Jacques, Paris,
Duchemin, Paul, Rouen.
Ducher, conseiller général de l'Ain.
Duchesne, quai de la Râpée, 52, Paris.
Duchesne, Châlon-sur-Saône.
Duchesne, (loge de Caen).
Duchesnois (loge de Marseille).
Duchez, Buenos-Ayres, République Argentine.
Duclos, Jules (loge de Paris).
Duclos, Pierre, négociant, Grenoble.
Ducondut, Abel, docteur-médecin, inspecteur des Enfants assistés, place Saint-Germain, 8, Auxerre.
Ducor, Joseph, négociant, rue des Grands-Fossés, Tarbes.
Ducorbier (loge de Lille).
Ducoroir (loge de La Souterraine, Creuse).
Ducoudray, rue La Condamine, 77, *bis*, Paris.
Ducoudray, père, Levallois-Perret, Seine.
Ducourt (loge de Paris)
Ducourt, (loge de Barcelone, Espagne).
Ducoux, François-Joseph, docteur-médecin, préfet de police, directeur-administrateur de la Compagnie des Voitures de Paris, député de Loir-et-Cher.
Ducret, rue Dumas, 6, Lyon.
Ducret, Edouard, publiciste, rédacteur à la *Lanterne* et à la *Presse* (loge de Paris).
Ducreux, Louis-Antoine-Alfred, négociant, consul du Paraguay, boulevard National, 28, Marseille.
Ducros, P., Buenos-Ayres, République Argentine.

Ducuron-Lagougine, capitaine de vaisseau, en retraite (loge de Paris).
Dudach (loge de Paris).
Dufau, Bordeaux.
Duffac, Jules, Saintes, Charente-Inférieure.
Duffaut, Adrien, entrepreneur, Puerto-Rico, Antilles.
Duffieux, marchand de charbons, quai de Jemmapes, 148, Paris.
Dufieff (loge de Paris).
Dufour, Saint-Louis, Sénégal.
Dufour, père, Poitiers, Vienne.
Dufour, Amable-Alphonse, fils (loge de Poitiers).
Dufour, Arthur, Buenos-Ayres, République Argentine.
Dufour, B., Buenos-Ayres. République Argentine.
Dufour, Henri, maire de Saint-Sébastien, Gard.
Dufresne, Raoul, Paris.
Dugas, Jean-Alphonse-Amédée, rue Boulard, 11, Paris.
Dugenest (loge d'Alger).
Dugué, Joseph, ex-employé de commerce (loge de Roanne, Loire).
Duguet, receveur buraliste, Boissy-Saint-Léger, Seine-et-Oise.
Duhalde, (loge de Valparaiso, Chili).
• Duhamelet, pharmacien, conseiller municipal de Fécamp, Seine-Inférieure.
Duhamelet, Gustave.
Duhamelet, Philippe, professeur de littérature.
Duhazé, Edmond-Victor (loge de Paris).
Dujat (loge d'Arras).
Dulaard, Jérôme (loge de Libourne, Gironde).
Dulaard, Maurice (loge de Libourne, Gironde).
Dulac (loge de Neuilly, Seine).
Dulciné, Jean-Louis, Jacmel, Haïti.
Dulermez, Achille-Eugène, comptable, boulevard Dicerot, 28 *bis*, Paris.
Duliepvre, Ninvil, Jacmel, Haïti.
Dulieu, emballeur, rue Notre-Dame-de-Nazareth, 63, Paris.
Dumarquet (loge de Paris).
Dumas, ex-ténor du Théâtre des Arts, de Rouen.
Dumas (loge d'Alais, Gard).
Dumas, Saintes, Charente-Inférieure.
Dumas (loge de Voiron, Isère).
Dumas, jeune, Toulouse.
Dumas, Gabriel, Périgueux.
Dumas, Louis, tanneur, Cognin, Savoie.
Dumas, Numa, (loge de Paris).

Dumas, Savinien, Bordeaux.
Dumerin, comptable, rue des Sablons, 20, Paris.
Dumesnil, Ch., négociant, rue du Marché-aux-Chevaux, 15. Paris.
Dumesnil, Jules, rédacteur au *Mot d'Ordre*, Paris.
Dumont, Ch. (loge de Dunkerque).
Dumoret, Jean-Jacques, président du Tribunal civil, Bagnères-de Bigorre, Hautes-Pyrénées.
Dumoulin, rue d'Alsace, 5, Paris.
Dumoulin, rue de la Victoire, 46, Paris.
Dumoulin (loge de Bordeaux).
Dumoulin, Léonard, directeur de la fabrique Jourde, faubourg Monjoirs, Limoges.
Dunau, Dominique, expéditionnaire (loge de Nice).
Dunau, Maurice, professeur d'histoire au Lycée de Marseille.
Dupand, rue des Trois-Bornes, 15, Paris.
Duparc (loge de Lyon).
Duparc, artiste du Gymnase de Marseille.
Dupayrat, J.-Ph. (loge de Lima, Pérou)
Duperrie, A., professeur, rue des Feuillantines, 88, Paris.
Duperrier (loge de Levallois-Perret, Seine).
Duperval, Jean-Baptiste-Cerisier, négociant, aux Cayes, Haïti.
Dupetit (loge de Paris).
Dupeux, Henri (loge de La Rochelle).
Dupeyrat, surveillant des Télégraphes de Paris.
Dupierris, docteur-médecin, Bordeaux.
Dupin, juge d'instruction (loge d'Angers).
Dupin, Buenos-Ayres, République Argentine.
Dupin, Jean-Baptiste-François-Victor, capitaine de marine, chef de bureau à la Direction de l'Intérieur, Cayenne, Guyane française.
Dupin, Louis, substitut du procureur de la République, Bellac, Haute-Vienne.
Dupit (loge de Paris).
Duplan, sous-directeur de l'Enseignement.
Duplantier (loge de Paris).
Duplessis, Tarrasson, Dordogne.
Duplessis, inspecteur des Chemins de fer de l'Etat, rue des Guetteries, Tours.
Duplessis, Charles-Louis (loge de Paris).
Duplessis, Elisée, docteur-médecin, Port-au-Prince, Haïti.
Duplessis, Fénelon, ex-membre de la Commission centrale de l'Instruction publique, Port-au-Prince, Haïti.
Dupois, instituteur, Jumeaux, Puy-de-Dôme.

Dupont Léon, confiseur, Ruffec, Charente.
Dupont, député.
Dupont, conseiller à la Cour d'appel de Poitiers.
Dupont (loge de Clichy, Seine)
Dupont, propriétaire (loge de Libourne, Gironde).
Dupont (loge de Saïgon, Cochinchine française).
Dupont (loge de Madrid, Espagne.
Dupont, frères, horlogers-bijoutiers, rue de Bondy 32, Paris.
Dupont, Aristide, aux Cayes, Haïti.
Dupont, Auguste, Périgueux.
Dupont, Dorange, aux Cayes, Haïti.
Dupont, Gabriel, imprimeur, Grenoble.
Dupontès, C.
Dupouts, Jean-Hilaire, ingénieur-constructeur, Castelvielh, Hautes-Pyrénées.
Dupoux-Hilaire (loge du Havre).
Duprat (loge de Nice).
Duprat, médecin-major de 1re classe, Perpignan.
Dupré (loge de Nice).
Dupré, Gaëtano, rue de Sévigné, 11, Paris.
Duprès, Eugène, huissier, Chambly, Oise.
Duptan, Saint-Germain-en-Laye, Seine-et-Oise.
Dupuis, homme de lettres, passage Stanislas, 13, Paris.
Dupuis, artiste du Grand-Théâtre de Lille.
Dupuis, ancien chef de bureau, à la Direction de l'Intérieur, Cayenne, Guyane française.
Dupuis, Auguste, marchand-tailleur, Guéret.
Duputel, Maurice, docteur-médecin, rue de la Vicomté, 13, Rouen.
Dupuy (loge de Toulouse).
Dupuy, Nouméa, Nouvelle-Calédonie.
Duquesne, artiste lyrique.
Durafour, rue de la Terrasse, 11, Paris.
Durand, coiffeur, rue Lemercier, 70, Paris.
Durand, layetier-emballeur, rue Notre-Dame-de-Nazareth, 63, Paris.
Durand, rue Beaurepaire, 3, Colombes, Seine.
Durand, cordier, rue des Vignerons, 6, Vincennes, Seine.
Durand, directeur du *Mémorial bordelais*, Bordeaux.
Durand, rue Vital-Carles, 24, Bordeaux.
Durand, Figeac, Lot.
Durand (loge de Neuilly-Plaisance, Seine-et-Oise).
Durand (loge de Pont-Saint-Esprit, Gard).
Durand (loge d'Alger).
Durand, A., Buenos-Ayres, République Argentine.

Durand, Adrien, marchand de comestibles, rue Bonnard, 9, Colombes, Seine.
Durand, Antoine, aubergiste, faubourg des Arènes, 5, Limoges.
Durand, Edmond, boutonnier, rue Tiquetonne, 57, Paris.
Durand, F., Buenos-Ayres, République Argentine.
Durand, J. ingénieur des hauts-fourneaux, Bessèges, Gard.
Durand, J.-B, adjoint au maire du III° arrondissement de Paris.
Durand, Jules, maître bottier au 14e d'artillerie, Tarbes.
• Durand, Michel, entrepreneur de bâtiments, juge au Tribunal de commerce, conseiller municipal et adjoint au maire de Rouen.
Durand, Joseph, cocher, rue de Lévis, 39, Paris.
Durand, Pierre, rentier, rue Maître-Albert, 21, Paris.
Durandeau, directeur du *Journal du Baccalauréat*, rue de l'Odéon, 19, Paris.
Durandeau, rue des Feuillantines, 59, Paris.
Durandeau, ou Durandéu (loge de La Ciotat, Bouches-du-Rhône).
Duranthon (loge de Bordeaux).
Duras, Jacques, instituteur, Besançon.
Durécu, Pierre-Onésime, marin, maître haleur du port du Havre.
Durel, Auguste, ingénieur civil, rue d'Aubuisson, 48, Toulouse.
Duret (loge d'Orléans).
• Duret, négociant, maire d'Imphy-les-Forges, Nièvre.
Durget, E. (loge de Paris).
Durieu, Félix, passementier, rue de la Pareille, 2, Saint-Etienne.
Durignieux, rue de la Fidélité, 5, Paris.
Durignieux, Jules-Arthur, employé rue Saint-Denis, 285, Paris.
Durocher, Laurent, aux Cayes, Haïti.
Durollet, aîné, commis marchand de charbons, rue de Sambre-et-Meuse, 42, Paris.
Durollet, jeune, commis marchand de charbons, rue de Sambre-et-Meuse, 42, Paris.
Duroyaume.
Durr (loge de Paris).
Duru, Rueil, Seine-et-Oise.
Duru, rue du Puits d'Amour, Villeneuve-sur-Yonne, Yonne.
Duruty, J.-E., Port-Louis, île Maurice.
Dusan, maître-sellier, Vernon, Eure.
Dussaudier, Brive-la-Gaillarde, Corrèze.

Dusseldorp, Louis.
Dusserre, rue de Castries, 11, Lyon.
Dussert, Jean, restaurateur, Besançon.
Dussumier, négociant-armateur, voyageur naturaliste, Bordeaux.
Dutailly, G. (loge de Lyon).
Dutch, L.-Louis, Dublin, Irlande.
Duten (loge de Bordeaux).
Duterte (loge de Paris).
Dutertre, père, Périgueux.
Dutertre, fils (loge de Périgueux).
Dutertre, Robert (loge d'Evreux).
Duthu, E. (loge de Dijon).
Dutour, L., propriétaire (loge d'Alais, Gard).
Dutrut, Pèdre, Nuits, Côte-d'Or.
Duval, marchand de vins, boulevard des Batignolles, 8, Paris
Duval, instituteur, Saint-Louis, Sénégal.
Du Vergé, Port-Louis, île Maurice.
Duvernet, Charles, rentier, Besançon.
Duvineau, route de Lyon-la-Glacière, Chambéry.
Duvoisin, Louis (loge de Paris).

E

Ebendinger, Joseph, agent-voyer cantonal, Vizille, Isère.
Ebert (loge de Paris).
Edmond, Joseph, Québec, Canada.
Eggimann, Henri, comptable, Alais, Gard.
Ehret, Louis, maréchal des logis premier maître-maréchal au 24e d'artillerie, Tarbes.
Eigster, avenue des Gobelins, 26, Paris.
Eissemann (loge de Neuilly-Plaisance, Seine-et-Oise).
Eliet, A. (loge de Lorient).
Eliot (loge de Paris).
Ellis, père (loge de Levallois-Perret, Seine).
Ellis, Théodore, professeur de dessin et de langue anglaise, rue Chaptal, 50, Levallois-Perret, Seine.
Elloy, Charles (loge de Paris).
Elloy Jacques (loge de Paris).

Eloi, Thomas, ex-capitaine de la garde nationale, adjoint au maire de Rueil, Seine-et-Oise.
Eloy, instituteur, Saint-Ouen, Seine.
Eloy, en République Argentine.
Enault (loge de Paris).
Enault (loge du Pecq, Seine-et-Oise).
Engel (loge de Cette, Hérault).
Enos (loge de Reuil, Seine-et-Oise).
Entier., A., avocat, Barbezieux, Charente.
Entzmurger, Saint-Denis, île de la Réunion.
Epaulard, rédacteur en chef de *l'Avenir*, de Poitiers.
Epitalon, rue de Lyon, 73, Saint-Etienne.
Erard, Emile, Saint-Pierre, île de la Réunion.
Erhard, Marie, employé, rue Félix, 41, Levallois-Perret, Seine.
Erné, employé de commerce, cour des petites-Ecuries, 7 *ter*, Paris.
Ernst, Louis, rue Saint-Lazare, 101, Paris.
Ernwin, Jean, brasseur, Paris.
Ersant, Edmond, cordonnier-bottier, rue du Marais, Pacy-sur-Eure, Eure.
Escaut de Masson, Villeréal, Lot-et-Garonne.
Escavy, François, Martigues, Bouches-du-Rhône.
Eschard, rue des Dames, 62, Paris.
Eschard, Charles-René (loge de Paris).
Eschard, Gaston-Gustave-Honoré (loge de Paris).
Eschard, Julien, mégissier et marchand de crépins, avenue d'Italie, 5, Paris.
Eschard, Lucien-Honoré (loge de Paris.).
Esclouppier (loge de Lézignan, Aude).
Escoffier, Claude-Joseph, chapelier, Besançon.
Escourroux (loge de Lézignau, Aude).
Esmieux (loge de Paris).
Esperiquette, propriétaire, Perpignan.
Esperon, Ant.-Antonin, tôlier, rue de la Glacière, 39, Gentilly, Seine.
Espic, Barthélemy, fabricant de pianos, rue Riquet, 70, Paris.
Espinousse, docteur-médecin (loge de Bordeaux).
Esprit, Jean-Marie, voiturier, Haute-Luce, Savoie.
Esquiros, Henri-Alphonse, littérateur, député des Bouches-du-Rhône, sénateur.
Esquivar, Bernard-Blaise, docteur-médecin, rue des Grands-Fossés, 3, Tarbes.
Estallet, Beaune, Côte-d'Or.
Estève (loge de Toulouse).
Estienne, P. (loge de Marseille).

Estripeaut, Louis, aide commissaire de marine, Nouméa Nouvelle-Calédonie.
Estard, employé des ponts et chaussées, rue Amélie, 18, Paris.
Etevenard, Louis-François, maître d'hôtel, Besançon.
Etienne, Buenos-Ayres, République Argentine.
Etiévant, Camille, secrétaire de la rédaction du *Siècle* et du *Voltaire* (loge de Paris).
Eude, pharmacien, rue des Noyers, 37, Paris.
Evotte, (loge de Paris).
Evrard, fabricant de chaussons, rue Ferdinand-Berthoud, 6, Paris.
Evrard (loge de Saint-Germain-en-Laye, Seine-et-Oise).
Evrard, Adolphe, charpentier, Chambéry.
Evrard, Florent (loge de Paris).
Evrard, Hippolyte (loge de Cette, Hérault).
Evrot, Joseph-Marie, professeur au Lycée de Chambéry.
Excellent, P.-M., Port-au-Prince, Haïti.
Eychenne, Toulouse.
Eychenne, Saint-Louis, Sénégal.
Eymard (loge de Bordeaux).
Eymard, capitaine de marine.
Eymard (loge de Tunis, Tunisie).
Eymard, Saïgon, Cochinchine française.
Eymond, L. (loge de Paris).

F

Fabas, rue des Etuves, 47, Carcassonne.
Fabiani (loge d'Alger).
Fabio, Bertrand (loge de Paris).
Fabre, maître-voiturier, chemin des Carrières, 4, Paris
Fabre (loge de Carpentras, Vaucluse).
Fabre (loge de Cette, Hérault).
Fabre (loge de Salon, Bouches-du-Rhône).
Fabre, Vic-le-Comte, Puy-de-Dôme.
Fabre, ex-officier de la marine militaire (loge d'Alger).
Fabre, Henri, Saint-Germain-en-Laye, Seine-et-Oise.
Fabre, Stanislas, négociant, Marseille.
Fabre-Kradolfer (loge de Montpellier).

Fabrègue, C. (loge de Bessèges, Gard).
Fabrègue, J. (loge de Bessèges, Gard).
Fabrègues (loge de Cette, Hérault).
Fabreguettes, Félix, graveur, rue Sarandi, 180, Montevideo, Uruguay.
Fabvre, Jacmel, Haïti.
Fadat, père, conseiller municipal, Brive-la-Gaillarde Corrèze.
Fadat, fils, ex-caissier de la Caisse d'épargne, Brive-la-Gaillarde, Corrèze.
Faget, sous-préfet.
Faget, Marius, architecte de la ville et adjoint au maire de Bordeaux.
Faguette, inspecteur d'assurances, rue de Flandre, 167, Paris.
Faïe, Henri, dévideur de soie, rue du Plateau, Vincennes, Seine.
Fainnevert (loge de Reims).
Faisnel, rue de Turbigo, 21, Paris.
Falcioni, S., professeur de musique, rue Perronet, 27 Neuilly, Seine.
Falcioni, Zeffirino, ancien secrétaire de la Chapelle pontificale, rue Perronet, 13, Neuilly, Seine.
Fallouey, Pierre-François, limonadier, Besançon.
Famelard, professeur (loge de Tunis, Tunisie).
Famelart ou Fametart (loge de Laon)
Fanelly, Ch., Tunis, Tunisie.
Fanfancelle, J.-P., rentier, Besançon.
Fanfernot, Ernest, dit Lefranc, Paris.
Faraut (loge de Saïgon, Cochinchine française).
Faraut, Jacques, agent d'affaires (loge de Nice).
Farcy, Tours.
Farcy, Louis-François, économe à l'Ecole normale, Besançon.
Fargeas (loge de Paris).
Farget, Jean-Pierre, voyageur de commerce, Saint-Symphorien-d'Ozon, Isère.
*Farjas, A., agréé, conseiller général de Seine-et-Oise, Versailles.
Faroux, rue de Paris, 60, Ivry, Seine.
Faroux, Charles, marchand de vins, rue du Faubourg-Saint-Denis, 186, Paris.
Farra, V., rue Monge, 41, Paris.
Fashaner (loge de Paris).
Fassier, Théophile, entrepreneur, Besançon.
Fastré, Célestin (loge de Paris).
Fath, A. (loge de Paris).
Fat'elay, Jules, maître d'hôtel, Besançon.

Fauchard, conducteur de travaux, gare d'Aubervilliers, Seine.
Fauché, Jacmel, Haïti.
Faucher, Périgueux.
Faucheux, marchand de meubles. rue Dupin, 21, Paris,
Fauchot (loge de Bègles, Gironde).
Faucillon (loge de Chinon, Indre-et-Loire).
Faugère, propriétaire, Saint-Aignan, Gironde.
Faultrel, L. (loge de Trouville, Calvados).
Faure, négociant (loge de Tulle).
Faure, Brive-la-Gaillarde, Corrèze.
Faure, Auguste, mécanicien, Grenoble.
Faure, H. (loge de Caen).
Faure, Prosper, en Haïti.
Fauré (loge de Valparaiso, Chili).
Fausté-Nogué, Jean, vérificateur des poids et mesures, Argelès, Hautes-Pyrénées.
Fautrel, négociant, au Havre.
Fauvet, cordonnier, La Souterraine, Creuse.
Faux (loge de Paris).
Favre, Ami, horloger, Besançon.
Favre, Félix, magistrat, Annecy.
Favre, François, homme de lettres, maire du XVIIe arrondissement de Paris.
Favre, François, courrier-convoyeur, Chambéry.
Favrol, Joseph, aux Cayes, Haïti.
Favy, Benoît, marchand de vins, quai de l'Hôtel-de-Ville, 52, Paris.
Fayard (loge d'Alais, Gard).
Fayet, François, tôlier, rue du Buisson-Saint-Louis, 5, Paris.
Fayeton, (loge de Courbevoie, Seine).
Fayn, Paul, cultivateur, Saint-Nazaire, Isère.
Fayon, menuisier, (loge d'Alais, Gard).
Féard ou Féart (loge de Paris).
Febvre négociant, Marseille.
Febvrel (loge de Gray, Haute-Saône).
Febvret, rue de Sèvres, 45, Paris.
Febvret, Henri, ingénieur civil, Besançon.
Feige, François, propriétaire (Grésy-sur-Isère, Savoie).
Fein, Alger.
Felat (loge de Saint-Sorlin, Ain).
Félin, Jules, horloger, Besançon.
Félin, G.-J., horloger Besançon.
Félix, A. (loge de Montréal, Canada).
Feller (loge de Paris).

Feltin, mécanicien rue Oberkampf, 125, Paris.
Féminier, Nîmes, Gard.
Fenaillon, Saïgon, Cochinchine française.
Fénon (loge de Paris).
Fenouille, Henri-Marius, entrepreneur de peinture, rue Piscatoris, 24, Marseille.
Férand (loge de La Ciotat, Bouches-du-Rhône).
Ferel (loge de Remiremont, Vosges).
Féret, Lyon.
Ferey (loge de Laon).
Férieux, F. (loge de Valparaiso, Chili).
Fermey (loge de Lisieux, Calvados).
Fernand (Meynet, dit), artiste au théâtre de Dunkerque.
Fernandet (loge de Lyon).
Fernel (loge de Clichy, Seine).
Ferney (loge de Lisieux, Calvados).
Fernez, Jules, négociant, rue de Flandre, 52, Paris.
Fernique, lithographe, rue de Clichy, 15, Paris.
Ferrand, papetier, rue de Castellane, 3, Paris.
Ferrand, contemaître bijoutier, rue de Poitou, 21, Paris.
Ferrand, fils (loge de Paris).
Ferrand, Cognac, Charente.
Ferrand (loge d'Alger).
Ferrandier Henri, marchand de vins, avenue Daumesnil, porte de Picpus, 3, Paris.
Ferrando, Antoine, Martigues, Bouches-du-Rhône
Ferrasse (loge de Paris).
Ferray-Houel (loge d'Evreux).
Ferré (loge de Poitiers).
Ferrer, A.-J.-A., pharmacien, aux Cayes, Haïti.
Ferrer, Jean, Perpignan.
Ferret, Abel, fils, La Pointe-à-Pitre, Guadeloupe.
Ferrier (loge de Brive-la-Gaillarde, Corrèze).
Ferrières (des) (loge de Laon).
Ferry, Jean-Claude, ancien entrepreneur, maire de Gonds, près Saintes, Charente-Inférieure.
Feschot, Fritz, horloger, Besançon.
Fetu (loge de Paris).
Feuchères (loge de Nîmes).
Feucht, professeur de mathématiques, rue Taitbout, 41, Paris.
Feuillet (loge d'Angoulême).
Feuillette, passage Saint Paul, 18, Paris.
Feuilliard, vannier, rue de la Roquette, 43, Paris.
Fentray, Emmanuel, administrateur adjoint de la commune mixte des Rirha, Algérie.
Février, J.-A., Port-au-Prince, Haïti.

Feydel (loge de Lyon).
Feyfaut, Périgueux.
Fiasson, Jean, passementier, boulevard de Ménilmontant, 120, Paris.
Fiat, Alfred, mécanicien à la Cie Bône-Guelma, Tunis, Tunisie.
Fiat, Victor, entrepreneur, Besançon.
Fichon, Henri, négociant (loge de Cognac, Charente).
Fichot (loge de Bourg-en-Bresse).
Fichter, Alex. (loge de Paris).
Fichter, F. (loge de Paris).
Fidide (loge de Paris).
Fieyre, instituteur communal, Brive-la-Gaillarde, Corrèze.
Figeac, employé, rue du Midi, 11, Vincennes, Seine.
Figuès (loge de Paris).
Figuièra (loge de Levallois-Perret, Seine).
Filleul, syndic de faillites.
Filleul, propriétaire, rue Scheffer, 13, Paris.
Fils, Edouard, métallurgiste, Taize-Anzie, près Ruffec. Charente.
Finant, Eugène, conducteur au chemin de fer de Paris-Lyon-Méditerranée, Chambéry.
Finet, Albert, fabricant de boutons, Hénonville, par Méru, Oise.
Finet, Auguste, mécanicien au Chemin de fer de Paris-Lyon-Méditerranée, Grenoble.
Finet, Victor, directeur de l'usine Mossant, Saint-Marcellin, Isère.
Finot (loge de Vincennes, Seine).
Fischbach, Emile, entrepreneur, Besançon.
Fischer (loge de Lille).
Fischer, Abraham, négociant, rue de la Verrerie, 43, Paris.
Fischmann, Charles, chimiste, boulevard Haussmann, 203, Paris.
Fizot-Lavergne, avoué, Limoges.
Flachat, Dominique (loge de Paris).
Flachfeld, rue des Petites-Ecuries, 35, Paris.
Flagés, Louis-Auguste Gustave, cabinet d'affaires, Paris.
Flamant, Vincennes, Seine.
Flambert, Périclès, Jacmel, Haïti.
Flamens (loge de Saint-Quentin, Aisne).
Flamm, Jean, receveur municipal, président de la Société de secours mutuels *la Prévoyante*, rue du Quatre Septembre, 21, Bône, Algérie.
Fleurian (de).
Fleuriot, Elie, cafetier, Besançon.
Fleury, artiste-peintre, rue Labat, 22, Paris.

Fleury (loge de Lille).
Fleury, docteur-médecin, Port-au-Prince, Haïti.
Fleury, Alphonse, Saintes, Charente-Inférieure.
Fleury, Louis-Jules (loge de Paris).
Fleury, Victor, maréchal-ferrant au 14e d'artillerie, Tarbes.
Fleury-Coret (loge de Paris).
Flochat, artiste du Grand Opéra de Lyon.
Floersheim, Emile, horloger, Besançon.
Flohrac, Toulouse.
Floirat (loge de Bordeaux).
Florand, Octave, avocat, Guéret.
Florence (loge de Vienne, Isère).
Florentin (loge de Paris).
Florentin (loge de Constantine, Algérie).
Florin (loge de Paris).
Florisson, E., Buenos-Ayres, République Arg tine.
Flotte, Thomas, chef de fanfare, île de la Réunion.
Flouret (loge de Paris).
Flovia (loge de Bordeaux).
Fobasté, Edmond, Bordeaux.
Foiret, père (loge de Paris).
Foiret, Alphonse-Abraham, fils (loge de Paris).
Foltz, employé, Glascow, Ecosse.
Fommateau (loge de Nice).
Fondet, François-Louis, coiffeur, Besançon.
Fonfrie (loge du Perreux, Seine).
Fonsagrives (loge de Limoges).
Fontaine, employé, rue Boucher, 10 ,Paris.
Fontaine (loge de Versailles).
Fontaine, capitaine d'artillerie, Besançon.
Fontaine (loge du Havre).
Fontaine, Pacy-sur-Eure, Eure.
Fontaine, Auguste-François, professeur, Grenoble.
Fontaine, C.-A., Port-au-Prince, Haïti.
Fontaine, Etienne, instituteur, Beaufort, Savoie.
Fontaine, G., boulevard Pereire, 136, Paris.
Fontaine, Gabriel (loge de Saint-Ouen, Seine).
Fontaine, Joseph, fabricant de tissus en caoutchouc, rue Lemercier, 28, Paris.
Fontaine, O., en Haïti.
Fontalirant, négociant, Brive-la-Gaillarde, Corrèze.
Fontana (loge de Marseille).
Fontanay, Saint-Etienne.
Fontaneau (loge de Constantine, Algérie).
Fontanet, entrepreneur de charpentes de fer, boulevard de Grenelle, 45, Paris.

Fontanet, Jacques-Marie, propriétaire, Gilly, Savoie.
Fonteneau, père, Saintes, Charente-Inférieure.
Fonteneau, fils (loge de Saintes, Charente-Inférieure).
Fonteynes (de), Louis, directeur et rédacteur de l'*Acacia*, Buenos-Ayres, République Argentine.
Fontroné (loge de Forges-les-Eaux, Seine-Inférieure).
Foraste, E., Bordeaux.
Forat, Frédéric, Buenos-Ayres, République Argentine.
Forest, Jean-Ernest, photographe, cours d'Aquitaine, 53, Bordeaux.
Foret, Auguste, directeur de l'Imprimerie du Gouvernement, rédacteur en chef du *Réveil du Sénégal*, Saint-Louis, Sénégal.
Forgeron, Alfred, peintre d'histoire, boulevard Arago, 25, Paris.
Forgues, Buenos-Ayres, République Argentine.
Forichon, mécanicen, quai de la Seine, 15, Paris.
Fornaro, Jean-Alexis-Georges-Paul-Fortuné, professeur, Albertville, Savoie.
Fornet, Léon, bijoutier, rue Notre-Dame-de-Nazareth, 8, Paris.
Forot (loge de Toulon).
Forot, Victor, propriétaire (loge de Tulle).
Fort, boulanger, La Souterraine, Creuse.
Fortassin, Bertrand-Dominique, avocat, Bagnères-de-Bigorre, Hautes-Pyrénées.
Fortier (loge de Conflans-Andresy, Seine-et-Oise).
Fortier, Louis, Paris.
* Fortin, avenue de Friedland, 6, Paris.
Fortune, Jean, entrepreneur, Aiguebelle, Savoie.
Fortuné, Maximilien (loge de Cette, Hérault).
* Fossé, géomètre, membre de la Commission municipale du XIe arrondissement de Paris.
Fossé, rue des Vieilles-Haudriettes, 3, Paris.
Fossé (loge de Bordeaux).
Fossé, H., Nice.
Fossorier (loge de Grenoble).
Foster (loge de Paris).
* Foubert, Alfred, et Foubert, O., — est le même individu.
Foucault, au Vésinet, Seine-et-Oise.
Foucher, Léon, horloger, rue de Bondy, 52, Paris.
Fouesnet, Alphonse.
Fougeras, Jean-Julien, chef de bataillon de la garde mobilisée, Rochechouart, Haute-Vienne.
Fouillade, Charles, négociant, Limoges.
Foujot (loge de Boulogne-sur-Mer).

Foulde, Philippe, banquier (loge de Corfou, îles Ioniennes).
Foulon, Rueil, Seine-et-Oise.
Fouloux (loge de Paris).
Fouques, Gustave-René, receveur des contributions indirectes, Saint-Pierre-d'Albigny, Savoie.
Fouquet, Ferdinand (loge de Neuilly-Plaisance, Seine-et-Oise).
Fouquet, Lucien (loge de Neuilly-Plaisance, Seine-et-Oise).
Fourcade, A., Buenos-Ayres, République Argentine.
Fourcade-Tompes, Paul, horticulteur, rue Desaix, Tarbes.
Fourel, marchand de volailles, place de la Madeleine, 25, Paris.
Fournet, fabricant de tiges, rue Montorgueil, 32, Paris.
Fournets, artiste de l'Opéra-Comique (loge de Paris).
Fournial, instituteur, Bouquet, Corrèze.
Fournier, huissier, rue du Pont-Neuf, 8, Paris.
Fournier (loge de Rouen).
Fournier (loge de Boulogne-sur-Mer).
Fournier, commissaire à la Compagnie générale transatlantique, Saint-Nazaire, Loire-Inférieure.
Fournier, Neuilly-sur-Marne, Seine-et-Oise.
Fournier (loge de Tunis, Tunisie).
Fournier (loge de Blidah, Algérie).
Fournier, agent de la Compagnie générale transatlantique, Mexico, Mexique.
Fournier, Casimir, propriétaire, receveur municipal, Grande-Rue, Bédarieux, Hérault.
Fournier, Ignace-Eliphas, Jacmel, Haïti.
Fournier, T. (loge de Valparaiso, Chili).
Fourniquet (loge d'Orléans).
Fourquet, Emile, étudiant, Besançon.
Fourrier, Denis, serrurier, rue Gouvion-Saint-Cyr, 15, Levallois-Perret, Seine.
Fourteau, Périgueux.
* Foussier, Joseph-Achille, ancien négociant en vins, conseiller municipal de Paris, conseiller général de la Seine.
Foutiempe, François (loge de Buenos-Ayres, République Argentine).
Foy (loge de Creil, Oise).
Foyée, fabricant de chapellerie, rue d'Angoulême, 65, Paris.
Foyssel, F. (loge de Bessèges, Gard).
Frachot (loge de Dieppe, Seine-Inférieure).
Fradin, route de Sannois, 38, Argenteuil, Seine-et-Oise.
Frahier (loge de Milianah, Algérie).
Franc, employé de commerce, rue Coquillière, 41, Paris.

Franc-Sicard (loge de Paris).
Français, Périgueux.
France (Lecreux, Paul, dit Jacques France), sculpteur, Paris.
France-Coclès, aux Cayes, Haïti.
Francia, Alexandre-Albert Joseph, chapelier, Albertville, Savoie.
Francillon-Boucher, agriculteur, La Haute-Olive, près Chinon, Indre-et-Loire.
Francisoud, François, imprimeur, Annecy.
Franco, rue Diane, 15, Argenteuil, Seine-et-Oise.
François, père, (loge de Levallois-Perret, Seine).
François, Charles (loge de Cognac, Charente).
François-François, conseiller municipal d'Avignon.
François, Joseph, fils, Port-au-Prince, Haïti.
François, Justin, négociant en vin, rue de Bretagne, 54, Paris.
François, Léon, fils (loge de Levallois-Perret, Seine).
Franconny, Bordeaux.
Francoz, Pierre-Laurent, instituteur, Chambéry.
Franklin, Saint-Pierre, Martinique.
Frantz (loge de Paris).
Frary, Raoul.
Frébeau, Jean, rue Croix-Nivert, 4, Paris.
Frei, Jean (loge de Paris).
Freisch (loge de Paris).
* Frelatre, Alcindor, entrepositaire, conseiller municipal, rue du Pont, 11, Trouville, Calvados.
Freminet, avenue de Choisy, 128, Paris.
Frémiot, rue Decamps, 18, Paris.
Frémont (loge de Bordeaux).
Frémont, Henri (loge de Paris).
Fresnel, docteur-médecin, La Pointe-à-Pitre, Guadeloupe.
Freyssinet (loge de Saint-Etienne)
Freysson, ferblantier, Paris.
Frezières, Delphin (loge de Paris).
Fribourg, directeur de l'Orphéon alsacien-lorrain.
Fricero, Honoré, Nice.
Fricot, blanchisseur, rue des Princesses, 90, Boulogne, Seine.
Frigault, menuisier, rue des Trois-Couronnes, 43, Paris.
Fringand, (loge de Versailles).
Friquet, rue de la Marseillaise, 17, Vincennes, Seine.
Frischy (loge de Levallois-Perret, Seine).
Fritz, Pierre, rue du Pressoir, 10, Paris.
Froc, huissier, Saint-Germain-en-Laye, Seine-et-Oise.
Froger, rue de Belzunce, 11, Paris.
Froissant, A. (loge de Londres, Angleterre).

Froissard, Jules-César, ancien négociant, Besançon.
Fromont, négociant, rue de Clermont, 29, Mouy, Oise.
* Front, Hubert, notaire suppléant de la justice de paix, conseiller génézal, Donzy, Nièvre
Frontin, orfèvre, rue Michel-Lecomte, 24, Paris.
Frouard ou Frouart (loge de Nantes).
Frouin, Auguste, Saint-Germain-en-Laye, Seine-et-Oise.
Frouin, E. (loge du Pecq, Seine-et-Oise).
Frugier, Jean-Marie, capitaine en retraite, Aucamville, Haute-Garonne.
Fruit (loge de Nevers).
Fugier, Eugène, applicateur de ciment, Grenoble.
Fugier, Jules, serrurier, Meylan, Isère.
Furby, avocat, Aix, Bouches-du-Rhône.
Furcy (loge de Neuilly-Plaisance, Seine-et-Oise).
Fuzade (loge de Paris).
Fuzat, Jean-Pierre, vétérinaire, Clermont-Ferrand.
Fuzier (loge d'Aix, Bouches-du-Rhône).

G

Gabarret, Eugène, Valparaiso, Chili.
Gaboriau, Surgères, Charente-Inférieure,
Gabreux (loge de Paris).
Gabut, François (loge de Paris).
Gaby (loge de Toulon).
Gaches (loge de Castres, Tarn),
Gachet (loge de Saint-Etienne).
Gadais (loge de Marseille).
Gadeau (loge de Périgueux).
Gadaffre, Elien, négociant, route de Paris, 46, Limoges.
Gadot (loge de Paris).
Gaffié, Gustave, gantier, rue Paradis, 7, Nice.
Gaffré, maire de Vincennes, Seine.
Gagé (loge de Paris)
Gagnère, Bergerac, Dordogne.
Gagneur, La Pointe-à-Pitre, Guadeloupe.
Gagneur, Amédée (loge d'Aix, Bouches-du-Rhône).
Gagneux, limonadier, rue Saint-Martin, 326, Paris.

Gagnier (loge de Paris).
Gaidan, Alais, Gard.
Gaiger, épicier, rue Pépinière, 55, Montrouge, Seine.
Gailhac, Buenos-Ayres, République Argentine.
Gailheu (loge de Bordeaux).
Gaillac, Bordeaux.
Gaillard, Neuilly-Plaisance, Seine-et-Oise.
Gaillard, pharmacien, place du Champ-de-Mars, Autun Saône-et-Loire.
Gaillard, Etienne, Périgueux.
Gaillard, François, carrossier, rue de Flandre, 90, Paris.
Gaillard, Léon, charpentier, Les Saillans, Isère.
Gaillard, Louis-Jean, cordonnier, Albertville, Savoie.
Gairand (loge de Paris).
Gaite, Jean-Baptiste-Adrien, maître d'escrime, Pau.
Gal (loge de Monségur, Gironde).
Galadé, Emile, membre du Tribunal de commerce et conseiller municipal de Niort.
Galand-Ruskoné, maire de Cambrai.
Galandie (loge de Brive-la-Gaillarde, Corrèze).
Ga ap (loge de Paris).
Galas, Fontainebleau, Seine-et-Marne.
Galavielle (loge de Cette, Hérault).
Galdin (loge du Havre).
Galian, (loge de Blidah, Algérie).
Galibert, tailleur (loge de Paris).
Galiffe, J.-Barthélemy, Genève, Suisse.
Galinier, tailleur passage Delorme, 27 28, Paris.
Galland, Rueil, Seine-et-Oise.
Galland (de) (loge d'Alger).
Gallard, fabricant d'aquariums, boulevard de Strasbourg, 31, Paris.
Gallard, (loge d'Alger).
Gallard, F., Buenos-Ayres, République Argentine.
Gallat (loge de Rouen).
Gallet, Eugène (loge d'Annecy).
Galley, Toulouse.
Galley, (loge de Saint-Etienne).
Gallié, Désiré, négociant, place Saint-Pantaléon, Toulouse.
Gallois, Napoléon, publiciste, rue de Ravignan, 4, Paris
Gallon, fabricant de meubles, rue des Partants, 80, Paris.
Gallot, Bernay, Eure.
Gallot, Albert (loge d'Avallon, Yonne).
Galochet, appareils à gaz, avenue de Clichy, Paris.
Galodé, Niort.
Galoyer, billardier, rue Jean-Jacques-Rousseau, 35, Paris.

Galoyer, bottier, rue de Richelieu, 89, Paris.
Galtand (loge d'Alger).
Galtier (loge de Chambéry).
Galtier, père, rentier, rue Saint-Jacques, 330, Paris.
Galtier, fils, architecte, rue Saint-Jacques, 330, Paris.
Gamare, E. (loge du Havre)
Gambu (loge de Forges-les-Eaux, Seine-Inférieure).
Gandillot, Arthur, ingénieur, rue Clauzel, 22, Paris.
Gandoin (loge de Paris).
Gandois, Auguste (loge de Paris).
Gandrey (loge de Lyon).
Gangloff, (loge de Paris).
Ganin (loge de Martigues, Bouches-du-Rhône).
Ganivet (loge de Paris).
Ganivet, père (loge de Cognac, Charente).
Ganivet, fils (loge de Cognac, Charente).
Garaud, Louis, tenant le buffet de la gare de Busseau-d'Ahun, Creuse.
Garaudé (loge de Neuilly-Plaisance, Seine-et-Oise).
Garde (loge de Béziers, Hérault).
Gardelle, Ernest, Tunis, Tunisie.
Gardelle, Joseph, négociant, Tunis, Tunisie.
Gardin, cité Trévise, 2, Paris.
* Gardrat, Aristide, conseiller municipal de Lille.
Garia, M. (loge de Saintes, Charente-Inférieure).
Garié (loge de Cette, Hérault).
Garin (loge de Paris).
Garipuy, Adolphe, directeur du Mont-de-Piété, rue des Lois, 29, Toulouse.
Garmond, commissionnaire en vins, à La Villette, Paris.
Garnaud, Stephan.
Garnier, membre du Conseil des prud'hommes, adjoint au maire du XXe arrondissement de Paris.
Garnier, rue des Récollets, 29, Paris.
Garnier, père (loge de Saint-Germain-en-Laye, Seine-et-Oise).
Garnier, Edmond, rue du Faubourg-Saint-Antoine, 234, Paris.
Garnier, Etienne-Julien, marchand de vins, Gravelle-Saint-Maurice, Seine.
Garnier, Eugène, boulevard de la Gare, 93, Paris.
Garnier, Hippolyte, caissier comptable, Dijon.
Garnier, voyageur, rue Saint-Denis, 97, Paris.
Garnier, Jules-Arsène, artiste-peintre, aux Bruyères, Pavé des Gardes, près Sèvres, Seine-et-Oise.
Garreau (loge de Paris).
Garreau, fabricant d'anis (loge de Dijon).

Garreau, M.-Antoine, aide de cantine au 5e d'artillerie, Besançon.
Garrigue, artiste de l'Opéra de Paris.
Garrus, Alphonse, gérant du Consulat général de France, en Amérique du Sud.
Gaschard (loge de Paris).
Gascon, Guillaume, adjudant au 14e d'artillerie, Tarbes.
Gasnier, maire de Saint-Nazaire, Loire-Inférieure.
Gasnier, professeur au Collège de Nouméa, Nouvelle Calédonie.
Gaspard, Pierre, marchand de vins, rue d'Allemagne, 141 *bis*, Paris.
Gasse (loge de Paris).
Gassier (loge de Paris).
Gast (loge de Perpignan).
Gatire, avenue de Neuilly, 131, Neuilly, Seine.
Gatté, Gil (loge de Valparaiso, Chili).
Gaubert, Lyon.
Gauchet, La Rochelle.
Gaud, Marcellin (loge de Bordeaux).
Gaudard, Alexis, aide de cantine au 5e d'artillerie, Besançon.
Gaudet, Jean-Marie, courtier en vins, rue de l'Yonne, 17, Paris.
Gaudin, restaurateur, avenue d'Antin, 23, Paris.
Gaudin (loge de Bordeaux).
Gaudin (loge d'Epernay, Marne).
Gaudin, Saintes, Charente-Inférieure.
Gaudin, Joseph, père, propriétaire, Albertville, Savoie.
Gaudin, Joseph, fils, négociant, Albertville, Savoie.
Gaudin, Marie Eugène, cafetier, Albertville, Savoie.
Gaudonnière, Périgueux.
Gendraud (loge de Paris).
Gaufrès, conseiller municipal de Paris, conseiller général de la Seine.
Gauglin, employé, rue du Faubourg-Saint-Martin, 247, Paris.
Gaule (loge de Vincennes, Seine).
Gaulion, piqueur au chemin de fer, Besançon.
Gaultier (loge d'Angers).
Gaultier, Fernand, aéronaute (loge de Paris).
Gautard, chaudronnier (loge de Tunis, Tunisie).
Gauthier, Laon.
Gauthier, contre-maître de fabrique (loge d'Alger).
Gauthier (loge de Saint-Claude, Jura).
Gauthier, Abel, gantier, Grenoble.
Gauthier, Edmond, peaussier, rue Montorgueil, 32, Paris.

Gauthier, Jean-Louis, instituteur, Chambéry.
Gauthier, Renaud, confiseur, Besançon.
Gauthier-Laurent (loge de Dôle, Jura).
Gautier, Gentilly, Seine.
Gautier, Félix (loge de Paris).
Gautier, Jean-François, capitaine de cabotage (loge de Dunkerque).
Gautron (loge de Paris).
Gauttier, maire d'Issoire, Puy-de-Dôme.
Gauvin, marchand de vins, rue Chevert, 26, Paris.
Gavé (loge de Nantes).
Gavet, Nicolas-Auguste-François-Pierre, négociant en draperie, Grenoble.
Gavot, Maurice, fils, Orléans.
Gavotto, tenant le Grand Hôtel de la Paix, Nice.
Gay, artiste dramatique.
Gaye, Bordeaux.
Gayraud (loge de La Ciotat, Bouches-du-Rhône).
Gazay (loge de Constantine, Algérie).
Gazeau, Edmond, Buenos-Ayres, République Argentine.
Gazel, Cannes, Alpes-Maritimes.
Gazille, caissier, rue Monge, 8, Paris.
Geandrot (loge d'Angers).
Geffroy (loge de Rouen).
Gehame, négociant (loge de Tulle).
Gehier, serrurier, Orsay, Seine-et-Oise.
Géhin (loge de Bougie, Algérie).
Geisin (loge d'Alger).
Geismar, Gabriel, horloger, Besançon.
Gélas, Jean-Baptiste, chef mécanicien au 14e d'artillerie, Tarbes.
Gelhay, Oran, Algérie.
Gelos (loge de Levallois-Perret, Seine).
Geneix (loge de Paris).
Genère (loge de Paris).
Génermont, Georges, commerçant, Compiègne, Oise.
Genet (loge de Rennes).
Genevey, Adrien, receveur des contributions indirectes, Albervillle, Savoie.
Geng (loge de Paris).
Génin, Auguste (loge de Mexico, Mexique).
Genoud (loge de Saint-Claude, Jura).
Gense, artiste lyrique.
Gentien (loge de Paris).
Gentil (loge de Paris).
Gentilon, Marius, Valparaiso, Chili.

Genuit (loge de Paris).
Gény (loge de Paris).
Gény, Antoine (loge de Nice).
Geoffroy, Claude, Vincennes, Seine.
Geoffroy, E.-F.-P. (loge de Paris).
Georges, président des Anciens défenseurs de la patrie (loge de Paris).
Georges, Joseph, employé des contributions indirectes, Saint-Junien, Haute-Vienne.
Géraldy (loge de Paris).
Gérard (loge de Bourg-en-Bresse).
Gérard (loge de Chaumont).
Gérard, Victor, greffier-notaire, géomètre, officier de l'Etat civil, conseiller municipal et conseiller d'arrondissement de Tlemcen, Algérie.
Germa (loge de Béziers, Hérault).
Germain (loge de Marseille).
Germain, A., Evreux.
Germilhac (loge de Périgueux).
Gerschel, boulevard Péreire, 8, Paris.
Gervais, Saint-Denis, Seine.
Gervais, Charles, père, conseiller général, La Pointe-à-Pitre, Guadeloupe.
Gervais, Charles-Victor-Louis-Adrien, fils, La Pointe-à-Pitre, Guadeloupe.
Gervaise, Emile, propriétaire, maire de Véel, conseiller général de la Meuse, rue Nève, 25, Bar-le-Duc.
Gerza, (loge d'Alger).
Gesmar (loge de Saint-Denis, Seine).
Gesta, Gabriel-Albert, mécanicien à la Cie Transatlantique, Tunis Tunisie.
Gey, docteur-médecin, Méru, Oise.
Ghianareli (loge de La Ciotat, Bouches-du-Rhône).
Giacomoni, Lille.
Gianardi (loge de La Ciotat, Bouches-du Rhône).
Gianlupy, Jules-Fidèle (loge de Paris).
Gibard, docteur-médecin.
Gibert, père, marchand de voitures, cour d'Amoy, Paris.
Gibon (loge de Paris.).
Gibourg-Barrault (loge de Dijon).
Gicquel, Joseph-Mathurin, mécanicien, fondateur de la Société d'instruction mutuelle du Havre.
Gidon, Georges (loge de Lyon).
Gilbert, Jean-Paul (loge de Paris).
Gilbert-David (loge de Saint-Germain-en-Laye, Seine-et-Oise).
Gilbert-Martin, Charles, dessinateur-caricaturiste, rédacteur

en chef du journal le *Don Quichotte* (loge de Bordeaux).
Gilet, Saint-Jean-d'Angely, Charente-Inférieure.
Gilland, agent de recouvrements, rue de la Roquette, 170, Paris.
Gillandi, artiste lyrique (loge de Paris).
Gillard (loge de Paris).
Gilles (loge de Béziers, Hérault).
Gilles, E. (loge de Paris).
Gillet, Jean Octave, conducteur de première classe des ponts et chaussées, chef de section des travaux de l'Etat, Sarlat, Dordogne.
Gillon, chimiste (loge de Vincennes, Seine).
Gillot (loge de Chaumont).
Gillot, Henri-Joseph, professeur au Lycée de Besançon.
Gilly, Prosper, expert-géomètre (loge d'Alais, Gard).
Gilly-Lapalud (loge de Marseille).
Ginchard (loge de Castres, Tarn).
Ginier (loge de Paris).
Ginouves, Albert (loge de Martigues, Bouches-du-Rhône).
Ginouves, Pierre, commis de marine (loge de Martigues, Bouches-du-Rhône).
Gintrac, Emile-Pierre, peintre sur porcelaine, rue de l'Ourcq, 5, Paris.
Ginzberger, Nathan, boucher, Besançon.
Giquel, Ferdinand, Port-Louis, île Maurice.
Girard (loge de Saint-Sorlin, Ain).
Girard (loge de Grasse, Alpes-Maritimes).
Girard, Henri, Sannois, Seine-et-Oise.
Girard-Lagny (loge de Paris).
Girardin, préfet.
Girardin (loge de Lille).
Girardot, L.-Ulysse, marchand de bois, Besançon.
Giraud, rue de Saintonge, 30, Paris.
Giraud (loge de Saint-Ouen, Seine).
Giraud, carrossier, La Souterraine, Creuse.
Giraud, D., mécanicien, La Pointe-à-Pitre, Guadeloupe.
Giraud, Désiré, boulevard Saint-Germain, 188, Paris.
Giraud, Etienne, commis en vins, rue du Cardinal-Lemoine, 21, Paris.
Giraud, Gaston, La Pointe-à-Pitre, Guadeloupe.
Giraud, Jean-Antoine, cours Berriat, 40, Grenoble.
Giraud, Pierre Jérôme, Saint-Pierre, Martinique.
Giraudy, François (loge de Nice).
Girault, docteur médecin (loge de Paris).
Giraut, choriste à l'Opéra, rue Custine, 32, Paris.
Girel, Pierre-Marin, comptable, Grenoble.

Girod, secrétaire général de préfecture.
Girod, Victor, doreur, Besançon.
Giron ou Girou, négociant, Tunis, Tunisie.
Girot, rue Moret, 22, Paris.
Giroud (loge de Tunis, Tunisie).
Giubega (loge de Bône, Algérie).
Givry (de) (loge de Paris).
Glatin, impasse Dubois, 10, Paris.
Glatin, rue du Faubourg-Saint-Antoine, 84, Paris.
Glo, tailleur (loge de Paris).
Glochet (loge de Paris).
Glodon, Saint-Pierre, Martinique.
Glorget, conseiller municipal de Bougie, Algérie.
Gobert (loge de Lyon).
Gobert, Toulouse.
Gobert, docteur-médecin (loge de Mont-de-Marsan).
Gobinot (loge de Paris).
Gobis (loge de Toulon).
Goblot, Edmond, professeur de philosophie, Angers.
Godailler, Victor, coiffeur, rue de Flandre, 86, Paris.
Godain, directeur de l'Ecole laïque des garçons, Sétif, Algérie.
Godard, représentant de commerce (loge de Rouen).
Godchaux, Oulry, avenue de Neuilly, 104, Neuilly, Seine.
Goddet, Dominique, au Vésinet, Seine-et-Oise.
Goddet, Emile (loge de Saint-Germain-en-Laye, Seine-et-Oise).
Godefroy, Rueil, Seine-et-Oise.
Godefroy, Auguste-Lucien (loge de Paris).
* Godefroy, Jules. — a donné sa démission.
Godère (loge de Bordeaux).
Godfrain, Laon.
Godin, découpeur en métaux, rue du Faubourg-du-Temple, 28, Paris.
Gœlzer, Achille, fils (loge de Paris).
Gœlzer, Philippe, vice-président de la Société des Sauveteurs (loge de Paris).
Gœtz (loge de Blidah, Algérie).
Gœury, Rueil, Seine-et-Oise.
Gœury, fils (loge de Paris).
Goffre, Jean-Eloi, négociant, rue Cangallo, 208, Buenos-Ayres, République Argentine.
Goiffon, Eugène, architecte, Bagnères-de-Bigorre, Hautes-Pyrénées.
Goillet, Etienne, marchand de vins, rue Beaubourg, 28, Paris.
Goiset ou Goisset, chaudronnier, passage Tocanier, 6, Paris.
Goldemblum (loge de Paris).

Goldsmith, Ad., négociant, Besançon.
Gombaud, commandant de navire.
Gombeau, facteur de pianos, rue du Faubourg-Montmartre 42, Paris.
Gomeriel (loge de Paris).
Gomila (loge d'Alger).
Gompertz (loge de Paris).
Gonard, docteur-médecin (loge de Besançon.)
Gonard, docteur-médecin (loge de Lille).
Gondel, marchand d'attributs et décors maçonniques, rue Montmartre. 65, Paris.
Gondon, Onésime-Lucien, marchand de chaussures, Gisors, Eure.
Gonet, A. (loge du Havre).
Gonnet (loge de Lyon).
Gonon (loge de Saint-Etienne).
Gontard, Achille. Martigues, Bouches-du-Rhône.
Gontard, André, Martigues, Bouches-du-Rhône.
Gontier, employé de chemin de fer, rue de Clichy, 79, Paris.
Gontrand (loge de Martigues, Bouches-du-Rhône).
Gonzalès (loge de Nice).
Gonzalès-Todon, Joseph, représentant de commerce (loge de Nice).
Goret, quai de la Râpée, 96, Paris.
Gorgeron, Versailles.
Gorju, père (loge d'Orléans).
Gorju, fils (loge d'Orléans).
Gorlez, Auguste, maître de lavoir, Beaumont, Oise.
Gosse (loge de Lorient).
Gosse. Jules, représentant de commerce, rue des Rosiers, 3, Paris.
Gosselet Jules-Auguste, voyageur de commerce, à La Villette, Paris.
Gosset, E. (loge de Paris).
Gostal (loge de Paris).
Gotteland, Louis-François, corroyeur, Chambéry.
Goua (loge de Toulouse).
Gouache, Jules, rédacteur en chef de l'*Union républicaine de l'Eure*, Evreux.
Gouault, photographe, rue de Flandre, 29, Paris.
Goubert (loge de Paris).
Goubin (loge de Forges-les-Eaux, Seine-Inférieure).
Goud, chef d'orchestre, Besançon.
Goudard, architecte (loge d'Alais, Gard).
Goudard, Jean, mégissier, marchand de vins, boulevard d'Italie, 51, Paris.

Gondchaux, rentier, rue de Berlin, 20, Paris.
Goudchaux, Edmond, banquier, Neuilly, Seine.
Goudeau, rue Madame, 11, Paris.
Goudonnèche, Léon, propriétaire, rue Legendre, 93, Paris.
Goudoux, entrepreneur, Puybrun, Lot.
Gouffé, maire, Villiers-le-Bel, Seine-et-Oise.
Gougenot, tourneur en bois, rue du Temple, 110, Paris.
Gougnon (loge de Cognac, Charente).
Gouillard, Versailles.
Goujard, Fécamp, Seine-Inférieure.
Goujon (loge de Paris).
Goujon, Louis (loge de Châlons-sur-Marne).
Goujon, Jules, industriel, Besançon.
Goulard, rue de la Harpe, 41, Paris.
Goulard, père, (loge de Constantine, Algérie).
Goulard, fils (loge de Constantine, Algérie).
Goulet (loge de Paris).
Goumain, employé à la mairie du Ve arrondissement de Paris.
Goumy (loge de Vincennes Seine).
Goumy (loge de Paris).
Gounio, Alexandrie, Egypte.
Goupil, docteur-médecin, rue de Vaugirard, 73, Paris.
Gourbeville (de) (loge de Chaumont).
Gourdon, docteur-médecin, (loge de Toulouse),
Gourgon (loge de Paris).
Gourmet, Pierre, verrier (loge d'Alais, Gard)
Gournay (loge de Constantine. Algérie).
Gourrier, A.-Hubert (loge de Toulon).
Gourrier, Hubert (loge de Marseille).
• Goussault, Adolphe, propriétaire, chef de bataillon de la Garde nationale, conseiller général du canton de Vibraye, conseiller municipal du Mans.
Goussery, Louis, directeur de la maison Montieux, Limoges
Goussie. Georges, rédacteur du journal *le Sport*, d'Alexandrie, Egypte.
Goussot, Blainville, Normandie.
Gout, directeur politique de la *Dépêche*, de Toulouse.
Gouttinat, Pierre, serrurier (loge de Bordeaux).
Gouva, Emile.
Gouvernet, Saïgon, Cochinchine française.
Gouverneur, chef de bureau à la Préfecture de l'Aisne.
Gouvet (loge de Paris).
Gouzé, capitaine-adjudant-major des sapeurs-pompiers de Nantes.
Govin (loge de Paris).
Goyer, (loge de Paris).

Goyet, chef de train, rue du Faubourg-Saint-Antoine, 214, Paris.
Gragnon (loge de Saint-Denis, Seine).
Graillon, Alais, Gard.
Grambin Auguste, Buenos-Ayres, République Argentine.
Grancet, Nouméa, Nouvelle-Calédonie.
Grand, (loge de Gaillac, Tarn).
Grand, Buenos-Ayres, République Argentine.
Grand, Th., receveur municipal, Besançon.
Grandchamp, aux Cayes, Haïti.
Grandel, (loge de Paris).
Grandfond (loge de Dieppe, Seine-Inférieure).
Granger, droguiste, Brive-la-Gaillarde, Corrèze.
Granger (loge de Tournus, Saône-et-Loire).
Grandgirard, Nicolas, entrepreneur, Besançon.
Grandjean (de) Henri, publiciste, Boulogne, Seine.
Grandjon, Toulon.
Grandperrin, Martin, négociant, Besançon.
Grandperrin, P.-Adolphe, restaurateur, Besançon.
Grandvarlet (loge de Paris).
Grandvigne, négociant, rue des Gravilliers, 30, Paris.
Grangé, Arthur, commis de négociant, Port-Louis, île Maurice.
Granger (loge de Poitiers).
Granger (loge de Tournus, Saône-et-Loire).
Grangier, père, Pantin, Seine.
Grangier, Charles, fils (loge de Pantin, Seine).
Granier (loge de Paris).
Granier (loge de Montpellier).
Granier, Auguste, maréchal-ferrant, Grenoble.
Granjon, (loge de Toulon).
Granmaison, Sainte-Adresse, Seine-Inférieure.
Grant, Port-au-Prince, Haïti.
Gras, père (loge de Laon).
Gras, Maurice, fils (loge de Laon).
Grasset, Edme, entrepreneur, rue de Bercy, 209, Paris.
Gratien, E., (loge de Saint Quentin, Aisne).
Grau, S. (loge de Perpignan).
Graud (loge de Levallois-Perret, Seine).
Graux, tisseur, rue des Amandiers, 106, Paris.
Graves (loge de Paris.)
Greffeuille (loges de Nîmes et d'Alais).
Grégoire (loge de Bordeaux).
Grégoire (loge de Lille).
Grégoire (loge d'Avignon).
Grégoire, avocat, (loge de Tunis, Tunisie).

Grégoire, Auguste, professeur de sciences, rue de Latran, 8, Paris.
Grégoire, Jules (loge de Paris).
Grellet, Henri, Montpellier.
Grémion, Paul, instituteur, Besançon.
Grenet, Saint-Germain des-Fossés, Allier.
Grenier (loge de Lyon).
Gresse (loge d'Auxerre).
Gresse François-Joseph, chancelier, au Tonkin.
Gresset S.-Arnaud, horloger, Besançon.
Grévin, Arsène, farinier, Saint-Omer-en Chaussée, Oise.
Grieshabert, Jean-Baptiste, négociant, Besançon.
Griet (loge de Bordeaux)
Griffe, Henri, ébéniste, rue Saint-Jacques, 330, Paris.
Griffon, Damas, propriétaire, Besançon.
Griffoul (loge de Paris).
Grignet, P., Buenos-Ayres, République Argentine.
Grigny (loge de Paris).
Grill (loge d'Aix, Bouches-du Rhône).
Grillet, Jean-Pierre charpentier, Grésy-sur-Isère, Savoie.
Grimal (loge de Blidah, Algérie).
Grimaud (loge de Vincennes, Seine).
Grimaux, publiciste.
Grimbert, Maisons-Laffitte, Seine-et-Oise.
* Grimller Emile, concierge, rue Cadet, 16, Paris.
Grimmelsen, ferblantier, passage Piver, 7, Paris.
Grimon, A, fils, employé de commerce, Saint-Thomas, Antilles Danoises.
Grimont Ferdinand, avocat, chef de bureau au ministère de l'Intérieur.
Gripp, Charles (loge de Fécamp, Seine-Inférieure).
Grivel, ingénieur civil, rue Praires, 13, Saint-Etienne.
Grivot, Jean-Baptiste (loge de Dijon).
Grivot, Symphorien (loge de Dijon).
Grobet, François, facteur rural, Saint-Sigismond, Savoie.
Grodet, Alcide (loge de Paris).
Grognet, Alexandre.
Grompertz (loge de Paris).
Grondeux, Désiré-Victor, serrurier, rue du Ranelagh, 19, Paris.
Groos Léon (loge de Paris)
Grory-Mayer (loge de Paris).
Gros Charles, greffier, Saint-Michel, Savoie.
Gros, Maurice-Auguste (loge de Laon.)
Grosdidier (loge de Bar-le-Duc).
Grosjean, Victor-Joseph-L., Besançon.

Grosperrin, Nicolas, serrurier, Besançon.
Grosrenaud, Eugène, horloger, Besançon.
Grossetête, Léon (loge de Paris).
Grossin (loge de Paris).
Groult, Saint-Malo, Ille-et-Vilaine.
Grout, employé, rue Rochechouart, 21, Paris.
Groz, fils, fabricant de caisses et boîtes en tous genres, rue du Petit-Musc, 21, Paris.
Gruat, père, Levallois-Perret, Seine.
Gruat, Léopold, fils, (loge de Levallois-Perrret, Seine).
Grujon (loge de Paris).
Grujon (loge de Bône, Algérie).
Grumbach (loge de Paris).
Grumel, C. (loge de Paris).
Grün, Paul (loge de Paris).
Grün, Pierre, peintre en lettres, rue d'Allemagne, 86, Paris.
Gruzon (loge de Paris).
Gruzu (loge de Toulon).
Guastagellia, Bergerac, Dordogne.
Guchens, orfèvre, Perpignan.
Gueidac, Albert (loge d'Alais, Gard).
Gueidan, Victor, comptable, Alais, Gard.
Gueirard, docteur-médecin (loge de Nice).
Guelpa (loge de Blidah, Algérie).
Gueneau, conseiller général de la Côte-d'Or.
Guénin, Edme, fabricant de chaussures, rue Saint-Honoré, 89, Paris.
Guénin, F., boulevard de Port-Royal, 94, Paris.
Guenot, Paul, commercant, rue d'Hauteville, 12, Paris
Guépratte, Charles, industriel, rue de la Fontaine-au-Roi, 32, Paris.
Guéride, instruments de chirurgie, rue des Ecoles, 61, Paris.
Guérin, avocat, rue Boileau, 78, Paris.
Guérin (loge de Saint-Germain-en-Laye, Seine-et-Oise).
Guérin, La Pointe-à-Pitre, Guadeloupe.
Guérin, Louis, Valparaiso, Chili.
Guérin, Philippe, maître d'hôtel, rue Saint-Antoine, 93, Paris.
Guérin, Pierre, caissier, rue Molière, 22, Paris.
Guérin, Pierre, Buenos-Ayres, République Argentine.
Guérouet (loge d'Evreux).
Guerre, P. (loge de Paris).
Guerrier, Jean-Baptiste, Saint-Pierre, Martinique.
Guerry, employé des forêts, Annecy.
Guetet, Henri (loge de Paris).
Guétrat, Louis, Buenos-Ayres, République Argentine.

Guétrat, Pierre, Buenos-Ayres, République Argentine.
Gueury, mécanicien, rue de Ménilmontant, 86, Paris.
Gueury, Hubert, balancier, rue Servan, 38, Paris.
Gueyrard, docteur-médecin, Monaco, Alpes-Maritimes.
Guibert, propriétaire-agriculteur, Caussade, Tarn-et-Garonne.
* Guibert, A.-Williams, ancien capitaine du génie, architecte-ingénieur, Annonay, Ardèche.
Guibout, Eugène, Meulan, Seine-et-Oise.
Guichard, Louis, artiste lyrique (loge de Toulouse).
Guicheteau, adjoint au maire du XIXe arrondissement de Paris.
Guidia (loge de Paris).
Guien, rue Saint-Jean-Baptiste, 3, Nice.
Guieux (loge de Paris).
Guiffrey, Jules, rue d'Hauteville, 1, Paris.
Guigues, Baptistin (loge de Martigues, Bouches-du-Rhône).
Guigues, Louis (loge de Martigues, Bouches-du-Rhône).
Guiguin, chaudronnier en cuivre, rue du Point-du-Jour, 10, Billancourt, Seine.
Guiguin, Jacques, marchand de vins, La Basse-Indre, Loire-Inférieure.
Guilbert, représentant de commerce, place Voltaire, 3, Paris.
Guilbert, Gustave, cultivateur et maire, Ouainville, près Cany, Seine-Inférieure.
Guilbout, E., représentant de fabriques, boulevard de Strasbourg, 18, Toulouse.
Guilemoto, rue Montmartre, 72, Paris.
Guilermit (loge de Saint-Nazaire, Loire-Inférieure).
Guilin, Jacques, manufacturier, Lyon.
Guillabert, Paul, clerc de notaire, rue Lafayette, 30, Toulon.
Guillard, Paul, horloger, Besançon.
Guillat, Louis, professeur, Albertville, Savoie.
Guillaud, Jean-Alexandre, docteur-médecin, professeur à la Faculté de médecine, rue Henri IV, 40, Bordeaux.
Guillaudin, fils, serrurier, Grenoble.
Guillaudin, Joseph, maître-serrurier, Grenoble.
Guillaume (loge de Choisy-le-Roy, Seine).
Guillaume (loge d'Issy, Seine).
Guillaume, négociant, Talence-Bordeaux.
Guillaume, Benoît, fils, Port-au-Prince, Haïti.
Guillaume, François, Port-au-Prince, Haïti.
Guillaument (loge de Lyon).
Guillaumet, fils, au buffet de la gare de Nevers.
Guillaumot, Célestin, peintre en voitures, avenue La Motte-Piquet, 57, Paris.
Guillemaud, J. (loge de Marseille).

Guillemé, Stéphane-Jacques-Timothée, propriétaire, premier adjoint faisant fonctions de maire, La Roche-sur-Yon.
Guillemet (loge de Castres, Tarn).
Guillemin, fabricant de jouets, rue des Filles-du-Calvaire, 2, Paris.
Guillemin, rue Brise-Echalas ,4, Saint-Denis, Seine.
Guillemin, Jules, horloger, Besançon.
Guillemois, Louis, caissier, rue Taitbout, 8, Paris.
Guillemot, comptable, rue du Château, 27, Paris.
Guillermin, Louis, commis-voyageur, Chambéry.
Guillery (loge de Beauvais).
Guillevin, lieutenant de gendarmerie, Nouméa, Nouvelle-Calédonie.
Guilliod, J.-F., père, La Pointe-à-Pitre, Guadeloupe.
Guillod-Marais, Auguste, bijoutier, Besançon.
Guillon, cité des Plantes, 17, Paris.
Guillon, professeur d'histoire (loge de Paris).
Guillon, Hippolyte, pharmacien, Guéret.
Guillon, V. (loge de Toulon).
Guillot, chanteur comique.
Guillot, cordonnier, rue de Turenne, 17, Paris.
Guillot, loge d'Agen).
Guillot, fabricant d'instruments agricoles, Ivry-le-Temple, Oise.
Guillotel (loge d'Alger).
Guillou, Anicet-J.-M., aux Cayes, Haïti.
Guilloux, fabricant de chaussures, avenue de Clichy, 37, Paris.
Guilly, Edouard, architecte, Méru, Oise.
Guilmoto, employé de commerce, passage Dauphine, 16, Paris.
Guilmeto (loge de Lorient).
Guimbert, Pierre, charpentier, rue Cavé, 8, Paris.
Guimier (loge de Paris).
Guimont (loge du Pecq, Seine-et-Oise).
Guinard (loge de Paris).
Guinchard (loge de Roche).
Guinet (loge de Paris).
Guinprect (loge de Paris
Guintard (loge de Paris).
Guiot, Georges (loge de Paris).
Guisset, B. (loge de Perpignan).
Guitton, Louis (loge du Havre).
Guizard (loge de Lyon).
Gully (loge de Rouen).
Gutton, Emile, imprimeur, rue de Flandre, 82, Paris.

Gutzwiller, Louis, juge de paix, Besançon.
Guy (loge de Millau, Aveyron).
Guy, Jacques, propriétaire, rue de Cugnaux, Toulouse.
Guy, Pierre, mécanicien de chemin de fer (loge de Lyon).
Guy-Rigault, Alfred, négociant en vins, rue des Cordeliers, Châlon-sur-Saône.
Guyon, J., marchand de vins, rue du Faubourg-Saint-Denis, 190, Paris.
Guyon, L., employé, rue du Faubourg-Saint-Denis, 190, Paris.
Guyonnet (loge de Poitiers).
Guyot, tourneur, rue Juge, 12, Paris.
Guyot (loge de Laon).
Guyoton, entrepreneur de maçonnerie, Nogent-sur-Marne, Seine.

H

Haas, instituteur, rue de Flandre, 144, Paris.
Haas (de), fabricant de porte-monnaie, rue de Montmorency, 44, Paris.
Habraham, Moïse, sénateur des Colonies.
Hacourt (loge de Forge-les-Eaux, Seine-Inférieure).
Hacquart (loge de Toulouse).
Hadiquet (loge de Saint-Quentin, Aisne).
Haguelonne, Emile (loge de Rouen).
Haillecourt, jardinier, rue des Grilles, 2, Pantin, Seine.
Hainsselin, Pierre, géomètre, cour des miracles, 6, Paris.
Hairadon, La Pointe-à-Pitre, Guadeloupe.
Haizé (loge de Paris).
Halamy (loge de Brive-la-Gaillarde, Corrèze).
Haldy, Em.-L., horloger, Besançon.
Halimbourg (loge de Paris).
Halin (loge de Paris).
Hallaure (loge du Havre).
Halluin (loge de Boulogne-sur-Mer).
Halmagraud, père, docteur-médecin (loge d'Orléans).
Halmagraud, fils, docteur-médecin (loge d'Orléans).
Halmel, père, Paris.

Halmel, Edouard, fils (loge de Paris).
Ha phen, Jean, Marseille.
Hamed, Joseph (loge d'Alger).
Hamelin, Eugène, marbrier, boulevard Montparnasse, 43, Paris.
Hamet (loge de Paris).
H mond, Joseph (loge d'Alger).
Hampelin (loge de Saint-Quentin, Aisne).
Hampesen (loge de Saint-Quentin, Aisne).
Hamy (loge de Boulogne-sur-Mer).
H ngar (loge du Havre).
Hangot (loge de Paris).
Hanni (loge de Paris).
Hanot (loge du Havre).
Hanser, peintre en lettres, rue du Faubourg-Montmartre, 4, Paris.
Hanser, Ernest, rentier, Besançon.
Haquette (loge de Boulogne-sur-Mer).
Harbelot, commissionnaire, rue Sim n-le-Franc, 8, Paris.
Hardouin, conseiller municipal de Levallois-Perret, Seine.
Hardy, Gourmay-en-Bray, Seine-Inférieure.
Hardy, Jean-Louis-Constant, entrepreneur de démolitions, rue de Lesdiguières, 6, Paris.
Harel (loge du Havre).
Harismendy, J.-B , Buenos-Ayres, République Argentine.
Harlay, Victor (loge de Bagneux, Se ne).
Harmant (loge de Paris).
Harrewyn (loge de Boulogne-sur-Mer).
Hart, G., rue de Paris, 50, Asnières, Seine.
Hau, Ch., Paris.
Hauradou, Ch., La Pointe à-Pitre, Guadeloupe.
Hauradou, Théomel, bibliothécaire communal, La Pointe-à-Pitre, Guadeloupe.
Haurel, La Pointe-à-Pitre, Guadeloupe.
Hauschberger, Joseph (loge de Buenos-Ayres, République Argentine).
Hauser, maître d'hôtel, rue Neuve-des-Capucines, 5, Paris.
Hauser (loge de Saint-Ouen, Seine).
Hausrath, cordonnier, rue de Chartres, 1, Paris.
Hausrath (loge de Dieppe, Seine-Inférieure).
Hautel (d') (loge de Paris).
Hautgiraud (loge de Cette, Hérault).
Hautier (loge de Saint-Quentin, Aisne).
Hautin, Henri (loge de Boulogne-sur-Mer).
Hauvet, Emmanuel, professeur agrégé au Lycée de Tarbes, rue des Grands-Fossés, 10, Tarbes, Hautes-Pyrénées.

Havequez (loge de La Fère, Aisne).
Havotte, François-Antoine-Raymond, tailleur, rue Thévenot, 8, Paris.
Havotte, Jules, négociant, rue Thévenot, 5, Paris.
Hay, père, Paris.
Hay, Léon, fils (loge de Paris).
Hays, A., docteur-médecin, rue d'Angoulême, 8, Paris.
Hazard, père, entrepreneur de peinture, rue Neuve Coquenard, 3, impasse de l'Ecole, Paris.
Hazard, J., Landrecies Haute-Garonne.
Hazard, Maurice, fils (loge de Paris).
Hébert, employé, rue Montorgueil, 24, Paris.
Hébert, Victor-Emile, cuisinier-pâtissier, Compiègne, Oise.
Hèche, Valentin, entrepreneur, Tunis, Tunisie.
Hector, Jacmel, Haïti.
Hedeuilh (loge de Paris).
Hédeux (loge de Paris).
Heim, E., ancien rédacteur en chef de la *Presse d'Alsace-Lorraine,* Paris.
Heinrich, Fritz, agent d'affaires, rue Lafayette, 8, Paris.
Heintzé, orfèvre, boulevard de La Villette, 45, Paris.
Hélie, Bordeaux.
Héligon, Em.-Pierre (loge de Paris).
Heller, Auguste, charpentier, rue Saint-Martin, Montmagny, Seine.
Héloin, Alexis, fabricant de chaux, rue de Lagny, 118, Montreuil, Seine.
Hemme, marchand de vins, rue de Charenton, 30, Paris.
Hénault (loge d'Orléans).
Hengard (loge de Paris).
Hennequin (loge de Saint-Germain-en-Laye, Seine-et-Oise).
Hénon (loge de Paris).
Henot, rue du Chaume, 15, Paris.
Henri-Nicolas, camionneur, Sisteron, Basses-Alpes.
Henricy, conseiller général de la Seine.
Henrie (loge de Cette, Hérault).
Henrion, Buenos-Ayres, République Argentine.
Henriot (loge de Paris).
Henry, employé, rue de Reuilly, 26, Paris.
Henry, restaurateur, rue des Remises, 11, Saint-Maur-les-Fossés, Seine.
Henry (loge de Dijon).
Henry, Jules, maître-cordonnier au 53e de ligne, Tarbes.
Henry, Parfait, tanneur, Coulommiers, Seine-et-Marne.
Henry, Yves, homme de lettres, rue Tople, 3, Paris.
Herbelot, employé de la Ville, rue de Tournol, 9 bis, Paris.

Herbeth, rue Rébeval, 27, Paris.
Herby (loge de Lyon).
Hercel (loge de Constantinople, Turquie).
Hérédia (de), Henri, fils (loge de Paris).
Hérisson, Emmanuel, La Pointe-à-Pitre, Guadeloupe.
* Hermann, Guillaume-Gustave, avocat, conseiller de préfecture.
Hermann, H., employé, rue Paradis-Poissonnière, 30, Paris.
Hermann, Jean-Baptiste, adjudant à la 3me compagnie de remonte, Tarbes.
Hermann, Lévy (loge de Paris).
Hermant, L. (loge de Valparaiso, Chili).
Hermelin (loge de La Rochelle).
Héron (loge de Paris).
Herouard (loge de Paris).
Herpin, docteur-médecin, propriétaire, rue Taranne, 7, Paris.
Herreyre, père, cours Victor-Hugo, 5, Bordeaux.
Herscher, François-Joseph, coupeur-tailleur, rue Brantôme, 16, Paris.
Herse (loge de Paris).
Herveux, Constant, corroyeur, avenue du Bel-Air, 43, Paris.
Hervy (loge de Levallois-Perret, Seine).
Hetier ou Hettier, directeur de compagnie d'assurances, conseiller général du Calvados, Caen.
Heutte (loge de Saint-Germain-en-Laye, Seine-et-Oise).
Heuzel, principal clerc d'agréé, rue Saint-Denis, 137, Paris.
Heyberger (loge de Paris).
Hickel, professeur de langues vivantes au Collège de Béziers.
Higonnet, E. (loge de Paris).
Hillairaud, père (loge de La Rochelle).
Hillairet, Bordeaux.
Hillairet, docteur-médecin, Montendre, Charente-Inférieure.
Hillairet, Alcide, homme de lettres (loge de Cognac, Charente).
Hiltz (loge de Cognac, Charente).
Hinfray (loge de Dieppe, Seine-Inférieure),
Hirch (loge de Valparaiso, Chili).
Hiré, bijoutier, rue du Moulin-Vert, 40, Paris.
Hiriart, Justin (loge de Valparaiso, Chili).
Hirlemann, père, Paris.
Hirlemann, Emile, fils (loge de Paris).
Hirlemann, René, fils (loge de Paris).
Hirsch, Etienne, fils (loge de Paris).
Hirsch, Guillaume, fils, négociant, rue Martel, 15 Paris.
Hirsch, H, violoniste.
Hirsch, L. fils, violoniste (loge de Paris).

Hirschfeld, A., (loge de Paris).
Hirtz, J. (loge de Montréal, Canada).
Hocheid négociant (loge de Paris).
Hochs (loge de Laon).
Hodoyer, Michel, imprimeur, Albertville, Savoie.
Hœnings, articles pour fleurs, passage Maurice, 16, Paris.
Hoff (loge de Paris).
Hoffmann, maître d'hôtel, rue du Dauphin, 3 Paris.
Holacher, père, directeur du théâtre de Belleville, boulevard Voltaire, 25, Paris.
Holinski, A. (loge de Paris).
Hometz (loge de Saint-Quentin, Aisne).
Hommel (loge de Paris).
Honal (loge de Nancy).
Honel, H. fils (loge d'Alger).
Hongre, fils aîné, rue Vieille-du-Temple, 45, Paris.
Hongre, fils jeune (loge de Paris).
Hongre. S., père, fabricant de casquettes, rue Vieille-du-Temple, 45, Paris.
Honoré (loge de Paris).
Hopfenblum (loge de Paris).
Hortin, père, Paris.
Hortin, Alphonse-Pierre, fils (loge de Paris).
Hotte (loge de Paris).
Hottier (loge de Paris).
Houareau (loge de Paris).
Houareau (loge de Saint-Ouen, Seine).
Houbron (loge de Saint-Germain-en-Laye, Seine-et-Oise).
Houbron (loge du Pecq, Seine-et-Oise).
Houdard, fils, Rouen.
Houdin, Georges (loge de Paris).
Houdinet (loge de Saïgon, Cochinchine française).
Houguer (loge de Paris).
Houllet (loge de Paris).
Hourie ou Houzie, Paul, directeur de *l'Union libérale* et de la *Petite France*, Tours.
• Housay, agréé près le Tribunal de commerce, conseiller municipal de Versailles.
Houssard, marchand de vins, rue Pastourel, 10, Paris.
Houssiaux (loge d'Amiens).
Houssier (loge de Nantes).
Houyol, Laon.
Howey (loge de Paris).
Hubard, Victor, Saint-Pierre, Martinique.
Hubaud, A. (loge de Marseille).
Huber (loge de Marseille).

Hubert, rue de Malte, 42, Paris.
Hubert (loge de Vincennes, Seine).
Hubert (loge de Saïgon, Cochinchine française).
Hubert, fils (loge de Rueil, Seine-et-Oise).
Hubert, Casimir (loge de Boulogne-sur-Mer, Pas de-Calais).
Huby, Laurent, serrurier, passage de la Bonne-Graine, 18, Paris.
Huc, Graulhet, Tarn.
Huc, F., interprète principal de 1re classe, Saïgon, Cochinchine française.
Hud, Bône, Algérie.
Hue (loge de Forge-les-Eaux, Seine-Inférieure).
Hue, Achille (loge de Paris).
Huet, rue du Faubourg-Saint-Antoine, 230, Paris.
Huet, armurier, Annecy.
Hugo (loge de Saint-Ouen, Seine).
Hugon (loge de Paris).
Hugon Saint-Denis, île de la Réunion.
Hugonet, Versailles.
Hugonis, V., imprimeur, rue Martel, 6, Paris.
Hugonnod (loge de Bourg-en-Bresse).
Huguenin, rue Montmartre, 15, Paris.
Huguenot, Londres, Angleterre.
Hugues, Adolphe, instituteur, Albertville, Savoie.
Hugues, Lovinski, Port-Louis, île Maurice.
Huguet, Jean-François, instituteur, Chanaz, Savoie.
Huguez, A., Port-Louis, île Maurice.
Huguin, E., ingénieur civil (loge de Paris).
Huigray, Saint-Denis, île de la Réunion.
Hum, Louis, Buenos-Ayres, République Argentine.
Humbert (loge de Valparaiso, Chili).
Humbert, Armand-F., propriétaire, Besançon.
Humbert, Thiébaut-Auguste, horloger, Besançon.
Huon, emballeur, rue Montaigne, 1, Paris.
Huot (loge de Troyes).
Huppau (loge d'Orléans).
Huraud, Emmanuel, bijoutier, rue Beaubourg, 74, Paris.
Hurbin-Lefebvre (loge de Lyon).
Hurel-Poulain (loge de Paris).
Huret, M.-N. (loge de Boulogne-sur-Mer).
Husson (loge de Neuilly, Seine).
Husson, notaire, à la Martinique.
Husson, père, Laon.
Husson, Léon-Eugène, fils (loge de Laon).
Hutteau (loge d'Orléans).
Huvé de Garel, Alexandre.

Huvier, propriétaire, rue des Martyrs, 66, Paris.
Huyard, boulevard de Magenta, 32, Paris.
Huzet, Narcisse (loge de Boulogne-sur-Mer).
Hwob (loge de Paris).
Hyenveux, Eugène, restaurateur, rue Notre-Dame-de-Nazareth, 40, Paris.
Hyenveux, Nicolas, employé, rue d'Allemagne, 137, Paris.

I

Icher (loge de Levallois-Perret, Seine).
Idrac, Buenos-Ayres, République Argentine.
Ihler, Adolphe, banquier, Besançon.
Imart (loge de Toulouse).
Imbault, Edouard, négociant, boulevard de Pontoise, Argenteuil, Seine-et-Oise.
Imbert (loge de Pont-Saint-Esprit, Gard).
Imbert, Antoine, Givors, Rhône.
Imbriani (loge de Paris).
Inversin, négociant, Tunis, Tunisie.
Irbarnegaray, Buenos-Ayres, République Argentine.
Ireglia (loge de Nice).
Ismart (loge de Toulouse).
talin, employé, rue Montrosier, 13, Neuilly, Seine.

J

Jabineau (loge de Saint-Ouen, Seine).
Jablonski (loge de Niort).
Jachelson (loge de Paris).
Jackowski, Amiens.
Jacob, Louis, artiste dramatique, rue de Fourcy, 3, Paris.
Ja ot-Descombes, H., horloger, Besançon.
Jacquelin (loge d'Orléans).

Jacquelin, Jean, teinturier en peaux, rue des Cordelières, 5 Paris.
Jacquemain, rédacteur en chef de l'*Avenir de Saint-Germain* (loge de Rueil, Seine-et-Oise).
Jacquemaud, Ernest (loge de Versailles).
Jacquemet (loge de Paris).
Jacquemin, François, cafetier-restaurateur, Gevrey-Chambertin Côte-d'Or.
Jacquemond, Joseph-Auguste, fabricant de gants, Grenoble.
Jacques, Corbeil, Seine-et-Oise.
Jacques, Alexandre, cocher, rue Lauriston, 66, Paris.
Jacques, Auguste (loge de Paris).
Jacques, Hubert, maître d'hôtel, Riz-Orangis, Seine-et-Oise.
Jacquet, Elbeuf, Seine-Inférieure.
Jacquet, P. (loge de Paris).
Jacquetan, Guillaume, bijoutier, rue Saint-Maur, 166, Paris.
Jacquetan, Jean. Saint-Etienne.
Jacquetan, Paul, père, bijoutier, rue Beaubourg, 54 Paris.
Jacquetan, Paul, fils, marchand de vns, rue Galande, 40, Paris.
Jacquier (loge de Poitiers).
Jacquier, Em. (loge d'Avignon).
Jacquillon, marchand de vins, rue Cardinet, 33, Paris.
Jacquin, employé. rue Saint Maur, 50, Paris.
Jacquin, (loge de Rueil, Seine-et Oise).
Jacquin (loge de Gray, Haute-Saône).
Jacquot, tailleur sur cristaux, rue des Grilles, 1, Pantin, Seine.
Jacquot (loge de Paris).
Jacquot, Léon, au Havre.
Jadot (loge de Lunel, Hérault).
Jaeggé, avenue d'Italie, 55, Paris.
Jaffary, Dominique, entrepreneur, rue Travers-Saint-Aubin, Toulouse.
Jagez, (loge de Tunis, Tunisie).
Jahier, Gaston-Gustave (loge de Paris).
Jaillon, Louis-François, horloger, Besançon.
Jalabert (loge de Lunel, Hérault).
Jaladon, rue Lepic, 24, Paris.
Jalibert (loge de Paris).
Jallet (loge de Sétif, Algérie).
Jambon, maître-plâtrier (loge de Libourne, Gironde).
Jamet (loge de Vincennes).
Jamme, Antoine (loge de Tournus, Saône-et-Loire).
Jancien, Alcide (loge d'Orléans).
Janeson (loge de Paris).
Janet, Périgueux.
Janet, Paul (loge de Paris).

Janin, Eugène, fabricant de toiles, rue des Minimes, 5. Paris.
Jeannelle (loge de Paris).
Janner, Joseph, Saint-Pierre, Martinique.
Jannin (loge de La Motte-Fouchot. Saône-et-Loire).
Janniot. tonnelier, rue d'Angoulême, 70, Paris.
Jeannot, aux Cayes. Haïti.
Janvier (loge d'Orléans).
Japy, Emile, fabricant d'horlogerie, rue Turenne, 114, Paris.
Jardin (loge de Pacy-sur-Eure, Eure).
Jardot, restaurateur, rue de l'Arbre-Sec, 6, Paris.
Jarjavay, docteur-médecin, rue Laffitte, 15, Paris.
Jarossay, négociant, rue du Faubourg-Saint-Denis, 77, Paris.
Jarrasse, instituteur, Sadroc, Corrèze.
Jasmin, Albert (loge de Choisy-le-Roi, Seine).
Jaubert (loge de Martigues, Bouches-du-Rhône.
Jauffret commerçant en chapellerie, Alger.
Jaumes, James, négociant, Perpignan.
Jaumet (loge de La Rochelle).
Jaunin, rue Amelot, 48, Paris.
Jautet, Azéma, Saint-Denis, île de la Réunion.
Javal, Bordeaux.
Javal (loge de Dieppe).
Javal-Halphen (loge de Marseille).
Javanaud (loge de Paris).
Jayé, Jean-Baptiste, facricant de fleurs artificielles, rue Mandar, 3, Paris.
Jaymond, Alphonse, serrurier, Grenoble.
Jean, François, (loge de Cherbourg)
Jean, Louis, rue du Delta, 6, Paris.
Jeandart, marchand de vins, rue Blondel, 16, Paris.
Jeanmaire, Louis-Nicolas, mécanicien au chemin de fer, Tarbes.
Jeanne, chaudronnier, rue de Flandre, 71, Paris.
Jeanne (loge de Rouen).
Jeannin, rue d'Aboukir, 99. Paris.
Jeannon, pharmacien, rue de Vanves, 89, Paris.
Jeannot, fils, sellier, aux Cayes, Haïti.
Jeantin (loge de Niort).
Jeanty, O., Port-au-Prince, Haïti.
Jeard, Jules, directeur-gérant de l'Hôtel de Russie, Cannes Alpes-Maritimes.
Jegu (loge d'Angers).
Jehenne, Victor, marchand d'habits, rue de la Harpe, 39, Paris.
Jenestier, cuisinier, rue Blondel, 13, Paris.
Jequier (loge de Besançon).

Jette, Emile, Buenos-Ayres, République Argentine.
Jettot (loge de Vesoul).
Jeunesse (loge de Paris).
Jeunet (loge de Chalon-sur-Saône).
* Jezierski, publiciste, directeur du *Journal officiel*, Paris.
Jiroust, Eugène, architecte, rue Saint-Ambroise, 39, Paris.
Jobard, avocat, (loge de Tunis, Tunisie).
Jobard, Pierre, graveur, Besançon,
Jobert, François (loge de Paris).
Jobie, employé, rue du Faubourg-Saint-Denis, 9, Paris.
Jobin (loge de Lorient).
Joblin, employé, rue du Pont-aux-Choux, 18, Paris.
Jochelson, Marc, étudiant en médecine, rue Larrey, 4, Paris.
Joffry (loge de Toulouse).
Joffrin, conseiller municipal de Paris, conseiller général de la Seine.
John, Jones (loge de Paris).
Johnson (loge de Paris).
Joigneaux (loge de Levallois-Perret, Seine).
Joigny (loge de Paris).
Joliet, Léon, négociant, place Saint-Pierre, 9 Limoges.
Jolinon, fils, Saintes, Charente-Inférieure.
Jolivet, Charles-Louis, rentier, Clermont-Ferrand.
Jollit, jeune, propriétaire, aux Billaux, Gironde.
Jolly, menuisier, rue Oberkampf, 146, Paris.
Joly, maréchal-ferrant, boulevard de La Villette, 50, Paris.
Joly (loge de Libourne, Gironde).
Joly (loge de Valparaiso, Chili.)
Joly, Antoine, négociant, Port-Louis, île Maurice.
Joly, Maurice (loge de Paris).
Jonas (loge de Paris).
Jones, Honolulu, îles Hawaï, Océanie.
Jonte, directeur des Forges de la Franche-Comté, avenue Daumesnil, 112, Paris.
Jorarte (loge d'Avignon).
Joret, agent d'assurances, avenue Parmentier, 8, Paris.
Joron, Louis (loge de Paris).
Joseph, Port-au-Prince, Haïti.
Joseph, Hippolyte, Saint-Pierre, Martinique.
Joseph, Janvier, Saint-Pierre, Martinique.
Joséphine, J.-P., La Pointe-à-Pitre, Guadeloupe.
Joséphine, Sainte-Croix, La Pointe-à-Pitre, Guadeloupe.
Josse (loge de Bar-le-Duc).
Josserand, rue Saint-Sauveur, 47, Paris.
Josserand (loge de Bourg-en-Bresse).
Josset, représentant de commerce, rue Gay-Lussac, 5, Paris.

Joste, tailleur, Paris.
Jouan (loge de Paris).
Jouanne, Ry, Seine-Inférieure.
Jouclard, Henri, entrepreneur, Besançon.
Jouclas, rentier, rue La Condamine, 2, Paris.
Jouque (loge du Havre).
Jouquet, Auguste, négociant, Besançon.
Jourdain (loge de Lille).
Jourdain, père, Orléans.
Jourdain, fils, Orléans.
Jourdan, Joseph, cuisinier, rue Brey, 18, Paris.
Jourdanet, Cyprien, notaire, Argelès, Hautes-Pyrénées.
Journaud, Louis-Eugène, fabricant de chaussures, rue de Solferino, 33, Compiègne, Oise.
Journée (loge de Rueil, Seine-et-Oise).
Journel-Strac, aux Cayes, Haïti.
Journet, ingénieur, (loge de Saint-Germain-en-Laye, Seine-et-Oise).
Journet, Ch., rue Mariotte, 9, Paris.
Joussein, Périgueux.
Joussemet, A., rue du Faubourg-Saint-Denis, 60, Paris.
Joutet, professeur au Lycée de Saint-Denis, île de la Réunion.
Jouve, coiffeur, rue de Bellechasse, 33, Paris.
Jouy (loge de Paris).
Joyeux, Marseille.
Joyrand Albert, docteur-médecin.
Jozet (loge de Paris).
Jubilo (loge d'Alger).
Jubinal, Raymond-Salvy, lieutenant-colonel au 144e d'infanterie territoriale, place de la Portête, Tarbes.
Judon (loge d'Orléans).
Judon-Garrault (loge d'Orléans).
Jugant, ancien officier de la marine, agriculteur (loge de Beauvais).
Juge, Bordeaux.
Juif, Alfred-Edouard, chauffeur au chemin de fer de Paris-Lyon-Méditerranée, Grenoble.
Julian (loge de Bordeaux).
Judicé, Alexandre (loge de Clichy, Seine).
Julien, officier d'administration, rue de l'Abattoir, 41, au Mans, Sarthe.
Julien, percepteur, Ruffec, Charente.
Julien (loge d'Oran, Algérie).
Julien, entrepreneur (loge de Bougie, Algérie).
Julien, Célestin, maître-cordonnier au 18e de ligne, Pau.
Julien Fernand (loge de Lille).

Julien Ludovic (loge de Bordeaux).
Juliotte, forgeron, boulevard Diderot, 64, Paris.
Jullian (loge de Montpellier).
Jullian, A. (loge de Bessèges, Gard).
Julliard, Léon-François, fabricant de rouge, Besançon.
Jullien (loge de Marseille).
Jullien (loge de Lorient).
Jullien, chef de section, Port-de-Ganac, Corrèze.
Jullien, Jean-Marius, conducteur de la voie à la Cie de Paris-Lyon-Méditerranée, Grenoble.
Jullion, Nouméa, Nouvelle-Calédonie.
Jumeau, Auguste, entrepreneur de charpente, rue Riquet, 43 Paris.
Junca, Etienne, homme de lettres, place Bréda, 18, Paris.
Jung, ébéniste, rue de la Perle, 1, Paris.
Junger, mécanicien, rue Oberkampf, 70, Paris.
Junod, Arthur, négociant en spiritueux, Pontarlier, Jura.
Junod, Félix-A., négociant, Besançon.
Just, Pierre, brocanteur, rue de Birague, 5, Paris.
Justinien (loge de la Basse-Terre, Guadeloupe).
Juvin (loge de Levallois-Perret, Seine).
Juyon (loge de Bordeaux).

K

Kaeppelin, ingénieur, Caen.
Kahn, Léon (loge de Paris).
Kahn, Samuel, fabricant de casquettes, rue du Temple, 38, Paris.
Kaiser, tailleur, rue de Provence, 98, Paris.
Kaiser, La Pointe-à-Pitre, Guadeloupe.
Kalila, Raphaël, professeur français, Tunis, Tunisie.
Kalmès, polisseur d'acier, rue du Faubourg-du-Temple, 127, Paris.
Kammer (loge de Paris).
Kattier (loge d'Amiens).
Kauffmann, Prosper, Amiens.
Kaulmann, employé, boulevard de Montrouge, 18, Paris.
Kawa, You, étudiant militaire japonais (loge de Paris).
Késsing, Louis (loge de Paris).

Konning, Georges, auteur du *Calendrier Maçonnique universel de 1874.*
Kergrain, Jean-Vincent, négociant. Auray, Morbihan.
Kerpel (de), conseiller municipal de Nantes.
Kert, Jean, rue Drouin, 5 bis, Nancy.
Ketter, bardeur, rue Michel-Ange, 25, Paris.
Kierdorff, Achille, fabricant de joaillerie, rue Vivienne, 2, Paris.
Kinsbourg, avocat.
Kirsch, Michel, mécanicien, rue Brise-Echalas, 4, Saint-Denis, Seine.
Kirsch (loge de Saint-Etienne).
Kirsebom, Alfred.
Kirvan, négociant, aux Indes.
Klein, Samuel (loge de Paris).
Kociusko, Sal. (loge de Paris).
Kock, professeur d'allemand (loge de Paris).
* Kœchlin-Schwartz, maire du VIIIe arrondissement de Paris président de la Société pour la propagation de la crémation.
Kœlher, Arthur, serrurier, rue Villedo, 1, Paris.
Kohler, Joseph, tailleur sur cristaux, Puteaux, Seine.
Konnacki (loge de Paris).
Konnérue (loge de Paris).
Koutz, Albert, professeur au Lycée de Besançon.
Kownacki, professeur (loge de Paris).
Kradolfer, Montpellier.
Kraemer, boulevard Haussmann, 25, Paris.
Kraff. Nice.
Krantz, fils, ingénieur.
Krispin. tailleur, rue de Provence. 21, Paris.
Kuezewski, Cyprien.
Kulas, boulanger, avenue de Clichy, 109, Paris.
Kunghoesly ou Kung-Mœsly (loge de Paris).
Kurtz, tailleur, rue de Rivoli, 66, Paris.

L

Labadie (loge de Paris).
Labadie, Antoine, maréchal des logis-trompette au 14e d'artillerie, Tarbes.
Labanes (loge de Beauvais).

Labardin, Bordeaux.
Labdrussias, fils (loge de Paris).
Labasse-Biron, A., Valparaiso, Chili.
Labastide (loge d'Orléans).
Labat (loge de Toulouse)
Labatut, G. (loge de Valparaiso, Chili).
Labbé, mécanicien, rue Saint-Maur, 232, Paris.
Labègue, Bordeaux.
La Belle, Alfred, publiciste (loge de Paris).
Labigne (loge de Rouen).
Labois, archictecte, rue de Flandre, 100, Paris.
Laboise, Henri, taillandier, Saint-Julien-du-Sault, Yonne.
Laborde, Germain (loge de Périgueux).
Laboureau, Pierre, conducteur de travaux, Grenoble.
Labouroire, J., Buenos-Ayres, République Argentine.
Labre (loge de Paris).
Lacan, Hippolyte (loge d'Orléans).
Lacan, P , Buenos-Ayres, République Argentine.
Lacascade, député de la Martinique, directeur de l'Intérieur en Nouvelle-Calédonie.
Lacaze, Jules-Antoine. négociant, Lourdes, Hautes-Pyrénées.
Lachat, Jean, employé au Chemin de fer de Paris-Lyon-Méditerranée, Chambéry.
Lachaud, Thiviers, Dordogne.
*Lachaud, François, rue du Mail, 33, Lyon.
*Lachaud, Georges, rue du Mail, 33, Lyon.
La Chaussée (loge de Levallois-Perret, Seine).
Lachenais, rue de Flandre, 118, Paris.
Lachenais, Ernest (loge de Saint-Ouen, Seine).
Lachenault (loge de Paris).
Lachetaud, Périgueux.
Lacheteau, peintre en voitures, Paris.
Lacombe (de) (loge d'Alger).
Lacome, François, instituteur, Bulan, Hautes-Pyrénées.
Lacoste, rue de la Folie-Regnault, 34, Paris.
Lacoste, père, rue Saint-Sébastien, 56, Paris.
Lacoste, fils (loge de Paris).
Lacoste, Périgueux.
Lacoste, A. (loge de Londres, Angleterre).
Lacoste, B. (loge de Londres, Angleterre).
La Cour (de), professeur de géographie (loge de Paris).
Lacour, rue du Faubourg-Saint-Jacques, 1, Paris.
Lacour (loge de Bessèges, Gard).
Lacour (loge de Montélimar, Drôme).
Lacour, Frédéric-Séverin, lieutenant au 53e de ligne, Tarbes.
Lacour, G., Buenos-Ayres, République Argentine.
Lacour, Louis, minotier, Condan, près Ruffec, Charente.

Lacquit, opticien, rue de la Ferme-des-Mathurins, 2, Paris.
Lacroix (loge de Toulouse).
Lacroix, Cette, Hérault.
Lacroix, La Pointe-à-Pître, Guadeloupe.
Lacroix, fils (loge de Laon).
Lacroix, Alfred, père (loge de Laon).
Lacroix, Paul (loge de Laon).
Lacroix, Georges (loge de Neuilly-Plaisance, Seine-et-Oise).
Lacube, Jean, entrepreneur, Tarbes.
Ladet, Etienne, marchand de vins, rue Cardinet, 138, Paris.
Ladeuil, Périgueux.
Ladevèze, Philippe, Bordeaux.
Ladoué (loge de Paris).
Lafarge, Marcellin, Buenos-Ayres, République Argentine.
Lafargue, père (loge de Paris).
Lafargue, Paul-Eugène, fils (loge de Paris).
Lafaurie, Maurice (loge de La Rochelle).
Lafay, Auguste, Saint-Pierre, Martinique.
Lafeuille, P., professeur de rhétorique, ancien prêtre catholique (loge de Marseille).
Laffargue, avoué, conseiller municipal, Dax, Landes.
Laffon, René, député de l'Yonne.
Laffont, docteur-médecin (loge de Saint-Maur, Seine).
Laffut, Bordeaux.
Lafitte (loge de Levallois-Perret, Seine).
Lafizelier, Emile, adjudant au 14e d'artillerie, Tarbes.
Lafleur, opticien, rue Michel-le-Comte, 32, Paris.
La Flige, député de la Meurthe.
Lafon, entrepreneur de charpente, Saint-Germain, Gironde.
Lafon, Antoine, Buenos-Ayres, République Argentine.
Lafon, Jean (loge de Libourne, Gironde).
Lafon, Louis, limonadier, Caussade, Tarn-et-Garonne.
Lafont, Julien (loge de Saint-Ouen, Seine).
Lafontaine, rue de la Garrigue, 34, Nîmes.
Lafontant, Aristide, Jacmel, Haïti.
Lafontant, Fénelon, Jacmel, Haïti.
Laforgue, Jean-Casimir, médecin-vétérinaire, Castelnau-Magnoac, Hautes-Pyrénées.
Lafrance (loge d'Orléans).
Lagache, Melun.
Lagarde (de), Denis (loge de Paris).
Lagarde, Jean-Pierre, chef surveillant des télégraphes, Tarbes.
Lagarde, L., Buenos Ayres, République Argentine.
Lagarde, Pierre, propriétaire, Albertville, Savoie.
Lagarde, Pierre, employé des télégraphes, Tarbes.
Lagarde-Roberjot, fabricant de poteries, route de Chalon, 12, Tournus, Saône-et-Loire.

Lagarrigue, au château de Mus, par Murviel-lès-Béziers, Hérault.
Lagarrigue, Jean-Auguste-Victor, professeur de sciences, rue La Boétie, 28, Paris.
Lagasse, avocat (loge de Paris).
Lageste, négociant, rue Richelieu, 41, Paris.
Laget (loge de Blidah, Algérie).
Lagier, mégissier, rue Croulebarbe, 8, Paris.
La Girarde (loge de Rochefort).
Lagleize, Paul, fabricant de bougies, Bagnères-de-Bigorre, Hautes-Pyrénées.
Lagnoux, Paul, ébéniste, Maubourguet, Hautes-Pyrénées.
Lagrange, Bordeaux.
Lagrange (loge de Madrid, Espagne).
Lagrange, Louis, Périgueux.
Lagrosillière, Octavius, Saint-Pierre, Martinique.
Laguenie, Guillaume, serrurier, rue Bernard-Palissy, Limoges.
Laguerie, docteur-médecin.
Laguesse (loge de Paris).
Laguilhac (loge d'Orléansville, Algérie).
Lahague (de), Saint-Denis, île de la Réunion.
Lahaxe, S.-B. (loge de Saint-Ouen, Seine).
Lahaye (loge de Paris).
La Houplières (de) (loge d'Abbeville, Somme).
Lahupe, Thomy.
Laignel (loge du Havre).
Laignier, rue du Pont-Louis-Philippe, 16, Paris.
Lajoince, Jean, cordonnier, rue Marivaux, 4, Paris.
La Jonquière, (vicomte de), propriétaire, rue des Martyrs, 10, Paris.
Lalandelle, Port-Louis, île Maurice.
Lalanne, Georges, voyageur de commerce, rue Montholon, 30, Paris.
Laligant, Charles, rue du Cardinal-Lemoine, 60, Paris.
Lallemand, père (loge de Poitiers).
Lallemand, Alfred, New-York, Amérique du Nord.
Laloy (loge de Paris).
Lalue, Périgueux.
La Maholière (de), Robert, Valparaiso, Chili.
Lamarche, artiste lyrique.
Lamare (de), artiste peintre (loge de Paris).
Lamarque, Bordeaux.
Lamarque, J.-D. (loge d'Oran, Algérie).
Lamarque, S. (loge de Jacmel, Haïti).
Lamas (loge de Paris).
Lamaury (loge de Paris).
Lamazière, horloger, rue Oberkampf, 153, Paris.

Lambert (loge de Cambrai, Nord).
Lambert (loge de Troyes).
Lambert, Alfred, rue de Flandre, 110, Paris.
Lambert, André (loge de Martigues, Bouches du-Rhône).
Lambert, D., Port-au-Prince, Haïti.
Lambert, Jean-Jacques (loge de Paris).
Lambert, L., Buenos-Ayres, République Argentine.
Lambert, Victor, patron-marinier, Albertville, Savoie.
Lambert, Victor, Martigues, Bouches-du-Rhône.
Lambin, comptable, rue des Solitaires, 23, Paris.
Lambinet (loge de Paris).
Lamblin (loge de Paris).
Lambret (loge de Paris).
Lambry (loge de Toulouse).
Lami (loge de Poitiers).
Lamirault (loge de Dunkerque).
Lamiraux, François-Gustave, général de brigade.
Lamothe, docteur-médecin, Port-au-Prince, Haïti.
Lamothe, Guillaume, entrepreneur, Tarbes.
Lamour, D., Jacmel, Haïti.
Lamoureux, ex-chef d'orchestre de l'Opéra de Paris.
Lamouroux, négociant, passage du Caire, 76-78, Paris.
Lamoux (loge de Limoux, Aude).
Lamy, employé, rue du Banquier, 7, Paris.
Lanauze, Jacmel, Haïti.
Lancer, Ed (loge du Havre).
Lancesseur, Antoine, chapelier, Grenoble.
Lancestre (loge de Lyon).
Lancestre (loge de Rouen).
Lanchier, Joseph-André, juge de paix, Riom, Puy-de-Dôme.
Landowski, Edouard, docteur-médecin.
Landré, mécanicien, passage Tocanier, 5, Paris.
Landry (loge de Paris).
Lanes Marius, (loge de Toulouse).
Lang, François-Eugène, limonadier, rue de Rennes, 121, Paris.
Lange, ébéniste, rue Beautreillis, 2, Paris.
Lange, Henri, rue du Pont-aux-Choux, 16, Paris.
Lange, Jean-Baptiste, charcutier, rue de la Tombe-Issoire, 88, Paris.
Langer, E., (loge du Havre).
Langevin, négociant, chemin d'Uzès, 23, Nîmes.
Langlade (loge de Paris).
Langle (loge de Lille).
Langlebert, pharmacien, rue des Petits-Champs, 55, Paris.
Langlet (loge d'Arras).
Langlois, Albert, marchand drapier, rue d'Aboukir, 14, Paris.

Langlois, Eugène, sellier, passage Saint-Louis-du-Temple, 5, Paris.
Laugrand, marchand de vins, à Charonne, Paris.
Langrognat (loge de Paris).
Laugumier, Vincent. propriétaire, Saint-Amand, Nièvre.
Lani, père (loge de Paris).
Lani, Gabriel, fils (loge de Paris).
Laniot, Alexandre (loge de Paris).
Lanoire (loge de Bordeaux).
Lanoux, employé de commerce, rue Berger, 13, Paris.
Lansac, Bordeaux.
Lansalade, Jean, propriétaire, Larreule, près Maubourguet, Hautes-Pyrénées.
Lanson, E., Buenos-Ayres, République Argentine.
Lanta, Jean, contrôleur des contributions indirectes, Castres, Tarn.
Lantelme, négociant, rue Lallier, 7, Paris.
Lanusse, Jean-Marie, mécanicien, Maubourguet, Hautes-Pyrénées.
Lanvers (loge de Saint-Denis, Seine).
Lapachet, Buenos-Ayres, République Argentine.
Lapalure-Cotterel, Jacmel, Haïti.
Lapeyre, Périgueux.
Lapice, Ervil, Jacmel, Haïti.
Lapierre, Armand, Saint-Pierre, Martinique.
Lapierre, Ernest (loge de Paris).
Lapierre, Louis, marchand de vins, rue Lafayette, 193, Paris.
Laplace, Pierre-Joseph, huissier, Tournay, Hautes-Pyrénées.
Laplène. Saint-Louis, Sénégal.
Laporte (loge de Paris).
Laporte (loge d'Agen).
Laporte (loge de Florac, Lozère).
Laporte, Auguste-Casimir, agent d'assurances, Séméac, Hautes-Pyrénées
Laporte, Louis, boulanger (loge d'Alais, Gard).
Laporte, Paul Emile, Port-au-Prince, Haïti.
Laporte, Victor, fabricant de chaux, rue Erard, passage Montgallet, 24, Paris.
Lapouge, Fortuné, conducteur au chemin de fer (loge d'Alais, Gard).
Lapouze, Nontron, Dordogne.
Laprade, Alexandre. Buenos-Ayres, République Argentine.
Larboullet, rue de la Perle, 9, Paris.
Larcher, La Motte-Bouchot, Saône-et-Loire.
Larcher (Larchevesque, dit), artiste dramatique (loge de Rouen).
Larchevêque, joaillier, rue Sainte-Anne, 53, Paris.

Lardin, employé, rue du Parc-Royal, 4, Paris.
Lardry (loge de Libourne, Gironde).
Larencul L., Port au-Prince, Haïti.
Largardelle, docteur-médecin (loge de Bordeaux).
Large, receveur des finances, Châlon-sur-Saône.
Large, C., (loge de Jacmel, Haïti.)
Largeau, explorateur de l'Afrique Centrale.
Lariche, homme de lettres (loge de Paris).
Lariotte (loge de Dijon).
Larivière, voyageur de commerce, rue du Temple, 77, Paris.
Larminach (loge de Boulogne, Seine).
Larmurier (loge de Paris).
Laroche, sous-préfet.
Laroche, Orléans.
Laroche, père, Saintes, Charente-Inférieure.
Laroche, fils, Saintes, Charente-Inférieure.
Larochette, Lyon.
La Ronde (de) (loge de Grenoble).
Larrieu, Rio-Janeiro, Brésil.
Larrieu, P., Buenos-Ayres, République Argentine.
Larro, E. (loge de Courbevoie, Seine).
Larrouy Buenos-Ayres, République Argentine.
Larthe, marchand de vins, rue de la Fontaine-au-Roi, 3, Paris.
Larue, employé, rue Richer, 24, Paris.
Las, Henri, passementier, place de la Corderie, 8, Paris.
Laserve (de), Albert, propriétaire, Sainte-Rose, île de la Réunion.
Laserve (de), Alexandre-Robert, propriétaire, Saint-André, île de la Réunion.
Lasibille, Ferréol, entrepreneur, Besançon.
Lassagne, Périgueux.
Lassaigne (loge de Paris).
Lassalle, artiste de l'Opéra de Paris.
Lassaile (loge de Lille).
Lassalle, artiste dramatique (loge de Tours).
Lassalie, Antoine, camionneur, Tarbes.
Lassère (loge de Marmande, Lot-et-Garonne).
Lasserre, Félix (loge de Cannes, Alpes-Maritimes).
Lasserre, J., Buenos-Ayres, République Argentine.
Lassez, Georges, rédacteur au *Bien public* (loge de Paris).
Lassiguardie, Bergerac, Dordogne.
Lastenet, peintre décorateur, fabricant de papier marbré, premier adjoint au maire de Port-Louis, Morbihan.
Lasvigne (loge de Paris).
Lataille (loge de Paris).
Laterrade, Maximilien, fils, Bordeaux.
Latille, rue Saint-Maur, 77, Paris.

Latour, homme de lettres (loge d'Avignon.
Latour (loge de Neuilly-Plaisance, Seine-et-Oise.)
Latour, Laurent (loge de Paris).
Latourette, J. (loge de Valparaiso, Chili).
• Latruffe, vérificateur des travaux publics, président de la Société de secours mutuels du Bâtiment, rue Nicolas-Flamel, 4, Paris.
Latruffe, conducteur des ponts et chaussées, rue Fabert, 26, Paris.
Laubis, Charles (loge de Nantes).
Laubis, J. (loge de Nantes).
Laubry, fils, Périgueux.
Laucou (loge de Bougie, Algérie).
Laudy, rue de Fleurus, 39, Paris.
Laudy, jeune, rue de Fleurus, 39, Paris.
Lauga; A., fils, commissionnaire en vins, Pauillac, Gironde.
Laugé (loge de Bordeaux).
Laugé, Gorée, Sénégal.
Laumond, instituteur, Meyssac, Corrèze.
Launay, Jules (loge de Mantes, Seine-et-Oise).
Laurain, Corbeil, Seine-et-Oise.
Laurans, Abdon, négociant en draperies, rue Roviga, 6, Sedan, Ardennnes.
Laurenchet (loge de Paris).
Laurencie (loge de Toulouse).
Laurens, avoué (loge de Paris).
Laurens, avocat, rue Haxo, 8, Marseille.
Laurent, Lyon.
Laurent (loge de Rochefort).
Laurent (loge de Niort).
Laurent, docteur vétérinaire (loge de Bar-le-Duc).
Laurent, Arthur, Buenos-Ayres, République Argentine.
Laurent, Ch., rue Saint-Denis, 8, Bondy, Seine.
Laurent, Emile (loge de Paris),
Laurent, Hippolyte, commis négociant, boulevard Saint-Denis, 22, Paris.
Laurent, Jean-Marie, entrepreneur, Argelès, Hautes-Pyrénées.
Laurent, Théola, Port-Louis, île Maurice.
Laurin, employé, boulevard de la Chapelle, 12, Paris.
Lautard (loge de Constantine, Algérie).
Lauth, Albert, brasseur, négociant en vins, Castres, Tarn.
Lauture, Eugène, Jacmel, Haïti.
Lauture, F.-M., rue de l'Eglise, Jacmel, Haïti.
Lauwerys, Jules (loge de Paris).
Lauzet, Jean, tourneur, Paris.
Lavache, Blaise, en Haïti.

Lavagne, imprimeur-éditeur, Alger.
Laval, maçon-plâtrier, Caussade, Tarn-et-Garonne.
Laval, Joseph-Marie, manufacturier, rue Anneveauté, 46, Castres, Tarn.
Lavant, père, Paris.
Lavant, Charles, fils (loge de Paris).
Lavedan, Jean-Marie, huissier, Argelès, Hautes-Pyrénées.
Lavenas (loge de Saint-Malo, Ille-et-Vilaine).
Laverdet (loge de Levallois-Perret, Seine).
Lavifrière, Eugène, marchand (loge de Bordeaux).
Lavigne, maréchal-ferrant, rue de Bercy, 107, Paris.
Laville (loge de Villeneuve-sur-Lot, Lot-et-Garonne).
Lavillette, E., Buenos-Ayres, République Argentine.
Laviolette (loge de Paris).
Lavit, Jean-Paul, conseiller d'arrondissement, Labarthe-de-Neste, Hautes-Pyrénées.
Lavrilleur (loge d'Issoudin, Indre).
Laymarie (loge de Paris).
Lazerges, artiste-peintre (loge d'Alger).
Léau, manufacturier, Villeneuve-sur-Yonne, Yonne.
Lebaillif, chef d'équipe, Laigle, Orne.
Lebaillif, Eugène, fils, employé, passage Stanislas, 17, Paris.
Lebailly, Léon (loge de Paris).
Le Batteux, Charles, fils (loge de Paris).
Le Batteux, Eugène, fils (loge de Paris).
Le Batteux, Jules-François, père, propriétaire, rue Darcet, 28, Paris.
Le Batteux, Louis-Léon, fils (loge de Paris).
Lebault, François, rentier, Besançon.
Lebeau (loge de Saint-Quentin, Aisne).
Lebeau, Alfred, entrepreneur de peinture, Pont-Chartrain, Seine-et-Oise.
Lebeau, Narcisse, rue Pastourelle, 34, Paris.
Lebègue, rue des Petits-Carreaux, 43, Paris.
Le Ber (loge de Lorient).
Lebigre, J.-B (loge de Saint-Quentin, Aisne).
Leblanc, tailleur de pierres, rue Affre, 14, Paris.
Leblanc (loge d'Orléans).
Le Blanc, docteur-médecin.
Le Blanc, Pierre-Antoine, Jacmel, Haïti.
Le Blaye (loge de Bordeaux).
Leblois (loge de Paris).
Leblond, marchand de vins traiteur, rue Pascal, 2, Paris.
Leblond, A., Limay, Seine-et-Oise.
Leblond, Théodule, rue de la Liberté, Cayenne, Guyane française.
Lebœuf, préfet.

Leborgne (loge d'Issy, Seine).
Leborgne (loge de Boulogne-sur-Mer).
Le Boucher, directeur de la Colonie, Nouméa, Nouvelle-Calédonie.
Le Boucher, directeur de l'Intérieur, Saint-Denis, île de la Réunion.
Leboulanger (loge de la Ciotat, Bouches-du-Rhône).
Lebourgeois (loge du Havre).
Lebout, conducteur des ponts et chaussées, rue de Passy, 55, Paris.
Lebouteiller, capitaine de navire (loge de Fécamp, Seine-Inférieure).
Lebouthilier (loge de Toulon).
Le Boutteux, Florimond (loge de Chambéry).
Lebras, Nouméa, Nouvelle-Calédonie.
Lebreton (loge de Constantine, Algérie).
Lebrun, fabricant de lunettes, rue du Temple, 121, Paris.
Lebrun, Alfred, maire d'Evecquemont, Seine-et-Oise.
Lecadre, docteur-médecin (loge du Havre).
Lecadre, oncle (loge du Havre).
Lecat, Pierre-Benoist, droguiste, quai Duquesne, 56, Dieppe.
Lecaudé (loge de Rouen).
Lecesne, propriétaire (loge de Vincennes, Seine).
Lech, Etienne (loge de Perpignan).
Lechanet (loge de Dijon).
Lechaut (loge du Havre).
Lechêne (loge de Lorient).
Lechêne (loge de Pacy-sur-Eure, Eure).
Lechevallier, conducteur de travaux, El-Kantara, Egypte.
Leclaire, A. (loge de Nancy).
Leclerc, ancien propriétaire-éditeur de la *Chaîne d'Union, journal de la Maçonnerie Universelle.*
Leclerc, menuisier, rue Lemercier, 49, Paris.
Leclerc, brigadier d'octroi, Beauvais.
Leclerc, Célestin-Aimable, ex-adjudant, Albertville, Savoie.
Leclerc, Henri, Port-au-Prince, Haïti.
Leclerc, Prosper (loge de Levallois-Perret, Seine).
Leclerc, T. (loge du Havre).
Lecocq, rue de la Chaussée, Argenteuil, Seine-et-Oise.
Lecocquière (loge de Paris).
Lecointe, Jules (loge de Paris).
Lécolier, Paris.
Lecomte (Boulogne-sur-Mer).
Lecomte, capitaine-trésorier au 11e chasseurs à cheval, Vesoul.
Lecomte, A. (loge du Havre).
Lecomte, A. (loge de Dunkerque).

Lecomte, Louis, négociant, rue du Grenier-Saint-Lazare, 26, Paris.
Leconte, employé, rue de Calais, 50, Paris.
Leconte, entrepreneur de chemin de fer, rue Caroline, 18, Paris.
Leconte, fruitier, rue de Rennes, Paris.
Leconte, Arsène, négociant, Bernay, Eure.
Lecoq rentier, rue de Flandre, 75, Paris.
Lecoq, avocat, Amiens.
Lecoq, horloger (loge de Cherbourg).
Lécot, conseiller municipal, Nevers.
Lécot, Louis-Honoré, Agence agricole, Margny, Oise.
Lecoud, Constantinople, Turquie.
Lecrère (loge de Paris).
Lecreux (loge de Paris).
Lecroq (loge de Rouen).
Lecudennec, Port-Louis, île Maurice.
Lecul (loge de Paris).
Lécureur, A. (loge du Havre).
Ledanseur (loge de Paris).
Ledard, conseiller municipal de Trouville, Calvados.
Ledé, docteur (loge de Paris).
Ledoux (loge de Courbevoie, Seine).
Ledru, Louis, avenue de Diane, au Parc Saint-Maur, Seine.
Leduc, (loge de Paris).
Leduc, professeur à l'Ecole de médecine de Nantes.
Leduc, Neuilly-Plaisance, Seine-et-Oise.
Leduc, J.-B., limonadier, Besançon.
Lefant, représentant de commerce, rue d'Aboukir, 5, Paris.
Lefebvre, Montreuil, Seine.
Lefebvre (loge d'Angers).
Lefebvre, Périgueux.
Lefebvre de Verville.
Lefèvre, mécanicien, impasse Rébeval, 17, Paris.
Lefèvre, A., Buenos-Ayres, République Argentine.
Lefèvre, Alphonse, comptable, Besançon.
Lefèvre, Florent-Joseph, repousseur, Bornel, Oise.
Lefèvre, Jules, mécanicien, rue de Meaux, 28, Paris.
Le Fèvre, Arduser (loge de Cognac, Charente).
Lefol (loge de Saïgon, Cochinchine française.)
Lefoll, Saint-Louis, Sénégal.
Le Fort, ancien représentant (loge de Paris).
Lefranc, employé, rue de Grenelle, 116, Paris.
Légal Casimir, mécanicien au chemin de fer (loge d'Alais, Gard.)
Legalland (loge de Rochefort).
Legalland (loge de Libourne, Gironde).
Legat (loge de Paris).

Legault, Léon, journaliste, rue du Château, 11, Sablonville.
Legay, quincaillier, Corbeil, Seine-et-Oise.
Legénisel (loge de Paris).
Léger, rue Jean-Jacques-Rousseau, 25, Paris.
Léger, agent de publicité, passage de l'Industrie, 17, Paris.
Léger, rentier, Saint-Michel-sur-Charente.
Léger, Julien, négociant, rue de Vanves, 97, Paris.
Legerot, docteur-médecin, professeur à la Faculté d'Alger.
Legrand (loge de Saint-Ouen, Seine).
Legrand, A., passage Sainte-Marie, 18, Paris.
Legrand, Ant., Meulan, Seine-et-Oise.
Legrand, Louis, décorateur sur porcelaine, rue Chinchauvoir, 38, Limoges.
Legrand, Paul, artiste mime (loge de Paris).
Legras, chemisier, rue Lafayette 81, Paris.
Legras, pharmacien, rue du Faubourg-Saint-Denis, 222, Paris.
Legras (loge de Clichy, Seine).
Legraverand, Georges (loge de Paris).
Legret (loge de Pontoise, Seine-et-Oise).
Legris, père, imprimeur, rue Simon-le-Franc, 7, Paris.
Legris, fils, imprimeur, rue de Clignancourt, 64, Paris.
Legros (loge de Bordeaux).
Legros, J., rue Le Peletier, 9, Paris.
Legros, Jules, voyageur de commerce (loge de Paris).
Legros, S. (loge de Paris).
Leguenne, Buenos-Ayres, République Argentine.
Leguillier, Ernest (loge de Paris).
Lehoc (loge de Trouville, Calvados).
Lehrner, A.-Edouard.
Lehuidoux, jardinier, jardin Bossuet, Neuilly, Seine.
Lejeune, briquetier, rue de Belleville, 4, Paris.
Lejeune, fils, rue de la Folie-Méricourt, 15, Paris.
Leleu, Edmond, négociant, Lille.
Lelomne (loge de Paris).
Leloutre, Buenos-Ayres, République Argentine.
Lelugre (loge de La Fère, Aisne).
Lemaire, La Basse-Terre, Guadeloupe.
Lemaire, fils, doreur sur bois et encadreur, rue Saint-Dominique, 76, Paris.
Lemaire, Auguste (loge de Boulogne-sur-Mer).
Lemaire, Lizis, Port-Louis, île Maurice.
Lemaître, spécialité de café, rue de Flandre, 149, Paris.
Lemaître, Louis-Edouard, décorateur sur métaux (loge de Paris).
Lemarchand, Charles-Eugène-Emile (loge de Paris).
Lemarchand, Georges-Paul (loge de Paris).

Lemarchand, Pierre-Marie, capitaine de cabotage (loge de Dunkerque).
Lemarec (loge de Lorient).
Lemaréchal, ex-régisseur de biens (loge du Havre).
Lemaréchal, Emile, négociant, avenue du Port-Saint-Ouen, Saint-Ouen, Seine.
Lemaria, François, sous-officier au 4e d'artillerie, Besançon.
Lemarié, employé, rue des Francs-Bourgeois, 31, Paris.
Le Martinet (loge de Rouen).
Lemasson, Joseph, professeur, Saint-Junien, Haute-Vienne.
Le Masurier, rue Pergolèse, 3, Paris.
Lemazurier, adjoint au maire de Trouville, Calvados.
Lemeille, père, Fécamp, Seine-Inférieure.
Lemeille, Georges, fils (loge de Fécamp, Seine-Inférieure.)
Lemelle (loge de Paris).
Le Mescam, négociant, Nouméa, Nouvelle-Calédonie.
Lemesle (loge d'Angers).
Le Métayer, Ferdinand, lapidaire, rue du Temple, 79, Paris.
Lemeunier (loge de Bordeaux).
Lemoal (loge de Saint-Ouen).
Lemoigne, directeur du Théâtre des Arts, Rouen.
Lemoine (loge de Paris).
Lemoisson, ex-capitaine au 46e de ligne, Laon.
Lemonnier, chef de train, rue de Constantine, 4, Paris.
Lemoussu, père, marchand de vins, rue Saint-Maur, 225, Paris.
Lemoussu, fils, marchand de vins, même adresse que ci-dessus.
Lempereur (loge de Paris).
Lenée (loge de Saint-Ouen, Seine).
Leneveu (loge de Boulogne-sur-Mer).
Leneveu Charles, (loge de Versailles).
Leneveu, Georges (loge de Versailles).
Lenhardt, Charles-François, horloger, Besançon.
Lennier, conservateur du Musée et créateur de l'Aquarium du Havre.
Lenoir (loge de Joigny, Yonne).
Lenoir, J., rue Richelieu, 32, Paris.
Lenormand, employé de chemin de fer, rue de La Rochefoucauld, 39, Montrouge, Seine.
Lenz (loge de Paris).
Léon (loge d'Orléans).
Léon Carpentras, Vaucluse).
Léon, Alexandre, aux Cayes, Haïti.
Léonarch, rue du Chemin-Vert, 79, Paris.
Léonard, docteur médecin.
Léoni, Pascal, adjoint au maire de Tizy-Ouzou, Algérie.

Léopold, marchand de vins, boulevard Saint-Michel, 139, Paris.
Léopold (loge de Dunkerque).
Léor, Léon (loge d'Orléans).
Lepachet, E., Buenos-Ayres, République Argentine.
Lepage (loge de Paris).
Lepage (loge de Bar-le-Duc).
Le Pâtre, métreur, rue Pujol, 39, Paris.
Lepaute (loge de Vincennes, Seine).
Lepeletier, Eugène, père, négociant (loge de Nice).
Lepeltier, Eugène, fils (loge de Nice).
Le Pesqueur, banquier, Cherbourg.
Lepet, Charles, maître-fondeur, rue de l'Argonne, 14, Paris.
Lepet, Edouard, maître-fondeur, rue de l'Argonne, 14, Paris.
Lepet, François, maître-fondeur, rue de l'Argonne, 14, Paris.
Lepet, Léon, maître-fondeur, rue de l'Argonne, 14. Paris.
Lepiez (loge de Saint-Germain-en-Laye, Seine-et-Oise).
Lépine, employé, chaussée du Maine, 18, Paris.
Lépine (loge de Saint-Germain-en-Laye, Seine-et-Oise).
Lépingle (loge de Rouen).
Lepouzé, fils, coiffeur, Pacy-sur-Eure, Eure.
Lepouzé-Frémont, conseiller municipal, conseiller d'arrondissement, maire de Pacy-sur-Eure, Eure.
Leprestre, employé, rue du Havre, 8, Paris.
Leprêtre (loge de Boulogne-sur-Mer).
Lequerri, Paul-François-Marie, bijoutier (loge de Brest).
Le Quesne (loge de Dunkerque).
Lequesne, Albert (loge de Paris).
Lequeu (loge de Vernon, Eure).
Lequeux (loge de Paris).
Leralle (loge d'Orléans).
Lercari, H , Marseille.
Lerebours, Saint-Hilaire, Port-au-Prince, Haïti.
Leriche, rue du Faubourg-Saint-Antoine, 150, Paris.
Leriche, Aristide (loge de Nice).
Lerme (loge de Vienne, Isère).
Leroudier (loge de Paris).
Lerousseau, charpentier, rue de Bercy, 38, Paris.
Le Rouvillois, Omonville-la-Rogue, Manche.
Leroux, A.-A., au Havre.
Leroux, Charles-Alexandre, rue de Cîteaux, 34, Paris.
Leroux, Pierre, publiciste, économiste, député.
Leroy, tonnelier, rue de la Harpe, 33, Paris.
Leroy, Périgueux.
Leroy (loge de Toulouse).
Leroy, E , Marmande, Lot-et-Garonne.
Leroy, J. (loge de Saint-Denis, Seine).

Leroy, Louis, marchand de vins, rue des Filles-du-Calvaire, 6, Paris.
Leroy d'Etioles, docteur-médecin (loge de Trouville, Calvados).
Le Roy, Saint-Denis, île de la Réunion.
Le Roy, Albert, professeur de rhétorique au Lycée de Versailles, ancien adjoint au maire du VIe arrondissement de Paris.
Le Roy de Gomberville (loge de Chaumont).
Lerté, H. (loge de Valparaiso, Chili).
Lesage, rue Nollet, 28, Paris.
Lesage (loge d'Orléans).
Lesage, Grande-Rue, Linas, près Montlhéry, Seine-et-Oise.
Lesage, H., ferblantier, rue Saint-Nicolas, 15, Paris.
Lesage, Maximilien, docteur-médecin, Beauvais.
Leschot, Léon, horloger, Besançon.
Lescure, receveur, Dun-le-Palleteau, Creuse.
Lescuyer (loge de Pacy-sur-Eure, Eure).
Leseigneur (loge du Havre).
Leser, Paul, président de l'Union française de la Jeunesse (loge de Paris).
Lesieur, boulevard Morland, 7, Paris.
Lesigne (loge de Paris).
Lesnier, Saint-Denis, île de la Réunion.
Lespargot, boulevard Diderot, 64, Paris.
Lespérance, D., l'Anse-à-Veau, Haïti.
Lespinasse, Barnave, Port-au-Prince, Haïti.
Lespinasse, Eugène, Port-au-Prince, Haïti.
* Lespinasse, H., associé de la Société maritime et commerciale de Paris, *la Flotte parisienne*.
* Lespinats, Frédéric-Alexandre, commandant supérieur des batteries d'artillerie détachées dans la province d'Oran, Algérie.
Lesquereux, maître d'hôtel (loge de Paris).
Lesté, H., Valparaiso, Chili.
Letanneur (loge de Levallois-Perret, Seine).
Letelier, ingénieur civil (loge de Paris).
Letellier, Alfred (loge du Havre).
Letellier, Alphonse, rue de l'Odéon, 5, Paris.
Letellier, Auguste, ancien négociant, administrateur du Bureau de bienfaisance, délégué cantonal et membre de la Caisse des Ecoles du 1er arrondissement de Paris.
Letellier, J.-J., Port-Louis, île Maurice.
Letermelier, Auguste, conducteur de travaux, rue de Reuilly 55, Paris.
Letessier (loge du Havre).
Leteuil (loge de Neuilly, Seine).

Lethorel, architecte, rue d'Assas, 132, Paris.
Letierce (loge de Laon).
Létoffé, employé, rue du Temple, 77, Paris.
Letondot, Gabriel, fabricant de boutons, rue Saint-Martin, 176, Paris.
Létourneau, docteur-médecin (loge de Paris).
Letourneur, Anatole, marchand d'horlogerie, rue de Montreuil, 91, Paris.
Letrait (loge de Toulouse).
Létrillard (loge de Paris).
Lettry (loge de Lorient).
Leullier, Pierre-Antoine, rue du Gaz, 62, Paris.
Levailt, F. (loge de Perpignan).
Levasseur (loge de Laon).
Levasseur, Jules, Paris.
Levat (loge de Marseille).
Levaux (loge de Paris).
Levasseur, négociant lampiste, rue de Montmorency, 18, Paris.
Levé (loge de Rouen).
Levecq, graveur, rue de Popincourt, 90, Paris.
Leveillé, huissier, aux Cayes, Haïti.
Leveillé, Jules, professeur de droit criminel à la Faculté de Paris.
Lévêque, rue Bachelet, 4, *bis*, Paris.
Lévêque, débitant de tabacs, avenue de Clichy, 138, Paris.
Lévêque, lithographe, avenue de Clichy, 138, Paris.
Levert-Trouvé, négociant, Saint-Julien-du-Sault, Yonne.
Levey, Michel (loge de Paris).
Levicomte (loge de Saint-Denis, Seine).
Levraud (loge de Nouméa, Nouvelle-Calédonie).
Lévy, Gentilly, Seine.
Lévy (loge de Marseille).
Lévy (loge d'Amiens).
Lévy (loge de Saint-Sorlin, Ain).
Lévy, Benoît-Michel, avocat, rue Cloche-Perce, 14, Paris.
Lévy, David, négociant (loge de Nevers).
Lévy, Edmond-Benoît (loge de Paris).
Lévy, G.-J., fabricant de bronzes, rue de Sévigné, 29, Paris.
Levy, Hermann (loge de Paris).
Lévy, Isaac, grand rabbin.
Lévy, Maurice, chapelier, boulevard Saint-Martin, 67, Paris.
Lévy, Mayer (loge de Paris(.
Lévy, Moïse, dit Myrtilli, représentant de commerce, impasse de la Planchette, rue Saint-Martin, 326, Paris.
Lévy, Nathan, avenue d'Italie, 55, Paris.
Levy, Samuel, rue du Faubourg-Montmartre, 10, Paris.

Leymarie (loge de Paris).
Lézé, (loge de Paris).
• Lezeret de Lamaurinie, avocat, chef de bureau retraité de la Préfecture de police, président de la Société des Sauveteurs de France, propriétaire, rue Monsieur-le-Prince, 60, Paris.
Lhérault, marchand tailleur, rue Richelieu, 29, Paris.
Lherminier, Nicolas-Eugène, marchand de vins, rue Pigale, 63, Paris.
Leymarie (loge de Saint-Maur, Seine).
Lherbette, menuisier, Brive, Corrèze.
Lhireux (loge de Boulogne-sur-Mer).
Lhomer, marchand tailleur, rue Richelieu, 29, Paris.
Lhomme (loge d'Amiens.
Lhopital (loge de Paris).
L'Hotel, Lucien (loge de Paris).
Lhuillier, Eugène, entrepreneur (loge de Bordeaux).
Liaudy, Antoine, négociant, La Rochette, Savoie.
Liauthaud, Elie, Port-au-Prince, Haïti.
Libault, rue Saint-Honoré, 47, Paris.
Libault (loge de Limoges).
Liberge, coffretier, rue Beaubourg, 36, Paris.
Libioulle (loge de Paris).
Liboire, Estève, Perpignan.
Libron, Auguste, receveur buraliste (loge d'Alais, Gard).
Lichy, Orléans.
Lichy, artiste peintre (loge de Bordeaux).
Liébaert (loge de Lille).
Lieberls, Alexandre, docteur-médecin, Galatz, Roumanie.
Liébert, photographe, rue Saint-Lazare, 25, Paris.
Liebschutz, négociant, rue de Turenne, 53, Paris.
Liégeois (loge de Versailles).
Liénard (loge d'Issy, Seine).
Liénard, A. (loge de Libourne, Gironde).
Liénart, Henri, employé de chemin de fer, rue Mornay, 4, Paris.
Liganschenek (loge de Paris).
Ligonnet, Givors, Rhône.
Lille (de), Oscar-Albert, négociant, conseiller municipal, vice-président de la Commission administrative du Bureau de bienfaisance, Rosendaël-lès-Dunkerque, Pas-de-Calais.
Lilliers (de), éditeur, Paris.
Limau, Ch., constructeur de machines agricoles (loge de Fécamp, Seine-Inférieure).
Limonon, Martigues, Bouches-du-Rhône.
Limousin, Ch., rédacteur à la *France* (loge de Neuilly, Seine).
Linard, père, Belfort.

Linard, Alexandre, fils (loge de Belfort).
Linard, Lucien, fils (loge de Belfort).
Linget (loge de Paris).
Lion, professeur libre, avenue du Roule, 11 et 13, Neuilly, Seine.
Lion (loge d'Orléans).
Lioret, horticulteur, Neuilly-Plaisance, Seine-et-Oise.
Lippacher, géomètre, (loge de Bougie, Algérie).
Lirant (loge de Paris).
Lisotty, artiste lyrique.
Littaut, Lyon.
Liverani, rue Jean-Jacques-Rousseau, 41, Paris.
Lobis (loge de Nantes).
Lobit, Jean-Joseph-Auguste, médecin-major de 2e classe, Belle-Isle-en-Mer, Morbihan.
Lochard, Paul, Port-au-Prince, Haïti.
Lochet (loge de Paris).
Loeb, dit Lion (loge de Clichy, Seine).
Loeb, fils (loge de Clichy, Seine).
Lœnings (loge de Paris).
Loenvensohn (loge de Paris).
Logeat, Joseph, boulanger, rue Saint-Martin, 20, Paris.
Logerot (loge d'Issy, Seine).
* Loiseau, docteur-médecin, conseiller-municipal de Paris, conseiller général de la Seine
Lombard, bijoutier, rue Saint-Martin, 318, Paris.
Lombart (loge d'Orléans).
Lombart, Germain, propriétaire, Bazet, Hautes-Pyrénées.
Loméli, A.-Y., Saint-Thomas, Antilles danoises.
Lomon, artiste lyrique (loge de Paris).
Lonati, artiste de l'Opéra de Paris.
Lonchamps, Eugène, tailleur, Besançon.
Lonfroy (loge de Saint-Germain-en-Laye, Seine-et-Oise).
Long (loge de Toulon).
Longaud, chef d'institution, Ribérac, Dordogne.
Longchamp, père, Laon.
Longchamp, Eugène, fils (loge de Laon).
Longchamp, Paul, fils (loge de Laon).
Longchampt, fils (loge de Paris)
Longeon, fabricant de draperie (loge de Lisieux, Calvados).
Longepied, adjoint au maire de Port-Marly, Seine-et-Oise.
Longuet-Gally (loge de Rouen).
Longuet-Galytz, Paris.
Lorain, docteur-médecin.
Lorbert (loge de Neufchâteau, Vosges).
Loret, Auguste, opticien, rue Mignon, 5, Paris.
Lorimy, Toulouse.

Lormant (loge de Bordeaux).
Lorquet, P., en Haïti.
Lorrain, artiste de l'Opéra de Paris.
Lotz, G. (loge de Lille).
Loubatières, Corbeil, Seine-et-Oise.
Loubet, G., Rio-Janeiro, Brésil.
Loubet, G.-B., Buenos-Ayres, République Argentine.
Loubet, Jean-Edouard, rue Fondary, 40 Paris.
Loucelles (de), rue du Grand-Prieuré, 11, Paris.
Loucelles (de) H., avenue de Paris, 7, Rueil, Seine-et-Oise.
Louchamp, rue des Lavandières-Sainte-Opportune, 10, Paris.
Loude, Claude (loge de Lyon).
Louguinine (loge de Paris)
Louis, rue Vaneau, 72, Paris.
Louit, M., Buenos-Ayres, République Argentine.
Lourdelet (loge de Paris).
Lourdet, Bordeaux.
Lourteig, Pierre, Buenos-Ayres, République Argentine.
Lourties, sénateur des Landes.
Loustau, Saïgon, Cochinchine française.
Loutier, Toulon.
Louveau (loge de Paris).
Louvel (loge de Paris).
Louvet (loge de Paris).
Louvet, Gentilly, Seine.
Louvin (loge du Pecq, Seine-et-Oise).
Lovelace, Saint-Domingue, Haïti.
Lovy, L. (loge de Nevers).
Lowenthal, pianiste-accompagnateur.
Loye, Jules, contre-maitre, Charenton, Seine.
Loys, docteur-médecin (loge de Lille).
Lozé, préfet de police.
Lozes (loge de Toulouse).
Lozes (loge de Saïgon, Cochinchine française).
Lozes, Bernard, Bordeaux.
Lubin, Léonce, aux Cayes, Haïti.
Lubomirski (loge de Paris).
Luc, Armand, en Algérie.
Lucas, Baptiste, parfumeur, place Dauphine, Limoges.
Lucas, Georges (loge de Limoges).
Lucet, Louis-H., distillateur, Besançon.
Luchet, Auguste, homme de lettres, rue de Turenne, 97, Paris.
Lucien, Edouard, employé, rue Louis-Graves, 17, Beauvais.
Lucipia (loge de Paris).
Lucotte, employé, rue Jacques-Cœur, 24, Paris.
Lugagne (loge de Pantin, Seine).

Luigini, J., ex-chef d'orchestre du Théâtre Italien (loge de Neuilly-Plaisance, Seine-et-Oise).
Luling, passementier, rue des Récollets, 13, Paris.
Lumière, Louis (loge de Lyon).
Lunot (loge de Meulan, Seine-et-Oise).
Lyant (loge de Lyon).
Lyard (loge de Cette, Hérault).
Lyon, Joseph, négociant, secrétaire-adjoint de la Chambre de commerce d'Alger, teneur de livres et expert près les tribunaux, rue de la Lyre, Alger.

M

* Mabilleau, professeur de philosophie à la Faculté des lettres, adjoint au maire de Toulouse.
Mabon, adjudant au 74e de ligne (loge de Paris).
Macabiès (loge de Béziers, Hérault).
Mac-Adaras, général de brigade de la Défense nationale (loge de Paris).
Macadret, maçon, rue de Longchamp, 4, Paris.
Macé (loge de Clichy, Seine).
Machabey, Xavier-G., conducteur des ponts et chaussées, Besançon.
Machetto, Dominique, entrepreneur, Sainte-Hélène-des-Millières, Savoie.
Machetto, Jacques, plâtrier, Albertville, Savoie.
Maçon (loge de Clichy, Seine).
Machet (loge de Paris).
Madelaine, Johannès, journaliste, Angers.
Madrigal, Ant.-D., Port-au-Prince, Haïti.
Maetinet, Jean-Baptiste (loge de Paris).
Magagnose, Cannes, Alpes-Maritimes.
Magès, E., rentier (loge de Paris).
Magliulo, Bône, Algérie.
Magnac, Edmond, conducteur des ponts et chaussées, avenue Médicis, au Parc-Saint-Maur, Seine.
Magnan (loge de Lyon).
Magnan, Antoine (loge de Perpignan).
Magnan, Henri, Paris.
Magnan, Henri, au Havre.
Magnat, docteur-médecin, attaché à l'Etablissement des Sourds-Muets de Rueil Seine-et-Oise.

Magneur (loge de Soissons, Aisne).
Magniant, rentier, Flecourt, par Péronne, Somme.
Magnien, gantier, rue Saint-Martin, 300, Paris.
Magnier, marchand de denrées, rue d'Aubervilliers, 26, Paris.
Magnin (loge d'Orléans).
Magnin, Antoine, professeur à la Faculté des sciences, Besançon.
Magnin, Baptiste, négociant, Montmélian, Savoie.
Magnoac, Armand-Maurice, notaire, Aventignan, Hautes-Pyrénées.
Magnye (loge de Clichy, Seine).
Magot (loge de Paris).
Magu, architecte, rue Chapon, 8, Meaux, Seine-et-Marne.
Maguenet Auguste, limonadier, Besançon.
Maguin (loge de Paris).
Mahiet (loge de Boulogne, Seine).
Mahmadou-Racine, capitaine aux tirailleurs sénégalais (loge de Saint-Louis, Sénégal).
Mahotière (de), J.-Robert (loge de Valparaiso, Chili).
Maiewski (loge de Paris)
Maigne, E (loge de Londres, Angleterre).
Maigrot, Auguste, négociant, Besançon.
Mailho, Bertrand, instituteur, Poumarous, Hautes-Pyrénées
Maillard, François, agent d'assurances, rue Doudeauville, 4 Paris.
Maillard, Michel (loge de Paris).
Maillé (loge de Paris).
Maillet, rue Bossuet, 25, Paris.
Maillet, chemisier, rue Clauzel, 6, Paris.
Maillet, rue des Martyrs, 18, Paris.
Maillet, avenue Beau-Séjour, au Parc Saint-Maur, Seine.
Maillet, J., Paris.
Maillet, Louis-Alexandre (loge de Vincennes, Seine).
Maillet-Guy, négociant, Besançon.
Mailloco (loge de Saintes, Charente-Inférieure).
Main, Alcide (loge de Niort).
Mainard (loge de Forge-les-Eaux, Seine-Inférieure).
Mainfroid (loge de Lille).
Mainguy (loge de Paris).
Maire, rue Houdon, 18, Paris.
Maire (loge d'Issy, Seine).
Maire, Charles Aristide, chef de gare, Cruet, Savoie.
Mairet-Fontaine (loge de Dijon).
Mairin, Louis-G., Toultscha, Roumanie.
Mairot (loge de Gray, Haute-Saône).
Mairot, Etienne, horloger, Besançon.

Maison (loge de Paris).
Maison, Lésigny, Seine-et-Marne.
Maisonobe, employé au gaz, rue Morand, 27, Paris.
Maistre, A., Buenos-Ayres, République Argentine.
Maithey. Saint-Pierre, Martinique.
Maître, Alexandre, capitaine des sapeurs-pompiers, Oran, Algérie.
Majoric, employé de chemin de fer, Guise, Aisne.
Malapert, avocat à la Cour d'appel de Paris, boulevard de Magenta, 52, Paris.
Malardier, Pierre. professeur, rue des Martyrs, 46, Paris.
Malécot (loge de Paris).
Malet (loge de Montpellier).
Malet (loge de Toulouse).
Malherbe, Louis, peintre, rue de Clignancourt, 9, Paris.
Malitte, Léon, tailleur, place de la République, Limoges.
Mallarbraut, mécanicien, boulevard de Grenelle, 135, Paris.
Mallet, tailleur, rue Saint-Denis, 101 Paris.
Mallet, père, Montrouge, Seine.
Mallet, Gustave, docteur-médecin.
Mallet, Jean-Pierre, peintre-décorateur, Port-Louis, Ile Maurice.
Mallet, Léon-Jules, fils (loge de Montrouge, Seine).
Mallet, Louis (loge de Londres, Angleterre).
Malleville (loge de Gaillac, Tarn).
Maloucaze, Montevideo, Uruguay.
Mamelle, rue des Gardes, 49, Bellevue, Seine-et-Oise.
Mamès, Neuilly, Seine.
Mamoz, D. (loge d'Angoulême).
Mamprin, Giacomo (loge de Bordeaux).
Manan, Toulouse.
Manceau, premier adjoint au maire de Beaumont, Seine-et-Oise.
Mancuit (loge de Paris).
Mandé (loge de Lyon).
Mandelbaum, Gabriel, négociant, Jassy, Moldavie.
Mandement, Louis, entrepreneur, Besançon.
Mandinaud, Edmond-Edouar-Charles, fils, négociant en vins, Ruffec, Charente.
Mandrillon (loge de Saint-Claude, Jura).
Manégat, Rhaphaël, auditeur de première classe au Conseil d'Etat.
Manet (loge de Lyon).
Manevy, Pierre, marbrier, rue d'Hautpoul, 41, Paris.
Mangin, François, tailleur de limes, rue Traversière, 35, Paris.
Manguin (loge de Bordeaux).

Manicardi (loge de Paris).
Manier, adjoint du génie, Tunis, Tunisie.
Manipoud, François-Marie, propriétaire, Coise, Savoie.
Manot-Sarrat, P., Rio-Janeiro, Brésil.
Manoury, artiste de l'Opéra de Paris.
Mapourné, Saint-Pierre, Martinique.
Maquaire, rue Blainville, 11, Paris.
Maquin (loge d'Orléans).
* Marabouty ou Marbouty, Guillaume, négociant, maire, Lubersac, Corrèze.
Marais, conseiller municipal de Paris, conseiller général de la Seine.
Marais, professeur libre, rue Saint-Jacques, 241, Paris.
Marand, J.-B., employé de commerce, place Sainte-Rochesse, 2, Limoges.
Marand, Louis (loge de Limoges).
Marbain, Jean-Baptiste, rentier, Besançon.
Marc (loge de Rouen).
Marc, Pierre-Noël, entrepreneur de travaux publics, maire d'Andresy, Seine-et-Oise.
Marc-Ennery, professeur d'anglais (loge de Paris).
Marcelis (loge de Paris).
Marchais, Alfred (loge de Limoges).
Marchais, Jules (loge de Limoges).
Marchal (loge de Honfleur).
Marchal, Claude-Louis, entrepreneur, Besançon.
Marchand, artiste lyrique.
Marchand, émailleur, rue Jean-Jacques-Rousseau, 72, Paris.
* Marchand, notaire, conseiller général pour le canton de Chambéry-Nord, Savoie.
Marchand, architecte de la ville de Nantes.
Marchand (loge d'Orléans).
Marchand (loge de Constantine, Algérie).
Marchand, Adrien, sous-chef de section au Chemim de fer de l'Etat, Bellac, Haute-Vienne.
Marchand, Auguste, cordonnier, rue de Beaune, 31, Paris.
Marchand, Gustave, fabricant de boutons, Andeville, par Méru, Oise.
Marchand, Jules-François, mécanicien au chemin de fer, Tarbes.
Marchand, Polype (loge de Constantinople, Turquie).
Marchand, Remy, Saintes, Charente-Inférieure.
Marchive (loge de Paris).
Marchoux, A., artiste lyrique.
Marciau, Louis (loge de Paris).
Marciau, Victor (loge de Paris).
Marcilès (loge de Cayenne, Guyane française).

Marcillon (loge de Lille).
Marcotta (loge de Tunis, Tunisie).
Marcou, Achille, huissier, Grenoble.
Marcus (loge de Philippeville, Algérie).
Maréchal, rue de Bretagne, 27, Paris.
Maréchal, Cyprien, menuisier, rue du Grenier-Saint-Lazare, 6, Paris.
Maréchal, Ed., docteur-médecin, Besançon.
Maréchal, Marius-Jean, agent d'assurances, Tarbes.
Mareilles, négociant (loge de Paris).
Maret (loge de Voiron, Isère).
Maret, Julien-Ernest (loge de Saint-Germain-en-Laye, Seine-et-Oise).
Margayant (loge de Lyon).
Margoet (de), Toulouse.
Margouty, Emmanuel, pharmacien, rue de Bègles, 64, Bordeaux.
Marguerit, A. (loge de Dunkerque).
Marguin (loge de Paris).
Marguin, Louis-Eugène, marchand de charbons, rue de Paris, 295, Montreuil-sous-Bois, Seine.
Maria, Rueil, Seine-et-Oise.
Marianvalle (loge de Paris).
Marical, au Havre.
Maricot, Montevideo, Uruguay.
Marie (loge de Marseille).
Marie, Auguste, député, commissaire du Gouvernement provisoire de 1848, colonel de la garde nationale de Caen (1870-71).
Marie, Henry (loge de Nevers).
Marie, Louis, Meulan, Seine-et-Oise.
Marie, V. (loge du Havre).
Marigné, Martial (loge de Saint-Germain-en-Laye, Seine-et-Oise).
Marigué, comptable, à la Tronché, Grenoble.
Mariotte, E. (loge de Paris).
Maritius (loge de Vincennes, Seine).
Markès, Benjamin, commis comptable à l'église américaine (loge de Levallois-Perret, Seine).
Markus (loge de Paris).
Marlin (loge de Paris).
Marmayou, P. (loge de Perpignan).
Marmet, épicier, Besançon.
Marmet, Joseph, père, courtier en vins, rue de la Lancette, 4, Paris.
Marmet, Pierre, fils, tonnelier, rue de la Lancette, 4, Paris.
Marmonnier, huissier, Grenoble.

Maron, E., Saint-QuentAisne.
Marque, Rueil, Seine-et-Oise.
Marquer, E., lieutenant de vaisseau (loge de Saïgon, Cochinchine française).
Marquet (loge de Lorient).
Marquette, père, Belfort.
Marquette, Lucien, fils (loge de Belfort).
Marquiand, Alphonse, comptable, Grenoble.
Marquiand, Henri, ébéniste, Grenoble.
Marquin (loge de Paris).
• Marquis, Auguste, précédemment au Lude, aujourd'hui à Sablé, — a démissionné depuis longtemps.
Marquis, Constant, marchand de vins, Besançon.
Mars, La Pointe-à Pitre, Guadeloupe.
Marsac, Paul (loge de Levallois-Perret, Seine).
Marsais, Saintes, Charente-Inférieure.
Marsan, Alfred-Aimé, capitaine en retraite, rue Garibaldi, Lyon.
Marsat, capitaine d'artillerie de marine (loge de Nouméa, Nouvelle-Calédonie).
Marsat, Eugène, tonnelier (loge de Cognac, Charente).
Marsaud, Henri (loge de Paris).
Marsy, secrétaire de la Ligue française de l'Enseignement, rue Saint-Honoré, 175, Paris.
Marsy, Neuilly, Seine.
Marteau, A., Nouméa, Nouvelle-Calédonie.
Marthey, Saint-Pierre, Martinique.
Martin, avenue de Friedland, 2, Paris.
Martin, cartonnier, rue Notre-Dame-de-Nazareth, 13, Paris.
Martin, comptable, rue de Rennes, 58, Paris.
Martin, conducteur des ponts et chaussées, rue de Boulainvilliers, 3, Paris.
Martin, graveur, rue de Rambuteau, 57, Paris.
Martin, peintre, rue du Faubourg-Saint-Antoine, 159, Paris.
Martin (loge de Marseille).
Martin, Bordeaux.
Martin (loge de Rouen).
Martin (loge d'Epinal).
Martin, professeur de rhétorique (loge de Bar-le-Duc).
Martin (loge de Saint-Germain-en-Laye, Seine-et-Oise).
Martin (loge de Saïgon, Cochinchine française).
Martin, Charles, voyageur, ancienne route d'Aix, 44, Limoges.
Martin, Edouard (loge de Vincennes, Seine).
Martin, Emile (loge de Paris).
Martin, Isodore-Louis (loge de Paris).
Martin, Jean-Louis, rue du Faubourg-Saint-Antoine, 170, Paris.

Martin, Louis-Joseph-Camille (loge de Paris).
Martin, Rémond, charron, avenue d'Italie, 74, Paris.
Martin, René, marchand boucher, rue Dauphine, 38, Paris.
Martinaux, Saïgon, Cochinchine française.
Martineau (loge de Niort).
Martinet (loge de Paris).
Martinet, aux Petits-Ménages, Issy, Seine.
Marugg (loge de Paris).
Marx, Abraham (loge de Nice)
Marx-Lang (loge de Nice).
Mary, serrurier, rue de Charenton, 248, Paris.
Mary, La Pointe-à-Pitre, Guadeloupe.
Mary, Louis, serrurier, rue des Carrières, 66, Charenton, Seine.
Masquilliez, rue Thorigny, 13, Paris.
Mass, G., négociant.
Massac, Londres, Angleterre.
Massaloup, médecin en chef, Perpignan.
Massanet (loge de Perpignan).
Masséna, S., Jacmel, Haïti.
Massénat, Elie, fabricant de papiers, maire de Mallemort, Corrèze.
Masseron, voyageur de commerce, Bordeaux.
Masseron ou Masserot (loge de Neuilly-Plaisance, Seine-et-Oise).
Massi, Lyon.
Massieu, aîné, aux Cayes, Haïti.
Massieux (loge de Paris).
Massin (loge de Levallois-Perret, Seine).
Massip, Saint-Louis, Sénégal.
Massip, F., libraire, Toulouse.
Masson, tailleur, rue de l'Hôtel-de-Ville, 54, Paris.
Masson (loge de Vincennes, Seine).
Masson (loge de Dijon).
Masson, Neuilly-Plaisance, Seine-et-Oise.
Masson, Charles (loge de Paris).
Masson, Félix, rue du Faubourg-Saint-Martin, 267, Paris.
Masson, Louis (loge de Paris).
Massot (loge de Paris).
Massot, Gentilly, Seine.
Massot, Casimir-Léon-Jean, conducteur de travaux, Grenoble.
Massot, François, père, professeur-comptable, Grenoble.
Massot, Justin (loge de Perpignan).
Massot, Lucien, marchand de bois, Domène, Isère.
Massota, Cette, Hérault.
Massouille (loge de Paris).

Masurel, Henri, inspecteur général d'assurances.
Mataillet, Thomas, propriétaire, Besançon.
Mathé, marchand de vins, rue Jean-Jacques-Rousseau 24, Paris.
Matheron, cuisinier, rue de Castiglione. 5, Paris.
Mathey, graveur, rue des Deux-Écus, 35, Paris.
Mathey, Dijon.
Mathez, Alfred (loge de Bordeaux).
Mathieu, fabricant d'instruments de chirurgie, carrefour de l'Odéon, 16, Paris.
Mathieu (loge de Melun).
Mathieu, Cette, Hérault.
Mathieu, Benjamin (loge de Paris).
Mathieu, Léopold, facteur-chef, rue Saint-Antoine, 143, Paris.
Mathivet, Antoine, journaliste, directeur de l'Intérieur, Taïti. (Protectorat).
Mathon (loge de Paris).
• Mati, père (loge de Lille).
Mati. Albert, fils (loge de Lille.)
Matile, Ali, horloger Besançon.
Matisse, Jean-Joseph, tailleur-marchand de draps, rue de Sèvres, 111, Paris.
Matoux, fils (loge de Lyon).
Matrat, rue Montmartre, 24, Paris.
Mattay (loge de Paris).
Mattey-Doret (loge de Valparaiso, Chili).
Maubert, rue de Cormicy, faubourg de Laon, 5, Reims,
Maubert, aîné, musicien (loge de Caen).
Maubert, jeune, musicien (loge de Caen).
Maucenot, H., Nouméa, Nouvelle-Calédonie.
Mauchaussat (loge de Paris).
Mauduit (loge de Paris).
Maugé, distillateur (loge de Boulogne, Seine).
Maugé, Buenos-Ayres, République Argentine.
Maugé, Auguste-André, cordonnier, rue Brantôme, 11, Paris.
Maugest (loge de Paris).
Maugras, Barthélemy, négociant en vins, rue Monge, 39, Paris.
Mauguin, Claude, tonnelier, rue d'Orléans, 9, à Bercy, Paris.
Maulbourguet (loge de Bordeaux).
Mauloré, Tlemcen, Algérie.
Maumus, François, Buenos-Ayres, République Argentine.
Maumus, Henri-Jean-Pierre, fabricant de chaises, rue Thiers, Tarbes.
Maunier (loge de Paris).

Maunier, L., Buenos-Ayres, République Argentine.
Maurain-Bellot (loge de Cognac, Charente).
Maurand (loge de Lyon).
Mauras, notaire, suppléant du juge de paix, membre de la Commission départementale et de la Commission scolaire, conseiller général de la Haute-Loire, au Puy.
Mauras, Camille (loge de Bordeaux),
Maurcy, appareilleur-gazier, rue Tiquetonne, 15, Paris.
Maurel (loge de Toulouse).
Maurel (loge de Martigues, Bouches-du-Rhône).
Maurel, Jean-Maurice, architecte, Marseille.
Mauret, Avignon.
Maurette, Toulouse.
Maurice, restaurateur, avenue de Saint-Mandé, 40, Paris.
Maurice, Courbevoie, Seine.
Maurice (loge de Laon).
Maurice, Buenos-Ayres, République Argentine.
Maurice, Fernand (loge de Paris).
Maurice, Michel, Cette, Hérault.
Mauricou, Léonard, maçon, Besançon.
Mauriès, chaudronnier, rue Saint-Jacques 305, Paris.
Maurin, Joseph, avocat, Alais, Gard.
Mauris, Emile (loge de Paris).
Maury, Niort.
Maury, Léopold, tapissier (loge de Ruffec, Charente).
Mautois, Camille (loge de Paris).
Mauvey, Charles, rue des Trois-Bornes, 35, Paris.
Maux (loge de Bordeaux).
Mavet (loge d'Orléans).
Mavié, Jean (loge de Bordeaux).
Maviquez (loge de Nantes).
May (loge de Beauvais).
May, Ad., ancien avoué, Besançon.
May, Albert, négociant, rue des Carmes, 1, Rouen.
May, Antoine, chef-mécanicien au 14e d'artillerie, Tarbes.
May, Edouard, capitaine au 53e de ligne, Tarbes.
Mayer, Saïgon, Cochinchine française.
Mayer, E., Port-Louis, île Maurice.
Mayer, Moïse (loge de Nouméa, Nouvelle-Calédonie).
* Mayère, Emile, ancien huissier, directeur d'un cabinet, d'affaires civiles et commerciales, rue Assalit, 19, Nice.
Mayère, Raymond (loge de Nice).
Mayrier, R. (loge de Paris).
Mayllereau, Cette, Hérault.
Maynard, Louis-Séraphin, comptable, rue Neuve, 11, Lyon.
Mayoux, Jacques, entrepreneur, Besançon.
Mayoux, Jean, entrepreneur, Besançon.

Mayssent (loge de Toulouse).
Mazaud, fils, notaire, Meymac, Corrèze.
Maze (loge de Neuilly-Plaisance, Seine-et-Oise).
Mazeau, jeune, marchand de cuirs pour sellerie, rue Oblin, 5, Paris.
Mazeau, neveu, Périgueux.
Mazeaux, Brives-la-Gaillarde, Corrèze.
Mazerolles (loge de Rochefort).
Mazery, S., commandant des sapeurs pompiers de Nantes.
Mazet (loge d'Orléans).
Maziau (loge de Versailles).
Mazié (loge de Paris).
Mazier, Ferdinand, voyageur de commerce, Besançon.
Mazurier, André (loge de Paris).
Mazurier, Charles (loge de Paris).
Mazurier, Georges (loge de Paris).
Mécchet, Alexandre, fabricant de galoches, rue de Mogador, 11, Paris.
Mécréant, Victor, horloger, avenue de Clichy, 39, Paris.
Medderich, graveur sur bois, rue Vavin, 27, Paris.
Mège, C., Buenos-Ayres, République Argentine.
Mégie, Aristide, Jacmel, Haïti.
Megriniac (loge de Paris).
M. ïer, Rouen.
Megnant, marchand tailleur, rue Saint-Martin, 332, Paris.
Meignié (loge de Saintes, Charente-Inférieure).
Meille, L. (loge de Blidah, Algérie).
Meillet, Léo, ancien membre de la Commune, Edimbourg, Ecosse.
Meindl, rue du Temple, 78, Paris.
Méjanelle (loge de Valparaiso, Chili)
Melchior, confiseur, Paris.
Mélé, directeur de l'Harmonie des Batignolles, Paris.
Mélingue, artiste lyrique (loge de Bordeaux).
Melotte (loge de Rouen).
Memant des Chesnois, avocat.
Ménager, Ch.-Gaston (loge de Paris).
Ménard (loge de Nîmes).
Ménard, Hippolyte, employé, rue de la Nation, 19, Paris.
Ménard, Paul, imprimeur, Chambéry.
Mendes, Gustave, Bordeaux.
Mendès, négociant, Alger.
Mendiode, Buenos-Ayres, République Argentine.
Menereuil, Louis, rue de Flandre, 100, Paris.
Menessier, allée du Rond-Point, au Raincy, Seine-et-Oise.
Menestrier, typographe, rue des Petits-Carreaux, 41, Paris.
Ménétrel, H., Buenos-Ayres, République Argentine.

Menetril, J.-B. Azul, République Argentine.
Meneu, Constant, négociant, propriétaire, conseiller municipal, Tours.
Ménier (loge de Tours).
Menière, négociant, rue Jean-Jacques Rousseau, Paris.
Ménisier, Saint-Pierre, Martinique.
Menivier, Saint-Pierre, Martinique.
Menjoz, Claude, instituteur, Montailleurs, Savoie.
Mentel (loge d'Orléans).
Mention, juge de paix, Chablis, Yonne.
Menus (loge de Clichy, Seine).
Méraud, Saintes, Charente-Inférieure.
Mercereau, Hector-Pierre, boulevard Saint-Michel, 121, Paris.
Mercier, employé, rue d'Odessa, 3, Paris.
Mercier (loge d'Issoudun, Indre).
Mercier, père, Périgueux.
Mercier, fils (loge de Périgueux).
Mercier, Alype, ess ar du commerce, rue Tiquetonne, 62, Paris.
Mercier, Consta oseph, négociant, Besançon.
Mercier, Henry, aux Cayes, Haïti.
Mercier, Jean, graveur sur acier, place Maubert, 8, Paris.
Mercier, Jules, courtier en huiles, avenue de Versailles, 128, Paris.
Mercier, Louis (loge de Paris).
Meressier, Calais.
Mériaux, Victor, comptable-fondé de pouvoirs, Lille.
Mérignac (loge de Bordeaux).
Mérigot (loge de Paris).
Mérigot, constructeur de bateaux, au viaduc de Nogent-sur-Marne, Seine.
Merklen-Thiébaud, fils, employé dans une fabrique de soierie, Fures, par Tullins, Isère.
Merle, marchand de vins, rue du Temple, 62, Paris.
Merle (loge de Nontron, Dordogne).
Merle, Mathieu, charpentier, à la Villette, Paris.
Merlet, Prosper, typographe, passage Saulnier, 10, Paris.
Mermet, François- Charles, négociant, aux Marches, Savo
Mermet, serrurier, Albertville, Savoie.
Merville, Gabriel, courtier maritime, président de la Cham
merce du Havre, conseiller d'arrondissement.
vé (loge du Havre.

Mesnard, ex-gardien de l'ancien bazar du boulevard de Sébastopol, 17, Paris.
Mesny, Gustave, docteur-médecin (loge de Paris).
Mespoulède, Périgueux.
Mesrobian (loge de Paris).
Mesrouge, Léon-A. (loge de Londres, Angleterre.)
Messager, Cuisery, Saône-et-Loire.
Messager, Henri (loge de Pantin, Seine).
Messier (loge d'Abbeville, Somme).
Mestres, Auguste, Saint-Denis, île de la Réunion.
Mesure (loge de Clichy, Seine).
Mesureur, rue du Cherche-Midi, 30, Paris.
Méténier (loge de Nantes).
Métifiot (loge de Paris).
Métin, G.-Frédéric, agent-voyer, Besançon.
Métivet (loge d'Issy, Seine).
Métivier (loge de Paris).
Méton, J., Martigues, Bouches-du-Rhône.
Métrau, Valparaiso, Chili.
Metsch, au Vésine, Seine-et-Oise.
Metz-Bermann, employé, rue du Pont-aux-Choux, 18, Paris.
Metzger, professeur libre (loge de Dijon).
Meunier, serrurier, rue Ginoux, 3, Paris.
Meunier, A. (loge de Montréal, Canada).
Meunier-Burdin, marchand de vins, rue Demours, 76, Paris.
Meurgé, Albert, boulevard Saint-Germain, 15, Paris.
Meurgey, Alfred (loge de Paris).
Meurice, Alfred, négociant, Besançon.
Mévrel (loge de Vichy, Allier).
Mey, docteur-médecin (loge de Beaumont-sur-Oise).
Meyer, médecin oculiste.
Meyer, Eugène (loge de Paris).
Meyer, Guillaume, mécanicien, quai de Valmy, 95, Paris.
Meyer, Marc, fils (loge de Nice).
Meyjonade, père, menuisier, Brives-la-Gaillarde, Corrèze.
Meyjonade, fils, limonadier, Café Gaulois, Brives-la-Gaillarde, Corrèze.
Meynier de Salinelles (loge de Nîmes).
Meyriniac, rue Saint-Denis, 157, Paris.
Meysonnade (loge de Mascara, Algérie).
Mezt, adjudant au 63e de ligne, Limoges.
Micaël (loge de Paris).
Micciolo, Isidore, entrepreneur, Besançon.
Michaëlis, brossier, avenue du Bel-Air, 66, Paris.
Michallat, fils (loge de Lille).
Michas, maréchal-ferrant, chaussée du Maine, 16, Paris.

Michaut, Emile, facteur aux farines, rue Notre-Dame-des-Victoires, 7, Paris.
Michaux, Rouen.
Michel, Cette, Hérault.
Michel, Sarlat, Dordogne.
Michel (loge de Madrid, Espagne).
Michel, Emile, gardien de batterie, Besançon.
Michel, Gustave, rue Rébeval, 88, Paris).
Michel, Gustave, rue Saint-Jacques, 247, Paris.
Michel, Joachim, rédacteur en chef du *Progrès de Fécamp.*
Michel, Jules, comptable, Besançon.
• Michel, Jules, receveur particulier des douanes, quai de Bercy, 64, Paris.
Michon, Eugène-Louis (loge de Paris).
Michon, Marius-Eugène, architecte, Grenoble.
Micou, négociant, Alger.
Midacq, au Pecq, Seine-et-Oise.
Mignard, employé, rue du Grand-Prieuré, 14, Paris.
Mignot, comptable, rue Bréda, 16, Paris.
Mignot (loge de Pantin, Seine.
Mignot, Charles, opticien, passage Véro-Dodat, 19, Paris.
Michel-Hausser (loge de Reims).
Milandri, Dominique, propriétaire du Grand-Hôtel Victoria, Menton, Alpes-Maritimes.
Milard ou Millard (loge de Paris).
Millaud, P. (loge de Bordeaux).
Millaud, Salomon, Cayenne, Guyane française.
Millecamps (loge de Paris).
Millecamps (loge de Blidah, Algérie).
Millet (loge de Neuilly, Seine).
Millet, A.-P., gardien de batterie, Besançon.
Millet-Saint-Pierre, fils, clerc d'avoué, rue des Batignolles, 59, Paris.
Milletot, Henri, Besançon.
Million, Jean-Louis (loge de Tournus, Saône-et-Loire).
Millon, Hôtel du Commerce, Montélimar, Drôme.
Millot, formier, rue Fessart, 37, Paris.
Millot, négociant, ancien président du Conseil d'administration de la Concession française de Shang-Haï, Chine, et membre de l'Expédition du Fleuve-Rouge, Tonkin.
Millot-Dubroca, Louis, fabricant de meubles, passage de la Bonne-Graine, 3, Paris.
Mimieux (loge de Paris).
Minaire (loge de Saint-Étienne).
Minary (loge de Rouen).
Mine (loge de Castelsarrasin, Tarn-et-Garonne).
Minjoz, Barthélemy, cafetier, Albertville, Savoie.

Minjoz, Jean-Pierre, cafetier, Albertville, Savoie.
Mino, Joseph, entrepreneur, Albertville, Savoie.
Minvielle, père, Bordeaux.
Minvielle, Félix, Bordeaux.
Minville (loge de Paris).
Miolan, père, découpeur, rue Bichat, 59, et quai de Jemmapes, 88, Paris.
Miolan, fils, rue Bichat, 59, et quai de Jemmapes, 83, Paris.
Miquel (loge de Narbonne, Aude).
Mirande, président du Tribunal de première instance et du commerce, Saint-Louis, Sénégal.
Mirondot, Claude-François, horloger, Besançon.
Mirpied, rue Saint-Sulpice, 59, Bourges.
Miss (loge re Saint-Germain-en-Laye, Seine-et-Oise).
Mitteau, A. (loge de Périgueux).
Mivière, Claude, Blidah, Algérie.
Moatti, Judas, Milianah, Algérie.
Moch., C., avenue de Neuilly, 163, Neuilly, Seine.
Mocqueris, avenue de l'Observatoire, 18, Paris.
Mohr (loge de Paris).
Moinard (loge de Rochefort).
Moiré, Londres, Angleterre).
Moïse, dit Jacob (loge de Paris).
Moissant (loge de Paris).
Moitrel (loge de Boulogne-sur-Mer).
Molet, professeur (loge de Lyon).
Moléus-Douyon, rue de la Convention, aux Cayes, Haïti.
Molin, Etienne, tulliste, rue de Belleville, 252, Paris.
Molina (loge de Marseille).
Molinot (loge de Paris).
Mollard, rue Beaubourg, 54, Paris.
Mollard, rue Jean-de-Beauvais, 11, Paris.
Mollard, A. (loge de Dôle, Jura).
Mollard, Joseph, géomètre, Faverges, Haute-Savoie.
Mollino (loge de Neuilly-Plaisance, Seine-et-Oise).
Mosly (de) (loge de Paris).
Momméja, instituteur, Négrepelisse, Tarn-et-Garonne.
Momy, Rouen.
Monani (loge de Paris).
Monavon des Perrières, père (loge de Laon).
Monavon des Perrières, fils (loge de Laon).
Moncassin, père, Nouméa, Nouvelle-Calédonie.
Moncour, percepteur, Donzenac, Corrèze.
Mondo, comptable, rue de l'Ecole de Médecine, 69, Paris.
Mondonis (loge de Paris).
Mondot, docteur-médecin (loge d'Oran, Algérie).
Monen, Vincennes, Seine.

Monet (loge d'Orléans).
Monet (loge de Madrid, Espagne).
Monge, Claude, entrepreneur de menuiserie, rue Beaubourg, 31, Paris.
Mongé (loge de Bordeaux).
Mongelard, Victor, rentier (loge de Rueil, Seine-et-Oise).
Monguy, Louis-Aimé, aîné, Port-au-Prince, Haïti.
Moniaud, Saint-Maixent, Deux-Sèvres.
Monier, V., restaurateur, Hôtel du Palais-Neuf, rue Bonnefoi, 8, Toulon.
Monin, Périgueux.
Monin (loge d'Aix, Bouches-du-Rhône).
Monin, H. (loge de Paris).
Monin, H., Buenos-Ayres, République Argentine.
* Monin, L.-D., expert en expropriations, boulevard Beaumarchais, 52, Paris.
Monis, conseiller municipal de Cognac, Charente.
Monjon (de).
Monmarché, père, Paris.
Monmarché, Edmond, fils (loge de Paris).
Monmarché, Léon-François, fils (loge de Paris).
Monnanteuil (loge de Paris).
Monnereau (loge de Meulan, Seine-et-Oise).
Monneron, Alcide, Port-Louis, île Maurice.
Monnerot-Dumaisne.
Monnet, Guillaume, pharmacien, place du Gouvernement, Alger.
Monnet, Jean-Louis, employé au Chemin de fer de Paris-Lyon-Méditerranée, Albertville, Savoie.
Monnier (loge de Paris).
Monnier (loge de Saint-Claude, Jura).
Monnin, sellier, rue de Flandre, 171, Paris.
Monnin, Antoine-Marc, graveur en taille-douce, rue Blainville, 9, Paris.
Monod, conseiller d'Etat, rue d'Aumale, 19, Paris.
Monod, L.-Emile, tapissier, Besançon.
Monot (loge de Paris).
Monpetit, marchand de vins, rue Saint-Maur, 48, Paris.
Monplaisir, Maximilien, Port-au-Prince, Haïti.
Monplaisir, Pierre, sénateur de la République, Port-au-Prince, Haïti.
Monplit (loge de Saint-Denis, Seine).
Montagne, Henri, serrurier, Guéret.
Montaigne, conseiller municipal.
Montaigu (de), Robert (loge de Bordeaux).
Montandon, Paul, marchand de vins, Besançon.
Montanier, docteur-médecin, préfet.

Montardier (loge de Paris).
• Montaubéry, Auguste, rédacteur en chef de la *République des Hautes-Pyrénées*, Tarbes.
Montaubrie (loge de Paris).
Montaud, avocat, Marmande, Lot-et-Garonne.
Montaugeraud, rue des Saints Pères, 8, Paris.
Montaut, Isidore, employé de la maison Rey, Caussade, Tarn-et-Garonne.
Montaut, Jean-Pierre, menuisier, Caussade, Tarn-et-Garonne.
Montbazit, conseiller municipal, Brive-la-Gaillarde, Corrèze.
Montcarré (loge de Paris).
• Monteaux, Adelson, propriétaire, vice-président honoraire de la Société protectrice des animaux, administrateur de la Caisse d'épargne de Paris.
Monteil, père, Saint-Flour, Cantal.
Montel, Léon, (loge d'Orléans)
Montenay (loge de Poitiers).
Montermerli (comte de) (loge de Paris).
Montérou, Rémy, limonadier, café du Commerce, place de la Préfecture, Pau.
Montessuit (loge de Lyon).
Montenuis, Eugène (loge de Londres, Angleterre).
Monteux (loge de Troyes).
Montscone (loge de Trouville, Calvados).
Montuelle, tailleur, rue Saint-Honoré, 73, Paris.
Monty, maire de Mours, par Beaumont-sur-Oise.
Monvert, Saint-Pierre, Martinique.
Monvoisin, Auguste, rentier, Compiègne, Oise.
Moodgridge (loge de Nice).
Mook, docteur-médecin, rue de La Chapelle, 46, Paris
Moonen, cour des Miracles, 6, Paris.
Moquette, mécanicien, rue de la Gaîté, 49, Paris.
Moraine, Henri (loge de Paris).
Moran (loge de Constantinople, Turquie).
Morand, employé, rue Notre-Dame-de-Nazareth, 70, Paris.
Morand (loge de Montpellier).
Morange (loge de Limoges).
Morard, Alphonse (loge de Paris).
Moreau, Boulogne-sur-Mer.
Moreau (loge de Laon).
Moreau, docteur-médecin, La Rochelle.
Moreau (loge de Valparaiso, Chili).
Moreau, Charles, voyageur, place des Bancs, 16, Limoges.
Moreau, Jean-Baptiste, monteur de harpes, rue Benjamin-Delessert, 17, Pantin, Seine.
Moreau, L. chef de section aux Chemins de fer de l'Etat (loge d'Angers).

Moreau, Léon, voyageur, place des Bancs, 16, Limoges.
Moreau, Théodore, Buenos-Ayres, République Argentine.
Moreaux, François, marchand de fer, Bellac, Haute-Vienne.
Morel, meunier, rue de Rambouillet, 8, Paris.
Morel (loge de Nantes).
Morel (loge de Fécamp, Seine-Inférieure).
Morel (loge de Forges-les-Eaux, Seine-Inférieure).
Morel (loge de Pacy-sur-Eure).
Morel, Rueil, Seine-et-Oise.
Morel (loge de Voiron, Isère).
Morel, Louis, fabricant de bouchons, rue des Fossés-Saint-Bernard, 28, Paris.
Morel, Narcisse-Elie, limonadier, Besançon.
Morel, P., directeur du Collège français, Tunis, Tunisie.
Morens, Claude, boucher, Chambéry.
Moret, Reims.
Moret, Eugène, homme de lettres, Paris.
Moret, Marie, limonadier, boulevard de Grenelle, 64, Paris.
Morges, docteur ès-sciences, adjoint au maire de Marseille.
Morière, fabricant d'eau gazeuse, Essonne, Seine-et-Oise.
Morin, rue du Caire, 13, Paris.
Morin, rue de la Cerisaie, 27, Paris.
Morin (loge de Neuilly-Plaisance, Seine-et-Oise).
Morin, Forges-les-Eaux, Seine-Inférieure.
Morin, André-Pierre, négociant, rue Lesdiguières, 44, Grenoble.
Morin, Ch., employé à la *Belle Jardinière*, Paris.
Morin, Miron (loge de Paris).
Morinet, père, Issoudun, Indre.
Morinet, Emile-Marie, fils (loge d'Issoudun, Indre).
Moris, Innocent, distillateur, rue Descartes, 13, Paris.
Morisset (loge d'Auxerre).
Morisset-Moreau, Nozaret, aux Cayes, Haïti.
Moritz, bijoutier(rue de Rambuteau, 18, Paris.
Morize (loge de Saint-Germain-en-Laye, Seine-et Oise).
Morlens, Joseph, préposé aux Lits militaires, Tarbes.
Morlet, greffier du juge de paix, Beynat, Corrèze.
Mornat, rue Boursault, 44, Paris.
Moron-Lassailly.
Moronval, imprimeur, rue Galande, 65, Paris.
Morpeau, Dasprémont, aux Cayes, Haïti.
Morpeau, Moravia, aux Cayes, Haïti.
Morpeau, Paul, aux Cayes, Haïti.
Mortier, Eugène-François-Aubin, industriel, Méharicourt, Somme.
Moscovite (loge de Paris).

Mosnier, Edmond-Louis, industriel, président de la *Libre-Pensée compiégnoise*, Compiègne.
* **Motheau**, directeur des Messageries, Niort.
Mothéré, Frédéric, tonnelier, rue d'Orléans, 17, Paris.
Motte, Croissy, Seine-et-Oise.
Motteau, Anthyme-Alexandre, rue du Marché, Neuilly, Seine.
Mottrereaux, Paris.
Moty (loge de Bordeaux).
Mouchette (loge de Nancy).
Mouchotte (loge de Chaumont).
Moudard, directeur du Comptoir d'Escompte de Caen.
Mouëtes (loge de Paris).
Mougnon, rue des Vertus, 32, Paris.
Mougnon (loge de Saint-Ouen, Seine).
Mouhat, Eugène, mécanicien, Chambéry.
Mouilleron, docteur-médecin, Bône, Algérie.
Mouillon, Alfred, entrepreneur-charpentier (loge de Dijon).
Moulac, fils, Saint-Pierre, Martinique.
Moulet (loge de Sisteron, Basses-Alpes).
Moulet, Paul-Henri (loge de Paris).
Moulin (loge de Forges-les Eaux, Seine-Inférieure).
Moulinié, Bordeaux.
Moulis (loge de Toulouse).
Moullé, Ernest, rue de Saintonge, 65, Paris.
Moulon (loge de Caussade, Tarn-et-Garonne).
Moulu, Jules, courtier en vins, rue Linné, 12, Paris.
Mounier, entrepreneur de maçonnerie, rue Quincampoix, 101, Paris.
Moureau, Jules-Gustave, courtier de commerce, rue du Pont-Neuf, 24, Paris.
Mouren (loge de Paris).
Mourgeon, Auguste, loueur de voitures, Besançon.
Mourize (loge de Paris).
Mournet (loge du Havre).
Mournet, Jacques, commerçant, Tarbes.
Mourot, père (loge de Paris).
Mourot, fils (loge de Paris).
Moussa (loge d'Alger).
Moutardier (loge de Paris).
Moutat, employé de commerce, rue Du Sommerard, 16, Paris.
Moutet, employé de chemin de fer (loge d'Alger).
Mouteux, avocat.
Moutier, docteur-médecin (loge de Paris).
Moutier, peintre, passage d'Isly, 4, Paris.
Mouton, Rueil, Seine-et-Oise
Mouton (loge de Caussade, Tarn-et-Garonne).
Mouton, fils, Paris.

Mouton, Pierre, rentier, Bourdonnais, près Houdan, Seine-et-Marne.
Mouvet, ex-administrateur de la Banque Parisienne.
Mouvet, fils (loge de Neuilly-Plaisance, Seine-et-Oise).
Mouy (loge de Lon).
Mouzelas, brossier, rue Quincampoix, 39, Paris.
Moyet (loge de Grenoble).
Moyroud, Sylvain, limonadier, Saint-Marcellin, Isère.
Muffat, fabricant de cannes, rue Curial, 25, Paris.
Muïron, Gustave, vérificateur, en Amérique.
Mulard, Charles-Alexandre-Albert, rue Mornay, 3, Paris.
Mullann, O., Saint Pierre, Martinique.
Muller, restaurateur, rue de Jouvencel, 2, Versailles.
Muller (loge de Toulon).
Muller, Charles-Etienne, entrepreneur, Grenoble.
Muller Louis, rédacteur en chef du *Petit Rouennais*, Rouen.
Mullner (loge de Paris).
Mulot, Gustave (loge de Paris).
Muneaux, Weil (loge de Paris).
Munier (loge de Nice).
Muny, A. (loge de Versailles).
Munro (loge de Paris).
Muraou (loge de Grasse, Alpes-Maritimes).
Murat, Augustin, architecte, rue Guy-de-la-Brosse, 12, Paris.
Murat, Georges, Périgueux.
Murat, Michel, Port-au-Prince, Haïti.
Muratelle, Périgueux.
Murati, capitaine d'infanterie (loge de Bougie, Algérie).
Muscat, Alexandre, sellier-carrossier (loge de Tunis, Tunisie).
Muselli, Noël, employé à la Préfecture de la Seine, rue Lemercier, 85, Paris.
Musset, marchand de vins, rue Jean-Jacques-Rousseau, 80, Paris.
Mussot, président des Prud'hommes pêcheurs (loge de Martigues, Bouches-du-Rhône).
Mustapha, Ben-Ismaïl (prince), général, ex-premier ministre du Bey de Tunis (loge de Paris).
Muteaux (loge de Paris).

N

Nachon (loge de Lyon).
Nadaud, conseiller municipal de Paris, conseiller général de la Seine.

Nadeau, négociant, La Rochelle.
Nadeaud (loge de Paris).
Naeder, Gabriel (loge de Paris).
Nagel (loge de Châlons-sur-Marne).
Nairac (loge de Saïgon, Cochinchine française).
Namur (loge de Paris).
Nancy, ancien propriétaire-éditeur de la *Chaîne d'Union, journal de la Maçonnerie Universelle.*
Nansot, Léon, comptable, rue des Lions-Saint-Paul, 4, Paris.
Napias, Henri, docteur-médecin (loge de Paris).
* Napoléon, Joseph-Charles-Paul Bonaparte (prince), député, sénateur, général, ministre de l'Algérie et des Colonies.
Napoléone (loge de Paris).
Naquet, Eliacin, procureur général, Aix.
Narbonne (loge d'Alger).
Narcilèse, Jean-Théodore, Cayenne, Guyanne française.
Naturel, J., imprimeur, rue Saint-Merri, 39, Paris.
Naudé père, Lyon.
Naudin, rue du Château-d'Eau, 30, Paris.
Navaro, docteur-médecin, rue de Condé, 8, Paris.
Navarro (loge de Tunis, Tunisie).
Nazet, Hippolyte, rédacteur au *Bien Public* (loge de Paris).
Nech, Edw. (loge de Paris).
Neckebact (loge de Saint-Etienne).
Nedèles (loge de Valparaiso, Chili).
Nédonchelle, propriétaire, Villetaneuse, Seine.
Née (loge d'Alger).
Néel, Ad. (loge de Bône, Algérie).
Nègre (loge de Marseille).
Nelson (loge de Paris).
Néqué, Anatole, Saint-Pierre, Martinique.
Néraud, aîné, Saintes, Charente-Inférieure.
Néraud, Gaspard, Saintes, Charente-Inférieure.
Nesme, fils (loge d'Alger).
Nesme, Théodore.
Nessi (loge de Rueil, Seine-et-Oise).
Neukomm, Edmond.
Neuve-Eglise (loge de Paris).
Neuville (loge de Paris).
Neveu, Bagneux, Seine.
Neveu (loge de Rochefort).
Névissas (loge de Niort).
Newton, Ph. (loge de Paris).
Neysen, Hubert, marchand de vins, boulevard Diderot, 68, Paris.
Niaudet (loge de Dijon).
Nibau (loge de Paris).

Nicalau, A. (loge de Perpignan).
Nicol, rue de Beaune, Chagny, Saône-et-Loire.
Nicolas (loge de Marseille).
Nicolas (loge de Libourne, Gironde).
Nicolas, père, conseiller général, La Pointe-à-Pitre, Guadeloupe.
Nicolas, Célestin, maire de La Pointe-à-Pitre, Guadeloupe.
Nicolas, Joseph, industriel, Tunis, Tunisie.
Nicolas, Jules, Bessèges, Gard.
Nicolas, L., Jacmel, Haïti.
Nicolas, Lothaire-Victor-Maurice, fils (loge de La Pointe-à-Pitre, Guadeloupe).
Nicolas, P., Jacmel, Haïti.
Nicolas, Saint-Ange, négociant, rue de la Lingerie, 6, Paris.
Nicollin (loge de Dijon).
Niel (loge de Vincennes, Seine).
Nierfeix, Antoine (loge de Lyon).
Nifenecker (loge de Lyon).
Ninard, J.-B., député de la Haute-Vienne, sénateur.
Ninet négociant, Saint-Pierre, Martinique.
Ninet, Auguste, directeur d'école professionnelle (loge de Paris).
Niogrot, J.-L., maître d'hôtel, Besançon.
Noble, Joseph, marchand de bois, Coublevie, Isère.
Noble-Dacosta, bijoutier, rue de Saintonge, 45, Paris.
Noché, Louis-François, rue du Faubourg-Poissonnière, 96, Paris.
Nodon, père, horloger, rue des Billettes, Paris.
Noell, Cette, Hérault.
Nogier (loge de Pont-Saint-Esprit, Gard).
Nogué, Barthélemy, menuisier, Tarbes.
Noguès (loge de Paris).
Noguès, Jean-Baptiste, propriétaire, Lannemezan, Hautes-Pyrénées.
Noir, Louis, homme de lettres, passage Masséna, Neuilly, Seine.
Noiret (loge de Paris).
Noirot, Edmond, horloger, Besançon.
Noirot, J.-H., Bordeaux.
Noll, L., découp[illegible] en marqueterie, boulevard Voltaire, 207, Paris.
Norberg (loge de Paris).
Normand, conseiller général, conseiller municipal, maire de Nantes.
Normand, constructeur (loge de Paris).
Normand, fils (loge de Paris).
Normand, Am. (loge de Paris).

Normand, E., Brest.
Normand, T., rue de la Rampe, 47, Brest.
Nosedat (loge de Paris).
Noubaud, propriétaire, Limoges.
Nouel (loge d'Angoulême).
Nougué, Buenos-Ayres, République Argentine.
Nouquier, ingénieur.
Noury, Léon-Auguste, avoué, Rambouillet, Seine-et-Oise.
* Nouvelle, Georges (loge de Paris).
Nouzarède (loge de Bordeaux).
Nouzarède Sylvain-Léon, soldat au 24e d'artillerie, Tarbes.
Novaro, Giovanni (loge de Menton, Alpes-Maritimes).
Nozières, ferblantier-lampiste (loge de Bougie, Algérie).
Nun (loge de Versailles).
Nunez, Charles, Port-au-Prince, Haïti.

O

Oberli, Christian, horloger, Besançon.
Oberlin, Alfred (loge de Paris).
Oberlin, Georges (loge de Paris).
Obermayer (loge de Paris).
Obrion (loge de Paris).
Ode (loge de Pont-Saint-Esprit, Gard).
Odent, Jules, tabletier, rue Notre-Dame-de-Nazareth, 24, Paris.
Odou, Edmond, employé de commerce, Lille.
Odoul, maître d'hôtel, rue Galande, 10, Paris.
Odrion (loge de Dijon).
Ogé, Saint-Albin, Port-au-Prince, Haïti.
Oger, Félix, professeur, rue de Fleurus, 21, Paris.
Ogier (loge de Grasse, Alpes-Maritimes).
Ogu, capitaine en retraite, Laon.
Oguey, père, Paris.
Oguey, Edouard, fils (loge de Paris).
Olagnet, ouvrier couvreur (loge de Paris).
Olagnier, boulevard Saint-Germain, 78, Paris.
Olagnier, Jean, peintre (loge de Bordeaux).
Olanet (loge de Bordeaux).
Olier, comptable de commerce (loge de Fécamp, Seine-Inférieure).
Olive (loge de Saint-Nazaire, Loire-Inférieure).
Oliveau, Alfred (loge d'Oran).

Olivier, rue Saint-Vincent-de-Paul, 3, Paris.
Olivier (loge d'Alais, Gard).
Olivier, Lisieux, Calvados.
Olivier, Alexandrie, Egypte.
Olivier, Adolphe (loge de Saumur, Maine-et-Loire).
Olivier, Ferdinand (loge de Martigues, Bouches-du-Rhône).
Olivier, Fernand (loge de Martigues, Bouches-du-Rhône).
Olivier, Jean, directeur de l'Abattoir de Bordeaux.
Olivier, Romain (loge de Saumur, Maine-et-Loire).
* Ollendorff, Gustave, chef de bureau au ministère des Beaux-Arts, rue de Richelieu, 23, Paris.
Ollivier, L., Buenos-Ayres, République Argentine.
Ollivier, Marie, fabricant de tiges de bottines, rue Rameau, 7, Paris.
Olzewski ou Olzonski, Perpignan.
Oppenheim, Emile (loge de Corbeil, Seine-et-Oise).
* Orcel, rentier, (loge de Lyon).
Ordioni, Dominique, receveur des établissements de bienfaisance, rue Saint-Jacques, 20, Vernon-sur-Seine, Eure.
Ordonneau, E. (loge de Londres, Angleterre).
Ordonneau, G. (loge de Londres, Angleterre).
Oreglia, Laurent, épicier, Albertville, Savoie.
Orengo, Jean (loge de Menton, Alpes-Maritimes).
Oriol, épicier (loge de Tunis, Tunisie).
Orion (d') (loge de Mantes, Seine-et-Oise).
* Orly, A., — a donné sa démission.
Orriol, Georges (loge du Havre).
Orsat, Alphonse, menuisier, Besançon.
Ortès (baron d'), Constantin, Tunis, Tunisie.
Ortion (loge de Paris).
Ortoli, Ant., professeur français, Tunis, Tunisie.
Ory, Eugène-Adolphe, marchand de vins-limonadier, boulevard Saint-Michel, 145, Paris.
Oschsner (loge de Paris).
Osselin, Jules, fils (loge de Libourne, Gironde).
Ostis, Jean, gréeur (loge du Havre).
Oswald, Saint-Louis, Sénégal.
Othier (loge de Saint-Quentin, Aisne).
Othon (loge de Paris).
Ottenheim, Rueil, Seine-et-Oise.
Ouchard (loge de Paris).
Oudaille, Alexandre, fabricant de brosses, au Déluge, Oise.
Oudin, Auguste.
Oudinot (loge de Paris).
Oudinot (loge de Saintes, Charente-Inférieure).
Oulès, employé de commerce, Nouméa, Nouvelle-Calédonie.
Oulmann (loge de Paris).

Ouradou, H. (loge de Perpignan).
Ouradou, J. (loge de Perpignan).
Ourton (loge de Paris).
Outhenin, facteur à la criée, Besançon.
Outran, E. (loge de Londres, Angleterre).
Outrey (loge d'Alger).
Ouvier (loge de Paris).
Ouvré, professeur de langue arabe, Bougie, Algérie.
Ozenne, Alphonse, propriétaire, Draveil, Seine-et-Oise.
Ozun, Jean-Pierre, huissier, Argelès, Hautes-Pyrénées.

P

Pabst, Alfred.
Pacault, Joseph-Benjamin, Calle Suipacha, 251, Buenos-Ayres, République Argentine.
Paceut, propriétaire, rue Saint-Dominique, 79, Paris.
Pacot (loge de Paris).
Paepe (de) (loge de Valparaiso, Chili).
Paffoy, employé, rue de Lourmel, 36, Paris.
Pages, F. (loge de Paris).
Pagès, inspecteur de boucheries, Paris.
Pagès (loge d'Orléans).
Pagès (loge de Toulon).
* Pagès, Eugène, représentant de commerce, Alais, Gard.
Paget (loge d'Orléans).
Pagniez (loge de Paris).
Pahu (loge de Saintes, Charente-Inférieure).
Paillard, Saint-Ouen, Seine.
Paillot, Montevideo, Uruguay.
Paintaud (loge d'Angoulême).
Paire, rue Sainte-Croix-de-la-Bretonnerie, 24, Paris.
Pajol (loge de Levallois-Perret, Seine)
Pajot, marchand de vins, chaussée du Maine, 47, Paris.
Palaisy, garçon de magasin, rue de Sartine, 8, Paris.
Palaquié (loge de Paris).
Palatin, Adolphe-Ferdinand, restaurateur, avenue du Bel-Air, 63, Paris.
Pallard (loge de Bordeaux).
Palley, Félix.
Pamoirel (loge de Poitiers).
Panajou, H., Bordeaux.
Panchout (loge de Fécamp, Seine-Inférieure).

Pangon, Adolphe, chef de section, Aiguebelle, Savoie.
Panier, Jules, négociant, Besançon.
Panisset, rue de Metz, 14, Paris.
Panisset, Marie-Alphonse, professeur, Montbrison, Loire.
Pannier, docteur.
Pannier (loge de Saumur, Maine-et-Loire).
Pannier, François-Auguste, marchand de vins, rue de la Fontaine-au-Roi, 24, Paris.
Pansiot, Nicolas, conseiller municipal (loge de Dijon).
Pantel, serrurier-mécanicien (loge d'Alais, Gard).
Pantoux (loge de Paris).
Papa, bijoutier, Paris.
Papeil, tailleur, rue des Halles, 17, Paris.
Papillon, (loge de Paris).
Papon, E., Evreux.
Pâques, Jules, commis voyageur, rue Capron, 5, Paris.
Paquet, professeur de physique (loge de Bar-le-Duc).
Paquet, Laurent, juge de paix, Chamoux, Savoie.
Paquier, Marcus (loge de Saint-Ouen, Seine).
Paquier, N. (loge de Saint-Ouen, Seine).
Paradis, Montevideo, Uruguay.
Paranési (loge de Lyon).
Paravey, artiste lyrique au Grand-Théâtre de Bordeaux.
Parceau (loge de Paris).
Pardigon, Fortuné (loge de Sisteron, Basses-Alpes).
Pardigon, Gustave-Lucien (loge de Sisteron, Basses-Alpes).
Pardinel (loge de Paris).
Pardon, père, rue des Boulangers, 15, Paris.
Pardon, fils, rue des Boulangers, 15, Paris.
Paré, Louis, Sens, Yonne.
Parent, Versailles.
Parent, P., Saint-Denis, île de la Réunion.
Parenteau (loge de Bordeaux).
Parès, S. (loge de Perpignan).
Pargade, Jean, comptable, en Amérique.
Paris (loge de Marseille).
Paris, Charles (loge de Paris).
Paris, Paul, employé à l'Hôtel-de-Ville (loge de Paris).
Parisso, Joseph-Désiré (loge de Pontoise, Seine-et-Oise).
Parly, Jules, commerçant, rue Saint-Sauveur, Beauvais.
Parnin, Hubert, agent-voyer, Besançon.
Parnoux (loge du Pecq, Seine-et Oise).
Parod, pharmacien, rue P[illegible]veyre, 14, Limoges.
Parpaix (loge de Saint-Germain-en-Laye, Seine-et-Oise).
Parrain (loge de Paris).
Parraud, Jacques-Eugène, pharmacien, Besançon.
Partaud, Henri, voyageur, rue Jauvion, 4, Limoges.

Partridge (loge de Saint-Claude, Jura).
Partridge (loge du Havre).
Party (loge de Marseille).
Pascal, Cette, Hérault.
Pascal, La Pointe-à-Pitre, Guadeloupe.
Pascal, François, tailleur, Paris.
Pascaud, Firmin, marchand de meubles, rue de la Comète, 14, Paris.
Pascaud, Urbain, marchand de meubles, rue de la Comète, 14, Paris.
Pasquet, rue Saint-Jacques, 71, Paris.
Pasquet, Allain, Jacmel, Haïti.
Pasquier, Félicien, mécanicien à la Cie Bône-Guelma, Tunis, Tunisie.
Pasquier, Louis, menuisier (loge de Bordeaux).
Pasquier, Nicolas-Ernest, lieutenant au 58e de ligne, Clermont-Ferrand.
Pasquini, Pierre, chef de gare à la Cie Bône-Guelma, Tunis, Tunisie.
Passani, marchand de vins, avenue Tourville, 4, Paris.
Passard (loge de Bordeaux).
Passé (loge de Paris).
Passionis-Dancenis, Saint-Pierre, Martinique.
Pastelot, Charles, bijoutier, rue Saint-Martin, 242, Paris.
Pastor, Emilien, Port-Louis, île Maurice.
Pastore, Pierre, boucher, Chambéry.
Pataud (loge d'Ivry, Seine).
Pateux, François-Jean, négociant, Besançon.
Patron (loge de Jonzac, Charente-Inférieure).
Patry, coutelier, Paris.
Patte, Jules, marchand de café, rue du Commerce, 30, Paris.
Patto, Jacques (loge de Pontoise, Seine-et-Oise).
Paul, Périgueux.
Paulhan, docteur en droit (loge de Montpellier).
Paulhiam, Léopold, explorateur.
* **Paullier**, coffretier, rue Beauregard, 30, Paris.
Pautard, marchand de vins, place Sainte-Opportune, 4 bis, Paris.
Pautard, Léger (loge de Saint-Ouen, Seine).
Pavie (loge de Rouen).
Pavot (loge d'Avignon).
Pax, place Pereire, 1, Paris.
Payen, pharmacien de la marine, Nouméa, Nouvelle Calédonie.
Payerne, docteur-médecin (loge de Cherbourg).
Paysan, Jacques, rue de la Maison-Dieu, 12, Paris.
Pazat (loge de Bordeaux).

Pech, A., Buenos-Ayres, République Argentine.
Pécheur (loge de Paris).
Péchoin, Henri, Nancy.
Pechon (loge de Paris).
Pedrotti (loge de Paris).
Pégé, Arthur, facteur aux Halles, rue des Halles, 7, Paris
Péguin (loge de Saintes, Charente-Inférieure).
Peigné-Crémieux, sous-préfet.
Peilliay, A. (loge de Lyon).
Peillon, A., docteur-médecin (loge de Lyon).
Peinturier, Auguste (loge de Vincennes, Seine).
Pelardy, marchand de bois, rue des Boulets, 50, Paris.
Pélasge, Claude, Jacmel, Haïti.
Pelatane (loge de Paris).
Péligot, Charles, horloger, Besançon.
Pélissier (loge de Paris).
Pélissier (loge de Marseille).
Pélissier, Jean-Baptiste, président de l'*Union chorale des Travailleurs de Vichy*, Allier.
Pellant, avocat, Clamecy, Nièvre.
Pellé, François-Marie, éleveur, Neuville-Bosc, Oise.
Pellegrin, rue Saint-Martin, 332, Paris.
Pellerin (loge de Paris).
Pelletier, bijoutier, rue du Temple, 120, Paris.
Pelletier, Désiré (loge de Lyon).
Pellorce (loge de Paris).
Pelloutier (loge de Nantes).
Pelluet (loge de Meulan, Seine-et-Oise).
Peltier, Dominique-François, marchand de meubles, rue de Cléry, 70, Paris.
Pelton, H, Fécamp, Seine-Inférieure.
Pénicaud, René, avocat, rue Manigue, Limoges.
Penjon, Louis (loge de Lyon).
Pennelier, rue Commines, 7, Paris.
Pennequin (loge de Paris).
Pennetier, G., docteur médecin.
Penson, E., Valparaiso, Chili.
Peny (loge de Paris).
Pepin, Laurent, négociant, Aigueblanche, Savoie.
Pequin (loge de Paris).
Péquin (loge de Libourne, Gironde).
Pérals el Garrigos, Joseph-Jean, consul d'Espagne, négociant, conseiller municipal, rue Nationale, 13, Constantine, Algérie.
Perard, avenue d'Italie, 31, Paris.
Perard (loge de Vienne, Isère).
Pérat (loge de Tours).

Percy, E. (loge de Lille).
Perdereau (loge d'Angers).
Perdiguier, Agricol, publiciste, député de la Seine et du Vaucluse, libraire.
Perdriger, B. (loge de Paris).
Pereyre, Albert, Bordeaux.
Périchon, Auguste, avoué, boulevard de la Poste-aux-Chevaux, 110, Limoges.
Périé (loge de Montségur, Gironde).
Périé ou Pépier (loge de Toulouse).
Périer, Albert, conseiller d'arrondissement, adjoint au maire de Narbonne, Aude.
Périlleux, J.-L. Saint-Irénée, Ardennes.
Périn, rue de Clignancourt, 64, Paris.
Perinne, père, Rueil, Seine-et-Oise.
Périnne, E., fils (loge de Rueil, Seine-et-Oise).
Pérint, Edmond, caissier, Compiègne, Oise.
Périssé (loge de Paris).
Pernel, J., Buenos-Ayres, République Argentine.
Pernin, Montevideo, Uruguay.
Perninaud (loge de Saintes, Charente-Inférieure).
Pernon, C., Buenos-Ayres, République Argentine.
Pernot, horloger, (loge de Saint-Denis, Seine).
Peron (loge de Boulogne-sur-mer).
Perpezat (loge de Monségur, Gironde).
Perraud, Lyon.
Perrenot, (loge de Paris).
Perret, Eugène, voyageur de commerce, Besançon.
Perret, Jean-Claude, négociant, Grésy-sur-Isère, Savoie.
Perreux, rue d'Aboukir, 83, Paris.
Perrier, Constantine, Algérie.
Perrier, David (loge de Lille).
Perrier, Félix, charpentier, Saint-Pierre-d'Albigny, Savoie.
Perrières (des), Adrien. Laon.
Perriller (loge de Neuilly-Plaisance, Seine-et-Oise)
Perrin, rue de l'Eglise, 5, Courbevoie, Seine.
Perrin, instituteur, Montrevel, Ain.
Perrain, fils (loge de Ruffec, Charente).
Perrin, Anselme, cordonnier, rue Descartes, 11, Paris.
Perrin, Louis, horloger, Besançon.
Perrin, Marcel-Julien-Théodore (loge de Paris).
Perrinet, peintre, rue Saint-Jacques, 242, Paris.
Perrot, rue Baudricourt, 80, Paris.
Perrot, Faustin, marchand de vins, rue de Charenton, 158, Paris.
Perrot, Louis (loge de Niort).
Perrot, Paul, cafetier (loge de Dijon).

Perruche, Julien, menuisier, Besançon.
Perry, Emile (loge du Vigan, Gard).
Personne, Périgueux.
Peruchet, J.-François, horloger, Besançon.
Pérusset, F., Buenos-Ayres, République Argentine.
Pérussie, Brive-la-Gaillarde, Corrèze.
Perusson (loge de Châlon-sur-Saône).
Peslouan (de), Lucas (loge de Paris).
Pessina (loge de Mascara, Algérie).
Pestel, père, Paris.
Pestel, Charles, fils (loge de Paris).
Pestre, Ernest-Henri, professeur de mathématiques, Compiègne, Oise,
Pesty-Rémont, horticulteur, conseiller municipal de Versailles.
Petigny (loge de Pantin, Seine).
Petijean (loge de Moulins).
Petiniaud, fils aîné, propriétaire, Limoges.
Petit, conservateur du cimetière, rue de Pantin, aux Prés-Saint-Gervais, Seine.
Petit, père, au Havre.
Petit, Lunel, Hérault.
Petit, père (loge d'Orléans).
Petit, fils (loge d'Orléans).
Petit, Alexandre, fils (loge du Havre).
Petit, Augustin, banquier, allée des Soupirs, 27, Toulouse.
Petit, Claude, propriétaire, rue de la Procession, 20, Paris.
Petit, Ernest, Saint-Pierre-le-Moûtier, Nièvre.
Petit, Frédéric, conseiller général de la Somme.
Petit, Hector, Montélimar, Drôme.
Petit, Jules, père, Neuilly, Seine.
Petit, Léon, avenue Marceau, 25, Paris.
Petit, Louis, marchand de vins, avenue de Saint-Ouen, 40, Paris.
Petit, Pierre, photographe, rue Cadet, Paris.
Petit, Pierre, ébéniste, boulevard Beaumarchais, 15, Paris.
Petit, Simon-Albert, éventailliste, Sainte-Geneviève, Oise.
Petitcuénot, Pierre, négociant, Dijon.
Petiteau, coiffeur, rue de Lyon, 29, Paris.
Petiteau (loge d'Issy, Seine).
Petiteau, Alex., horloger, Besançon.
Petitet, Louis, receveur-buraliste, rue Nationale, 41, Villefranche-sur-Saône, Rhône.
Petitfils, Jean-François, rentier, Beauvais.
Petitot, voyageur de commerce, hôtel du Plat-d'Etain, rue Saint-Martin, 326, Paris.
Petitpas, articles de cuisine, rue de Provence, 116, Paris.

Petitpas, employé, rue Lecourbe, 43, Paris.
Petroz (loge de Paris).
Pétua, Edouard. professeur de dessin, Besançon.
Peuchot, avenue du Cimetière, 2, Ivry, Seine.
Peulevey. fils, directeur de la Cie Transatlantique, Cette, Hérault,
Peumand, Alexis (loge de Valparaiso, Chili).
Peuvrier, Corbeil, Seine-et-Oise.
Pévreau (loge de Niort).
Peyba, Saint-Domingue, Haïti.
Peybrouck (loge de Paris).
Peyramale, cordonnier, Paris.
Peyre, Cette, Hérault.
Peyremol, Saintes, Charente-Inférieure.
Peyret, (loge de Paris).
Peyret (loge de Périgueux).
Peyron (loge de Saint-Maur, Seine).
Peyron. Avignon.
Peytavin, père (loge de Paris).
Peytavin, Camille fils (loge de Paris).
Peytier, Louis, ex-maréchal des logis au 3e hussards (loge de Paris).
Pézard (loge de Paris).
Pezé, Fidèle-François-Joseph, régisseur (loge de Paris).
Phalip, Joseph, maréchal des logis premier maître-maréchal au 14e d'artillerie, Tarbes.
Philibert, Alfred-Sextius, Cayenne, Guyane française.
Philibert, Emile (loge de Paris).
Philibert, Hippolyte (loge de Paris).
Philibert, Léonard, fabricant de faux, Besançon.
Philippe, père, fleurs artificielles, rue du Faubourg-Saint-Martin, 61, Paris.
Philippe, fils, architecte, boulevard de Strasbourg, 89, Paris.
Philippon, bijoutier, rue du Retrait, 19, Paris.
Philippon (loge de Bourg-en-Bresse).
Philoche, Stéphane (loge de Bordeaux).
Pialat (loge de Pont-Saint-Esprit, Gard).
Piarrou, Buenos-Ayres, République Argentine.
Piazza, Joseph (loge de Paris).
Picard, marchand de bois des îles, rue de Jarente, 4, Paris.
Picard, (loge d'Alger)
Picard, Antoine, chef d'atelier, Albertville, Savoie.
Picard, Maurice, boucher, Besançon.
Picard, N. (loge de Montréal, Canada).
Picault, limonadier, Villeneuve-sur-Yonne, Yonne.
Picchi (loge de Paris).
Pichard, Charles, rue des Blancs-Manteaux, 26, Paris.

Pichault, négociant, Clan, Vienne.
Pichenot, rue Saint-Honoré, 154, Paris.
Pichenot (loge de Rueil, Seine-et-Oise).
Pichenot, représentant d'entreprise, avenue de Breteuil, 56, Paris.
Pichot, Eugène, garçon boulanger, rue de la Préfecture, Beauvais.
Picolet, Alphonse, conducteur de travaux, Grenoble.
Picon (loge de Paris).
Picot (loge de Rouen).
Picot, Camille, Besançon.
Picou, menuisier, commissionnaire en vins, Caussade, Tarn-et-Garonne.
Picton (loge de Levallois-Perret, Seine).
Pictory de Sormery (baron), rentier, rue Caffarelli, 3, Toulouse.
Piel (loge de Saint-Ouen, Seine).
Piel, Gustave (loge de Paris).
Pierotti (loge de Marseille).
Pierre, Dominique, homme de lettres, Clermont-Ferrand.
Pierre, Léon (loge d'Orléans).
Pierre, Noël, employé de perception, Besançon.
Pierret, rue Monge, 83, Paris.
Pierron (loge de Saumur, Maine-et-Loire).
Pierron, Michel-Jean-Victor, receveur-économe à l'asile de Passens, Chambéry.
Pierron. Pierre Frédéric-Thomas, instituteur, Frontenex, Savoie.
Pierron, Urbain, instituteur, Marthod, Savoie.
Pierrot, Charles (loge de Paris).
Pierrot, Constant (loge de la Côte-d'Or).
Pierson, rue des Trois-Couronnes, impasse du Moulin-Joli, Paris.
Pierson, employé, boulevard de Magenta, 135, Paris.
Pierson, Jules, rentier, rue Galbois, 5, Philippeville, Algérie.
Piestre (loge de Compiègne, Oise).
Piéton, rue Thiers, 7, au Havre.
Pietra, Emeric (loge de Toulon).
Piétrement, Henri, Paris.
Piettre, rue Chanzy, 5, La Varenne-Saint-Maur, Seine.
Piffel, Pierre, négociant, Besançon.
Pigeon, quai de Valmy, 127, Paris.
Pignard-Péguet, publiciste, rue Le Peletier, 13, Paris.
Pignet, Louis, professeur à l'Ecole d'Horlogerie, Besançon
Pignier, Claudius, comptable du service de l'architecture de la ville, Grenoble.
Pignière, employé, avenue Daumesnil, 191, Paris.

Pignol, Alphonse, cafetier, Chambéry.
Pillard (loge de Lille).
Pillet (loge de Paris).
Pillet de Graet (loge de Paris)
Pilliers (des), Pierre, ancien prêtre et bénédictin de Solesmes (Sarthe), fondateur et premier supérieur de l'Abbaye d'Acey (Jura), à Grandfontaine, par Saint-Wit, Doubs.
Pillot (loge de Pantin, Seine).
Pimont, professeur (loge de Fécamp (Seine-Inférieure).
Pimot (loge de Saïgon, Cochinchine française).
Pin, L.-Elie (loge de Bourg-en-Bresse).
Pinatel, horloger-bijoutier, rue d'Aboukir, 102 Paris.
Pincebourde, éditeur (loge de Paris).
Pineau, Léon, photographe, Grenoble.
Pinedel, F., Buenos-Ayres, République Argentine.
Pinesri (loge d'Alger).
Pinet, Louis, caissier de chemin de fer, (loge de Dijon.)
Pinjon (loge de Lyon).
Pinot, Gabriel-François, voyageur, rue Darnet, 4, Limoges.
Pinson (loge d'Angoulême).
Pintenet (loge de Paris).
Pinton (loge de Paris).
Piperaud (loge de Saint-Ouen, Seine).
Pipon, tenant le café de la Victoire, Nice.
Piquoy, grainetier, rue de Vanves, 8, Paris.
Pirault, cordonnier, rue Notre-Dame-de-Lorette, 35, Paris
Piret, marchand de charbons, rue de La Chapelle, 150, Paris.
Pirlot (loge de Paris).
Piroïa, de l'Opéra de Paris.
Pissot, mégissier et marchand de laine, Paris.
Pitard, Rueil, Seine-et-Oise.
Pitoiset, Hubert, chef de bureau à la Cie *L'Abeille*, Dijon.
Pitoy, H. (loge de Nancy).
Pitsch, rue Neuve-Fontaine-Saint-Georges, 80, Paris.
Pizot (loge d'Alger).
Plagoust (loge de Lille).
Plaisant, E., médecin militaire (loge de Toulon).
Planchard (loge de Brive, Corrèze).
Planchat, Moissac, Tarn-et-Garonne.
Planchat (loge de Saintes, Charente-Inférieure).
Planchon, Jules, Nîmes.
Planel, violoniste (loge de Paris).
Planel-Arnoux, fils, La Pointe-à-Pitre, Guadeloupe.
Planet (loge de Bordeaux).
Planet, Louis-Antoine, représentant de commerce, rue Ferrandière 21, Lyon.
Plauhard (loge de Toulouse).

Planquette, Robert, compositeur de musique, (loge de Paris).
Plantade, ancien chef machiniste du théâtre de Clermont-Ferrand.
Plantart, Lyon.
Planté, Charles (loge de Saintes, Charente-Inférieure).
Planté, François, conducteur des ponts et chaussées, Lannemezan, Hautes Pyrénées.
Planté, Pierre, tailleur (loge de Bordeaux).
Plantier, Ernest, boulevard de Port-Royal, 85, Paris.
Platel, Saint-Pierre, Martinique.
Platt, horloger, cité Bergère, 1 *bis*, Paris.
Plattier (loge de Paris).
Playoult, adjoint au maire, Brive-la-Gaillarde, Corrèze.
Plésent, Paul (loge de Paris).
Plessner (loge de Paris).
Plou, Marcellin, Buenos-Ayres, République Argentine.
Plucue, Clément, (loge d'Alger).
Plumel (loge de Marseille).
Plumey, Jean-Baptiste, pharmacien (loge de Nice).
Plusquin, père, employé, quai de l'Oise, 31, Paris.
Plusquin, Edouard (loge de Paris).
Pluvinage, père, ancien marchand-tailleur, conseiller municipal de Cambrai, Nord.
Pluvinage, Arthur, fils, Cambrai, Nord.
Pluvot, restaurateur, rue de Paris, 48, Epinay, Seine.
Pochiet (loge de Vincennes, Seine).
Pdesta, E. (loge du Havre).
Poggiale, employé, rue du Faubonrg-Saint-Denis, 190, Paris.
Pognon, rue Saint-Denis, 361, Paris.
Poillion (loge de Valparaiso, Chili).
Poinat (loge de Constantine, Algérie).
Poincloux (loge de Tours).
Poincy (de), rue de l'Ecole-de-Médecine, 12, Paris.
Poinet (loge de Paris).
Point, H. (loge de Paris).
Pointeau (loge d'Orléans).
Pointeau, Saint-Pierre-le-Moûtier, Nièvre.
Pointelet (loge de Rueil, Seine-et-Oise).
Pointurier, Urbain, cultivateur, Besançon.
Poiraton (loge de Poitiers).
Poirier, mécanicien, rue Saint-Maur, 162, Paris.
Poirier, cafetier, La Souterraine, Creuse.
Poirier-Laurent, Buenos-Ayres, République Argentine.
Poirot, père, Paris.
Poirot, Eugène, fils (loge de Paris).
Poirson, fabricant de chaussures, rue Neuve-Coquenard, cour Saint-Guillaume, Paris.

Poisson, Juste (loge de Paris).
Poisson, Vincent (loge de Tours).
Poitel, A., rue des Écouffes, 16, Paris.
Pojolat (loge de Paris).
Polange (loge de Jacmel, Haïti).
Pomairol, H. (loge d'Angers)
Pommateau, Ad. (loge de Nice).
Pommerel, doreur-argenteur sur métaux, rue de Beauce, 1, Paris.
Pommier, chaudronnier, rue de la Boucherie, 4, Nantes.
Pompéi, docteur-médecin (loge de Paris).
Pompin, Neuilly-Plaisance, Seine-et-Oise.
Pompon (loge de Neuilly-Plaisance, Seine-et-Oise).
Poncet, représentant de commerce, rue Cadet, 9, Paris.
Poncévéra, André, agent français de la Cie Bône-Guelma, Tunis, Tunisie.
Ponçot, Saint-Ouen, Seine.
Ponçot (loge de Tours).
Poncy, Eugène (loge de Paris).
Pône, J.-Claude, entrepreneur, Besançon.
Pons, Buenos-Ayres, République Argentine.
Ponsolle (loge de Toulouse).
Ponson, professeur (loge de Tunis, Tunisie).
Pont (loge de Paris).
Pontenay-Fontôto, rue des Allantes, 15, au parc-Saint-Maur, Seine.
Pontet, aîné, peintre en bâtiments (loge de La Souterraine, Creuse).
Ponthier, Albert, voyageur de la maison Rey, Caussade, Tarn-et-Garonne.
Ponthieu (loge de Marseille).
Ponthieu, C. (loge du Havre).
Pontillon (loge de Paris).
Pontis, artiste dramatique, Lyon.
Ponton, Auguste, restaurateur, Clermont-Ferrand.
Pontroué, Forges-les-Eaux, Seine-Inférieure.
Poran (loge de Paris).
Porax, rue Vernier, 16, Paris.
Porcherot, rue des Rigolles, Paris.
Poret (loge de Saintes, Charente-Inférieure).
Porraz, Jean-Pierre, négociant, Chambéry.
Porret, Jules-Basile, voyageur, au Puy.
Porret, Paul, Grenoble.
Portal (loge de Paris).
Portalier, cordonnier, rue Rochechouart, 49, Paris.
Portalis (loge de Paris).
Porte, marchand de vins, rue de Lourcine, 17, Paris.

Portes (de), Alfred, Buenos-Ayres, République Argentine.
Portet, père (loge de Paris).
Portet, comptable, rue des Carbonnets, 1, Bois-Colombes, Seine.
Portet, Bernard-Louis, caissier-comptable, rue Mollet, 29, Bois-Colombes, Seine.
Portet, Léon, fils (loge de Paris).
Potdevin (loge de Saint Germain-en-Laye, Seine-et-Oise).
Potevin, Joseph, bottier, avenue Sainte-Marie, 14, à Malakoff, Petit-Vanves, Seine.
Pothey, Alexandre, graveur sur bois, boulevard de Clichy, 31, Paris.
Potier (loge de Levallois-Perret, Seine).
Potier, directeur du Grand Théâtre de Bordeaux.
Potiquet, Buenos-Ayres, République Argentine.
Pou, Saint-Domingue, Haïti.
Pouard, E. (loge de Londres, Angleterre).
Pouchet, F. — A., père.
Pouchet, Georges, professeur au Muséum d'histoire naturelle de Paris.
Pouchin, Cherbourg.
Pouey, Jean-Baptiste-Albert, négociant, rue des Grands-Fossés, Tarbes.
Pouillaude (loge de Paris).
Poujol, Charles-Alexis (loge de Laon).
Poujoula, Jean (loge de Saint-Ouen, Seine).
Poulain ou Poullin (loge d'Issy, Seine).
Poulin, hôtelier, Conflans-Andrésy, Seine-et-Oise.
Poulle, H.-G.-A., fils, substitut du procureur de la République.
Poulliaude (loge de Paris).
Poullin; Louis, La Pointe-à-Pitre, Guadeloupe.
Poullin, Rémy, (loge de la Pointe-à-Pitre, Guadeloupe).
Poupelle, Saïgon, Cochinchine française.
Poupon, Théodore-Ludomir, Cayenne, Guyane française.
Pourchet, Auguste-François, négociant, Besançon.
Pourchet, Onésime, voyageur de commerce, Besançon.
Poursil (loge de Caen).
Pourtalé, Pierre, Buenos-Ayres, République Argentine.
Pourteau, employé, rue des Saints-Pères, 25, Paris.
Poussier (loge de Paris).
Poux; François, rentier, Besançon.
Pouzenc ou Pouzeng, Bordeaux.
Pouzot, Prosper, fabricant de registres.
Poyar, Thomas-Henri, La Barbade, Antilles.
Pozier, Albert-Gaston (loge de Paris).
Pozier, Robert-Ernest (loge de Paris).

Pradel (loge de Vincennes).
Pradel, Charles, propriétaire, rue Pargaminières, 66, Toulouse.
Pradère (loge de Boulogne, Seine).
Pradès, épicier. Caussade, Tarn-et-Garonne.
Pradier (loge de Neuilly. Seine).
Pradier, docteur-médecin, Clermont-Ferrand.
Pradier, Périgueux.
Pradine, P. (loge de Martigues, Bouches du-Rhône).
Pradines, père (loge de Saint-Ouen, Seine).
Pradines, Eugène, fils, (loge de Saint-Ouen, Seine).
Praeker, graveur, rue de la Grange-aux-Belles, 26, Paris.
Pralavario, père (loge de Constantine, Algérie).
Pralavario fils (loge de Constantine, Algérie).
Prangey artiste dramatique.
Praquin, agence générale de publicité, avenue Parmentier, 38, Paris.
Précieux, Jules, bijoutier, rue des Enfants-Rouges. 8. Paris.
Preisch, rue de Buci, 33. Paris.
Prèlavorio (loge de Constantine, Algérie).
Prétot Louis-Joseph, employé, Besançon.
Pretot, Victor, docteur-médecin, Valparaiso, Chili.
Provichts (Kwinta de) (loge de Paris).
Prévost, rue de Belleville, 246, Paris.
Prévost, comptable, rue de la Folie, 8, Vaucresson, Seine-et-Oise.
Prévost (loge de Saint-Denis, Seine).
Prevost, fils, chapelier, La Roche-sur-Yon, Vendée.
Prévost, Gabriel (loge de Saint-Ouen, Seine).
Prévost, Paul (loge de Saint-Ouen, Seine).
Prévost, Victor, plombier, rue de Rivoli, 9, Paris.
Privat (loge de Paris).
Privat-Giraud, La Pointe-à-Pitre, Guadeloupe.
Procope, jeune, Saint-Pierre, Martinique.
Protot, Louis, avocat, rue de Braque, 6, Paris.
Prouhet, Bordeaux.
Prouvay, Remy-Eugène, charpentier, rue Riquet, 36, Paris.
Provençal (loge de Tunis, Tunisie).
Prudent, Gabriel, Saint-Denis, île de la Réunion.
Prudhomme, père, produits chimiques, gare de La Villette, Paris.
Prudhomme, Paul, fils (loge de Paris).
Prudhomme, Jean-Baptiste, tonnelier, Pontcharra, Isère.
Prudhon (loge de Levallois-Perret, Seine).
Prunières, fabricant de chaises, Caussade, Tarn-et-Garonne.
Puccini (loge de Bône, Algérie).
Puech, Toussaint, homme de lettres, rue du Théâtre, 2, Paris.

Pujade, Jean, coupeur d'habits (loge d'Alais, Gard).
Pujol, Saint-Pierre, Martinique.
Putman, Thomas-William, capitaine de cabotage (loge de Dunkerque).
Putois (loge de Paris).
Puy, Guillaume, Buenos-Ayres, République Argentine.
Puyo, Charles, négociant, Pau.
Puymège, limonadier, Brive-la-Gaillarde, Corrèze.

Q

Quanouin, Louis (loge de Paris).
Quansnika (loge de Paris).
Quédeville, Arthur (loge de Nice).
Queinec, G., Valparaiso, Chili.
Queirel, Ch. (loge de Toulon).
Quénel, Emile (loge de Neuilly-Plaisance, Seine-et-Oise).
Quénel, Gustave (loge de Neuilly-Plaisance, Seine-et-Oise).
Quenneville, H. (loge de Montréal, Canada).
Quentin (loge d'Irvy, Seine).
Quercy (loge de Paris).
Querel, artiste lyrique.
Querm (loge de Gray, Haute-Saône).
Quéroy, comptable, rue du Lac, 10, Saint-Mandé, Seine.
Quesne (loge de Dieppe).
Quesnel, professeur d'histoire à l'Ecole Monge (loge de Paris).
Quesney, employé des contributions, Guiscard, Oise.
Quetet (loge de Paris).
Quetier, (loge de Paris).
Queuilhe, Camille, chef des travaux graphiques au chemin de fer, Dijon.
Quigneaux, professeur de musique, Soissons, Aisne.
Quigneaux (loge d'Alger).
Quignot, fils, rue Paradis-Poissonnière, 20, Paris.
Quilhen (loge de Dijon).
Quillet (loge d'Agen).
Quillet, Noël, passage de l'Elysée-des-Beaux-Arts, 13, Paris.
Quillon, J.-B., entrepreneur, rue de la République, Aurillac.
Quincet, entrepreneur de couverture, Antony, Seine.
Quincet, fils, couvreur, Orsay, Seine-et-Oise.
Quincot (loge de Paris).
Quinel (loge de Paris).
Quintard, frotteur, rue Saint-Martin, 321, Paris.
Quintin, François, Buenos-Ayres, République Argentine.

Quinton (loge de Saint-Ouen, Seine).
Quirot, tisseur, passage des Enviergcs, 6, Paris.

R

Rabier, Fernand (loge d'Orléans).
Rabuteau (loge de Paris).
Rachet, place du Grand-Marché, 17, Orléans.
Rachine, officier d'état-major.
Racine, artiste dessinateur (loge de Paris).
Radde (loge de Lille).
Radé, Clément (loge de Buenos-Ayres, République Argentine).
Radelet (loge de Valenciennes, Nord).
Radiguet, photographe, Nice.
Raffer (loge de Bordeaux).
Raffestin (loge de Paris).
Raffet (loge d'Angers).
Raffinesque, Félix.
Raffinesque, Gaston.
Raffort, Henri, galocher, Aiguebianche, Savoie.
Ragoix, limonadier, rue Saint-Martin, 123, Paris.
Raguey, Joseph, rentier, Besançon.
Raighasse, architecte, rue Cuve-du-Four, 21, Montreuil, Seine.
Raillard, Jules-Ed., conducteur de la voie ferrée, Besançon.
Raimbault (loge de Paris).
Raimon (loge de Paris).
Rainfroy, E., père, rue du Télégraphe, 35, Paris.
Rainfroy, Eugène-Auguste, fils, (loge de Paris).
Raisin (loge d'Alger).
Ralu, François, entrepreneur de couverture (loge de Dijon).
Rambaud (loge d'Alger).
Rambaud, Charles, libraire, Besançon.
Rambaud, Ernest, marchand de meubles, Grenoble.
Rameau, Pierre-Paul, négociant, aux Cayes, Haïti.
Rancier, Jacques, architecte, Grande-Rue La Réal, 22, Perpignan.
Randert, B., inspecteur d'académie (loge de Lille).
Randon de Grollier (loge de Nîmes).
Ranvier, père, fabricant, rue Oberkampf, 104, Paris.
Ranvier, Albert, fils (loge de Paris).
Ranvier, Gabriel, membre de la Commune.
Raoul, A., Saint-Thomas, Antilles danoises.

Rapenne, Fernand-Henri (loge de Paris).
Raquillot (loge de Constantine, Algérie).
Raquin, Octave, architecte, impasse Bony, rue Saint-Lazare, 132, Paris.
Rasch, Charles, lampiste, rue Volta, 39, Paris.
Rat, E., secrétaire général de la Société de géographie de Tours.
Rataboul, Nouméa, Nouvelle-Calédonie.
Rate, artiste lyrique.
Ratery (loge d'Aurillac).
Ratier, rentier, Caussade, Tarn-et-Garonne.
Ratinaud (loge de Levallois-Perret, Seine).
Ratton, négociant, Marseille.
Rauber (loge de Paris).
Rauch, ingénieur (loge de Paris).
Raudel, instituteur, Saint-Pardoux-Corbier, Corrèze.
Rault, C. (loge de Paris).
Ravanat, Eugène, entrepreneur-charpentier, Eybens, Isère.
Ravel, horloger, Besançon.
Ravet, Ferdinand, ancien pharmacien (loge de Bourg-en-Bresse).
Ravey, Antoine (loge de Paris).
Ravier, voyageur de commerce, rue du Pont-aux-Choux, 18, Paris.
Ravonneau, J.-B., fabricant de cadrans, Besançon.
Ray, maire du Pecq, Seine-et-Oise.
Raybaud, écrivain lithographe, rue Saint-Séverin, 38, Paris.
Raymon, Martin, avenue d'Italie, 59, Paris.
Raymond (loge de Levallois-Perret, Seine).
Raymond (loge de Saintes, Charente-Inférieure).
Raymond, aux Cayes, Haïti.
Raynal, représentant de commerce (loge de Paris).
Raynaud (loge de Clichy, Seine).
Raynaud (loge de Marseille).
Raynaud (loge de Toulouse).
Raynaud, Henri (loge Paris).
Réal, Cognac, Charente.
Reallon (loge de Perpignan).
Réard (loge de Paris).
Réaux, Marie-Emile, La Pointe-à-Pitre, Guadeloupe.
Rebière, instituteur, Larche, Corrèze.
Rebold, E., professeur de physique.
Rebon (loge de Paris).
Reboulleau, Tours.
Rebours (loge de Paris).
Rebreyend, Eugène-Urbain, notaire, Voulnaveys-le-Haut, Isère.

Réchou, François, professeur de mathématiques, rue de Pessac, 210, Bordeaux.
Redivivus, E.-G. (loge de Valparaiso, Chili).
Redo, J., père (loge de Perpignan).
Redo, J., fils (loge de Perpignan).
Redon (loge de Lorient).
* Redon, Louis, négociant, officier d'état-major de la Commune, directeur du journal l'*Action Maçonnique*, rue La fayette, 54, Paris.
Redon, Paul, Paris.
Redouly, Charles, professeur, rue Lhomond, 51, Paris.
Reggeal, adjoint au maire du XIXe arrondissement de Paris.
Régipas, Etienne (loge de Lyon).
Regnard, Albert, rédacteur au *Voltaire* (loge de Paris).
Regnaudin, Nevers.
Regnault (loge de Pantin, Seine).
Régnier, marbrier, rue du Montparnasse, 41, Paris.
Régnier, Lyon.
Régnier (loge de Bordeaux).
Régnier, Périgueux.
Régnier Port-au-Prince, Haïti.
Régnier, Edmond-Alexandre-Louis (loge de Pontoise, Seine-et-Oise).
Régnier, Emile, négociant, rue Dutemps, 22, Toulouse
Rehm, E., fabricant d'étuis pour instruments de musique, rue Liancourt, 43, Paris.
Rehm, Th., Honolulu, Océanie.
Reilhac, La Pointe-à-Pitre, Guadeloupe.
Reimann, mécanicien, rue Papin, 7, Paris.
Reims (de), père, rue Bréa, 23, Paris.
Reims (de), fils, rue Bréa, 23, Paris.
Rein, Albert, joaillier, rue du Temple, 120, Paris.
Reinach, Théodore, (loge de Paris).
Reingas (loge de Paris).
Reix, négociant, Brive-la-Gaillarde, Corrèze.
Remerel, joaillier, rue Chapon, 4, Paris.
Remezy, René, rue Chasselièvre, 30, Rouen.
Rémond, rue du Faubourg-Poissonnière, 189, Paris.
Rémond, avenue du Chemin-de-fer, Epinay, Seine.
Remoussin, Edmond, employé, rue Paul-Lelong, 7, Paris.
Rémy, charpentier, rue d'Avron, 118, Paris
Rémy, peintre, rue de la Glacière, 16, Paris.
Rémy, (loge de Clichy, Seine).
Rémy (loge d'Orléans).
Rémy, Emmanuel-L., Port-au-Prince, Haïti.
Renard, comptable, rue du Château, 16, Paris.
Renard, fruitier, rue La Condamine, 63, Paris.

Renard, Auguste, commerçant, Compiègne, Oise.
Renard, Charles, notaire, Villejésus, Charente.
Renaud, employé au ministère des Beaux-Arts, Paris.
Renaud, jeune, avenue de Breteuil, 63, Paris.
Renaud, François, appareilleur, boulevard Voltaire, 221, cité Guénot, 9, Paris.
Renaud, Georges, économiste, géographe, directeur-gérant de la *Revue géographique internationale* (loge de Port-Vendres, Pyrénées-Orientales).
Renaudie, receveur municipal, Brive-la-Gaillarde, Corrèze.
Renaudie, père, Périgueux.
Renaudie, fils, Périgueux.
Renaudie, Antoine, banquier, place Boucherie, 11, Limoges.
Renaudin (loge de Besançon).
Rendont, artiste du Grand-Théâtre de Lille.
Rencau, A. (loge de Paris).
Renié, avocat à la Cour de Paris, place Saint-Michel, 7, Paris.
Renier, entrepreneur d'affichage, rue d'Aboukir, 3, Paris.
Renillier (loge de Paris).
Renn, Félix, bijoutier, rue de Rambuteau, 14, Paris.
Renou, François-Armand, ancien notaire, Saumur, Maine-et-Loire.
Renouf, marchand de vins, à Grenelle, Paris.
Renoult (loge de Paris).
Renoy (loge de Condom, Gers).
Réocheux (loge de Saint-Etienne).
Repainville, représentant de commerce, rue du Faubourg-Saint-Denis, 24, Paris.
Repellin, Auguste, chauffeur à la Cie de Paris-Lyon-Méditerranée, Grenoble.
Repiquet, marchand d'attributs et décors maçonniques, rue de Rambuteau, 38, Paris.
Repmal, tailleur, rue Jean-Jacques-Rousseau, 4, Paris.
Respaud, père, Versailles.
Respaud, Jacques-Antoine, fils (loge de Versailles).
Respaud, Julien, fils (loge de Versailles).
Resteau (de) (loge de Nancy).
Retassis, instituteur, Estivaux, Corrèze.
Rétaud, conseiller municipal et adjoint au maire de Dieppe.
Reutchler, Jules, horloger, Besançon.
Réveillot, Ch., employé, rue de la Fontenelle, 3, Paris.
Réveillot, G., employé, quai de l'Oise, 29, Paris.
Revel, père (loge de Nantes).
Revel, fils (loge de Nantes).
Revire, Carpentras, Vaucluse.
Revoyre, Jules, limonadier, Saint-Marcellin, Isère.

Rey (loge de Lyon).
Rey, Clermont-Ferrand.
Rey (loge de Martigues, Bouches-du-Rhône).
Rey, Claude, rentier, Albertville, Savoie.
Rey, Eugène, peintre en lettres, rue de Rivoli, 70, Paris.
Rey, François-Auguste, chef de division à la marie, Grenoble.
Rey, Henri, associé de la maison Rey, cousins (chapeaux de paille), Caussade, Tarn-et-Garonne
Reybert, Louis, docteur-médecin (loge de Saint-Claude, Jura.)
Reydel, Antoine-Joseph-François, limonadier, Grenoble.
Reydet (loge de Paris).
Reyès, Augustin.
Reygeal (loge de Pantin, Seine).
Reymond, Joseph-François, agent général de la Compagnie *la France*, Grenoble.
Reymond, P. (loge de Paris).
Reynaud (loge d'Orléans).
Reyner, Charles, limonadier, rue d'Allemagne, 123, Paris.
Reynier, J., tisseur, Grande-Côte, 59, Lyon.
Reynoird (loge d'Orléans).
Rheims, chef d'institution, rue d'Hauteville, 33, Paris.
Riamé, Paul, Cayenne, Guyane française.
Riandel (loge de Paris)
Ribart, E., docteur-médecin (loge de Saint-Ouen, Seine).
Ribaut, Saint-Pierre, Martinique.
Ribes, Cette, Hérault.
Ribier, Marius (loge de Nice).
Ribière, J.-B., employé, maison Dutour, rue Notre-Dame-de Lorette, 4, Limoges.
Ribierre, Léonard, boulanger, Saint-Priest-Taurin, Haute-Vienne.
Ribreau, Marcel, inspecteur primaire, Bellac, Haute-Vienne.
Ricard, sénateur, ministre.
Ricard, François, professeur licencié, Annecy.
Ricaud (loge de Paris).
Ricaux, Lyon.
Richard (du Cantal), agronome, député à la Constituante de 1848.
Richard (loge de Saint-Etienne).
Richard, Cette, Hérault.
Richard, Edmond, rue du Plâtre, 14, Paris.
Richard, Félix, opticien, boulevard de la Villette, 60, Paris.
Richard, Georges, ex-secrétaire du ministre de la Marine (loge de Paris).
Richard, Georges, artiste et auteur dramatique (loge de Paris).
Richard, Georges, Saint-Denis, île de la Réunion.

Richardson, bijoutier, rue de La Barre, 1, Paris.
Richaud, gouverneur des Indes françaises.
Richel (loge de Vienne, Isère).
Richel, Anténor (loge de Paris).
Richard, Laurent, publicite (loge de Paris)
Richemont, Port-Louis, île Maurice.
Richer, marchand de beurre et œufs, rue Montesquieu, 3, Paris.
Richer, Lucien (loge de Paris).
Richiez, Félix, fils, Port-au-Prince, Haïti.
Richon, notaire, Salles-de-Villefagnan, Charente.
Ricot, marchand de meubles, place Gozlin, 4, Paris.
Ricou, Joseph, maçon, rue Saint-Victor, 70, Paris.
Ridard, Thomas, docteur-médecin, Corné, Maine-et-Loire.
Rieder, père, Paris.
Rieder, Paul, fils (loge de Paris).
Riet (loge de Paris).
Rieux (loge de Paris).
Riffart-Charpentier, marchand d'attributs et décors maçonniques, rue Saint-Honoré, 2, Paris.
Rigal, marchand de charbons, rue des Couronnes, 9, Paris.
Rigal, Alais, Gard.
Rigal, Antoine-Adolphe, chef de division à la Cie de Paris-Lyon-Méditerranée, Saint-Marcellin, Isère.
Rigaud-Luxis, aux Cayes, Haïti.
Rigault, Gien, Loiret.
Rigaut, pharmacien, Orange, Vaucluse.
Rigaut, Pierre-Paul-Arthur-Désiré, commerçant, Noyon, Oise.
Rigot, Victor, fondeur, Vincennes, Seine.
Rigoulot, Pierre, horloger, Besançon.
Rigoult (de) (loge de Versailles).
Rillet, Saint-Denis, île de la Réunion.
Rillette (loge de Pontoise, Seine-et-Oise).
Rimmel, Eugène.
Rinder, J., rue de Charenton, 151, Paris.
Ringeard, Adrien, parfumeur, rue Clauzel, 17, Paris.
Rinsan, bijoutier, rue de Ménilmontant, 78, Paris.
Riobé, père (loge de Paris).
Riobé, Emile, fils (loge de Neuilly-Plaisance, Seine-et-Oise),
Rion, père, Bordeaux.
Riondet, Jules, architecte, Grenoble.
Ripert, représentant de commerce, rue de l'Echiquier, 29, Paris.
Rispal, Max-Joseph (loge de Vichy, Allier).
Rispaud, V., Buenos-Ayres, République Argentine.
Ristelhueber (loge de Paris).

Riu, docteur-médecin (loge d'Orléans).
River, Pierre, tonnelier, rue des Carrières, 11, Charenton, Seine.
Rivet, marbrier, passage du Génie, 28, Paris.
Rivet, Armand, peintre-plâtrier, Saint-Junien, Haute-Vienne.
Rivière (loge de Philippeville, Algérie).
Rivière, Désiré, pilote (loge du Havre).
Rivoire (loge de Saint-Etienne).
Rivolin (loge de Saumur, Maine-et-Loire).
Rizat, docteur-médecin (loge de Paris).
Roatta, Ch. (loge de Nice).
Roazio, rue du Landy, 68, La Plaine Saint-Denis, Seine.
Roazio, J. (loge de Saint-Ouen, Seine).
Robbe (loge de Rouen).
Robern, Tonnay-Charente, Charente-Inférieure.
Robert, Laval.
Robert, Saintes, Charente-Inférieure.
• Robert, Anatole-Edouard, avocat à la Cour d'appel, conseiller d'arrondissement, conseiller général de Maine-et-Loire, maire de Vaiges, Mayenne.
Robert, Camille (loge de Paris).
Robert, Claude, boulevard de Reuilly, 50, Paris.
Robert, Emile, conducteur de travaux, Grenoble.
Robert, Gabriel-Maxime, deuxième commis entretenu de 2e classe (loge de Toulon).
Robert, Louis-Joseph, maître-charpentier, Grenoble.
Robert, Paul (loge de Bordeaux).
Robidon, Bertrand.
Robin, Charles-Magne, directeur de l'agence du Crédit foncier colonial, La Pointe-à-Pitre, Guadeloupe.
Robin, Emériska. Port-au-Prince, Haïti.
Robin, Enélius, Port-au-Prince, Haïti.
Robin, L., Buenos-Ayres, République Argentine,
Robinet (loge de Laon).
Robinet, Buenos-Ayres, République Argentine.
Robley, Louis-Auguste, entrepreneur de couverture, rue d'Orléans, 32, à Bercy, Paris.
Robquin, (loge de Paris).
Roby, conseiller général, La Mazière-du-Grand-Bourg, Creuse.
Roch, ébéniste, rue de Lesdiguières, 15, Paris.
Roch, employé, rue Marbeuf, 45, Paris.
Roch, Joseph, graveur, rue Sauval, 5, Paris.
Rochaland, Henri (loge de Paris).
Rochet, boulevard de Courcelles, 61, Paris.
Roche, artiste du Gymnase de Marseille.
Roche, Bessèges, Gard.

Roche, imprimeur, Brive-la-Gaillarde, Corrèze.
Roche (loge de Saintes, Charente-Inférieure).
Roche, Aubert, médecin en chef de la Cie de l'isthme de Suez, Alexandrie, Egypte.
Roche, J., Jacmel, Haïti.
Roche, Onésime (loge de Clichy, Seine).
Rochedieu (loge de Bordeaux).
Rocher (loge du Havre).
Rocher, Giraud, marchand de vins, rue des Fourneaux, 23, Paris.
Rocher, Stéphane, rédacteur en chef et directeur du *Monde Maçonnique*, rue Charles-Laffitte, 106. Neuilly, Seine.
Rochereau (loge de Paris).
Rochet (loge de Moulins).
Rochet, facteur, station d'Orsay, Seine-et-Oise.
Rochetin, tailleur de pierre, rue Perronet, 5, Paris.
Rochette, père, docteur-médecin, rue Coypel, 20, Paris.
Rochette, Etienne, fils (loge de Paris).
Rochez, La Rochelle.
Rocquière (loge de Paris).
Rodde (loge d'Aurillac).
Rodier (loge de Vincennes, Seine).
Rodier, F. (loge de La Basse-Terre, Guadeloupe).
Rodot, hôtel garni, rue d'Argenteuil, 24, Paris.
Rodrigue, J. (loge de Montréal, Canada).
Rœderer, pâtissier, boulevard de Sébastopol, 23, Paris.
Rœdlé (loge de Périgueux).
Rœhme, Aubert.
Roëlly, Léon-Julien (loge de Paris).
Rœsch, G.-Auguste, chef de dépôt, Besançon.
Roger, cartonnier, rue Michel-le-Comte, 25, Paris.
Roger, mécanicien, avenue Sainte-Marie, 28, Montreuil, Seine.
Roger (loge de Pantin, Seine).
Roger (loge de Lille).
Roger (comte de), Edouard, député, Cours-la-Reine, 30. Paris.
Roger, P., marchand de vins, rue Vieille-du-Temple, 62, Paris.
Rogue, musicien, (loge de Caen).
Rohan, A., Port-Louis, île Maurice.
Rohanni (loge de Neuilly-Plaisance, Seine-et-Oise).
Roinel, Saint-Louis, Sénégal.
Roisin, Sosthène, marchand de vins, rue Croulebarbe 59, Paris.
Roland (loge de Rouen).
Rolde, Laurent, Périgueux.

Rolen, caissier, avenue de Paris, 2, Rueil, Seine-et-Oise.
Rolet, P.-François, pédicure, Besançon.
Rolland (loge d'Avignon).
Rolland (loge de Saint-Germain-en-Laye, Seine-et-Oise).
Rolland, pharmacien (loge du Vigan, Gard).
Rolland, Édouard (loge de Perpignan).
Rolland, Joseph-Auguste, praticien, Clermont-Ferrand.
Rolland, Myrtil, aux Cayes, Haïti.
Rollin, Grande-Rue, 12, Argenteuil, Seine-et-Oise.
Rollin, François, (loge de Paris).
Rollo (loge de Cherbourg).
Rollot (loge de Châlons-sur-Marne),
Romain, Manuel, horloger, Paris.
Romain, Marius, fabricant de papiers peints, rue Saint-Bernard, 12, Paris.
Roman, membre de l'Académie nationale de musique, de Marseille.
Roman, Jean (loge de Martigues, Bouches-du-Rhône).
Romanet (loge de Paris).
Romboust, tailleur, rue Richelieu, 87, Paris.
Rome (loge de Marseille).
Ronand (loge de Bordeaux).
Roncair (loge de Martigues, Bouches-du-Rhône).
Rondon (loge de Paris).
Ronein (loge de Paris).
Ronjat (loge de Lyon).
Ronjat (loge de Saint-Denis, Seine).
Ronquette (loge de Saïgon, Cochinchine française).
Rontoi André, tailleur, rue Thorel, 7, Paris.
Roque, Saint-Pierre, Martinique.
Roquencourt (loge du Havre).
Roques, maçon, Caussade, Tarn-et-Garonne.
Roquet, avocat (loge de Paris).
Roquet (loge d'Angers).
Roquet, Léo (loge de Paris).
Roret, P., rédacteur de la *Gazette des Travailleurs*, Chaumont.
Rorphuro, rue du Temple, 41, Paris.
Rory, facteur (loge de Paris).
Rosard (loge de Paris).
Rosazza, Démétrio, entrepreneur, Gruffy, Haute-Savoie.
Rose, boulanger, rue d'Orléans-Saint-Honoré, 7, Paris.
Rose, commerçant, aux Cayes, Haïti.
Rosé, rue de la Folie, 10, Sannois, Seine-et-Oise.
Rosé, E. (loge de Paris).
Rosen, rue Chappe, 9, Paris.
Rosenbeck (loge de Paris).

Rosenwald, S., place de la Bastille, 10, Paris.
Rosiers, Ant., commandant de navire (loge de Saint-Denis, île de la Réunion).
Rossard, épicier, rue Lecourbe, 37, Paris.
Rossat (loge d'Avignon).
Rossat, Eugène, négociant, Batavia, île de Java.
Rossette, Abel (loge de Paris).
Rossette, Léon (loge de Paris).
Rossi (loge de Nice)
Rossi, Simon-François-Lodoïsk, comptable, Annecy.
Rossignol, chef de comptabilité, président de la Société protestante du Travail, conseiller municipal de Clichy, Seine.
Rossignol, Ferdinand (loge de Paris).
Rossy, coupeur, rue de Seine, 40, Paris.
Rostaing, François, voyageur de commerce, boulevard de Strasbourg, 7, Paris.
Rotanger, Rueil, Seine-et-Oise.
Rothé, officier d'administration (loge de Paris).
Rottée, tailleur, rue Quincampoix, 4, Paris.
Rotuia (loge de Paris).
Rouam, J. (loge de Paris).
Roucaud loge de Bordeaux).
Rouchard, Sarlat, Dordogne.
Rouchier, Sincère, confiseur, Ruffec, Charente.
Roucoux, artiste dramatique.
Roudeau, pharmacien, Périgueux.
Roudergues, P. (oge du Havre).
Rouelle, employé, rue Saint-Martin, 343, Paris.
Rouffet, Louis, chef de section, Albertville, Savoie.
Rougeot (loge de Paris).
Rougeot, Givors, Rhône.
Rougeot, artiste lyrique du théâtre de Troyes.
Rouget, maître d'hôtel, Martigues, Bouches-du-Rhône.
Rouget, Louis (loge de Pertuis, Vaucluse).
Rougier, Pé igueux.
Rougier (loge de Niort).
Rougier (loge de Grasse, Alpes-Maritimes).
Rouguette (loge de Saïgon, Cochinchine française).
Rouhier, docteur-médecin.
Rouhier, Port-Louis, île Maueice.
Rouhier, Auguste, négociant, Dijon.
Rouhin, Port-Louis, île Maurice.
Rouillard (loge de Levallois-Perret, Seine).
Rouillier, représentant de commerce, rue Baillet, 10, Paris.
Rouillier, Edouard, cordonnier, rue des Cordeliers, 5 *bis*, Paris.
Rouire (loge d'Algérie).

Roujaud, commissaire de la marine, au corps expéditionnaire du Tonkin.
Roujean, Paul, Chinon, Indre-et-Loire.
Roule, Claude (loge de Lyon).
Roulin, premier maître de timonerie, second du navire de l'Etat *Loyalti* (loge de Nouméa, Nouvelle-Calédonie).
Roullet, Alexandre, La Haye, Hollande.
Roupuier (loge de Paris).
Roure, maître d'armes au 9e dragons, Tours.
Roure, Ferdinand, attaché au transatlantique le *Congo* (loge de Bueno-Ayres, République Argentine).
Rourière (loge d'Alger).
Rourre, Baptistin, voyageur de commerce (loge de Martigues, Bouches-du Rhône).
Rousseau, fabricant d'instruments de musique, rue de Turenne, 19, Paris.
Rousseau (loge de Levallois-Perret, Seine).
Rousseau (loge de Pont-Saint-Esprit, Gard).
Rousseau, Alfred-Joseph, en Espagne.
Rousseau, Georges, cuisinier, Guéret.
Rousseau, Victor, contre-maître d'usines à gaz, puis fumiste-poêlier, Lyon.
Rousseau, J., Laon.
Roussel, comptable, rue de Sévigné, 3, Paris.
Roussel, placeur d'ouvriers boulangers, rue d'Orléans-Saint-Honoré, 7, Paris.
Roussel, Cambrai, Nord.
Roussel (loge de la Ciotat, Bouches-du-Rhône).
Roussel (loge de Saïgon, Cochinchine française).
• Roussel, E., peintre-verrier, de Beauvais, — a donné depuis longtemps sa démission.
Roussel, de Méry (Roussel, Auguste, dit), homme de lettres.
Rousselet (loge de Levallois-Perret, Seine.
Rousselet, Auguste, organisateur de bals, rue des Patriarches, 3, Paris.
Rousselet, Ferdinand, Neuilly, Seine.
Rousselle (loge de Bordeaux).
Rousselle, Fr. (loge d'Ajaccio).
Rousselot, L, (loge de Paris).
Roussely, Emile, employé de commerce, place des Bancs, 8, Limoges.
Roussely, Pierre, marchand-tailleur, place des Bancs, 8, Limoges.
Roussez, entrepreneur de travaux publics, impasse du Chemin-Vert, Billancourt, Seine.
Routin, Thomas, rentier, Chambéry.

Rouvery, Bertrand, voyageur, faubourg d'Angoulême, 6, Limoges.
Roux, rue Dauphine, 12, Paris).
Roux, lieutenant au 74e de ligne (loge de Paris).
Roux, Périgueux.
Roux (loge de Toulon).
Roux, peintre en bâtiments, Rueil, Seine-et-Oise.
Roux (loge de Montélimar, Drôme).
Roux, instituteur, Tullins, Isère.
Roux (loge de Constantinople, Turquie).
Roux, Claude, agent-voyer, Besançon.
Roux, Ernest, comptable, rue de l'Industrie, 40, Toulouse.
Rouzé, aîné (loge de Paris).
Rouzé, G. (loge de Paris).
Rouziol, J.
Rovighi (loge de Nice).
Roy, (loge de Constantine, Algérie).
Roy, E., boulevard du Temple, 10, Paris.
Roy, Emile, spécialité des maisons de parfumerie, rue Saint-Honoré, 106, Paris.
Roy, Félix. Paris.
Roy, Gilbert, mécanicien, rue Neuve, 14, Clermont-Ferrand.
Roy, Louis-Alexandre-Julien, en Haïti.
Roy, Marius, Saint-Pierre, Martinique.
Roye, professeur, boulevard Saint-Michel, 63, Paris.
Royer, chauffeur à la Cie du Gaz, rue de la Roquette, 43 Paris.
Royer, fabricant d'instruments de mathématiques, rue de l'Ancienne-Comédie. 12, Paris.
Royer, serrurier, Paris.
Royer (loge de Meulan, Seine-et-Oise).
Royer (loge de Voiron, Isère).
Royer, père, Givors, Rhône.
Royer, Emile, rue Albouy, 13, Paris.
Royer, G. (loge de Philippeville, Algérie).
Royer, Zacharie, employé, Rueil, Seine-et-Oise.
Royer-Paqueron, François-Nicolas-Alphonse, négociant, Châlons-sur-Marne.
• Royné, Lucien, propriétaire, conseiller général, maire de Bléré, Indre-et-Loire.
Rayon, A., fabricant de voitures d'enfants, rue Saint-Maur, 140, et rue Moret, 15, Paris.
Rozand, Paul-Joseph, entrepreneur, rue Condrin, Tarbes.
Roze (loge de Paris).
Rozier (loge de Saint-Etienne).
Ruault, Saint-Louis, Sénégal.
Ruban, Constantin-Paul, avocat, agriculteur et viticulteur, Ploësti, Roumanie.

Ruben de Couderc, conseiller général de la Seine, conseiller à la Cour d'appel, vice-président du Tribunal civil de Paris, premier président à la Cour d'Aix.
Rubigny (loge de Paris).
Rubin, Jacques, tanneur, Moutiers, Savoie.
Rubin de Méribel, C.-L.-O., attaché au ministère de l'Instruction publique et des Beaux-Arts.
Rubler, passage Tocanier, 19, Paris.
Rudelbach, rue de Clichy, 64, Paris.
Ruel, Jules, homme de lettres, rue Perronet, 15, Paris.
Ruelle, docteur-médecin, rue de Meaux, 11, Paris.
Ruffier, Athanase (loge de La Ciotat, Bouches-du-Rhône).
Ruffing (loge d'Agen).
Ruinet, Ch., rue des Francs-Bourgeois, 31, Paris.
Ruspini, père (loge de Paris).
Ruspini, Adrien, fils (loge de Paris).
Ruteau, tailleur, boulevard Voltaire, 3, Paris.
Ruyssen, Is. (loge de Dunkerque).
Rveino, Port-Louis, île Maurice.
Ryckmans, capitaine au long cours (loge de Saint-Louis, Sénégal).
Ryf-Kogel (loge de Paris).
Rys, comptable, rue Truffault, 12, Paris.
Ryssalet, Périgueux.

S

Saar, administrateur de commune mixte (loge d'Alger).
Sabardin (loge de Bordeaux).
Sabathier, ingénieur, rue de la Victoire, 46, Paris.
Sabatier (loge de Bordeaux).
Sabatier-Plantier (de), H. (loge de Saint-Geniès-de-Malgoires, Gard).
Saboureau (loge de Tunis, Tunisie).
Sacarrau (loge de Bordeaux).
Saclier (loge de Paris).
Sacres (loge de Paris).
Sadoul, employé, rue de la Huchette, 13, Paris.
Sadourny (loge de Paris).
Saffores, Victor (loge de Buenos-Ayres, République Argentine).
Saffre (loge de Toulon).
* Sage, Alfred, négociant, conseiller municipal, Brive-la-Gaillarde, Corrèze.

Saguet, père (loge de Constantine, Algérie).
Saguet, fils (loge de Constantine, Algérie).
Saguez (loge de Paris).
Saint-Blancart, Alger.
Saint-Chartier (de), Sylvain, boulevard Saint-Jean, Melun.
Saint-Clair, Ernest (loge de Londres, Angleterre).
Saint-Cyr, Victor, comptable, rue de la Préfecture, Beauvais.
Saint-Forréol (de), fabricant d'huiles, Saint-Denis, Seine.
Saint-Germain (de) Périgueux.
Saint-Germain, Joseph-Marie, cordonnier, Saint-Pierre-d'Albigny, Savoie.
Saint-Jean (de), Léon, Lyon.
Saint-Just, Simon, La Basse-Terre, Guadeloupe.
Saint-Louis, Alfred, propriétaire et conseiller municipal, La Pointe-à-Pitre, Guadeloupe.
Saint-Louis Fernand-Gabriel (loge de La Pointe-à-Pitre, Guadeloupe).
Saint-Loup (loge de Clermont-Ferrand).
• Saint-Martin, Jules-René, licencié en droit, professeur, vice-président de l'Association philotechnique, conseiller municipal de Paris, conseiller général de la Seine.
Saint-Pern (de), Charles-Léon-Gourel, avoué, rose Hill, quartier des Plaines-Wilhems, Port-Louis, île Maurice.
Saint-Pern (de), Léon, Church Square, Port-Louis, île Maurice.
Sainton (loge de La Rochelle).
Saitert, employé de chemin de fer, rue du Faubourg-Saint-Martin, 210, Paris.
Saintot (loge de Paris).
Salaché (loge de Pantin, Seine).
Salbat, libraire, rue de Sèvres, 129, Paris.
Salel, Cette, Hérault.
Salin, Charles (loge d'Avignon).
Salin, Jean-Baptiste, négociant, Clermont-Ferrand.
Salinière, commis des contributions, La Pointe-à-Pitre, Guadeloupe.
Salize, Tonnay-Charente, Charente-Inférieure.
Salle (loge de Paris).
Salle, E., graveur sur cuivre, rue Grénétat, 58, Levallois-Perret, Seine.
Sallemann, Saint-Jean-d'Angély, Charente-Inférieure.
Salles (loge de Lille).
Sallet, entrepreneur de peinture, La Souterraine, Creuse.
Sallet, Jules, aubergiste, conseiller municipal, La Souterraine, Creuse.
Salmon (loge d'Orléans).

Salmon, Henri (loge de Paris).
Salmon-Cottin, Fains-la-Folie, Eure-et-Loir.
Salomon, artiste de l'Opéra de Paris.
Salomon, limonadier, café de l'Hôtel de Bordeaux, Brive-la-Gaillarde, Corrèze.
Salomon, Marx (loge de Paris).
Salva, E (loge de Rouen).
Salvanhac (loge de Paris).
Salvetat, Périgueux.
Salviac, Périgueux.
Sambucy, Camille, Saint-Affrique, Aveyron.
Samson (loge d'Evreux).
Samuel, Rueil, Seine-et-Oise.
Samuel, Joseph, fabricant de produits chimiques, place Thorigny, 4, Paris.
Samuel, Michel (loge de Toulouse).
Sanceau, Isidore (loge de Paris).
Sancet, Auch, Gers.
Sanchez (loge de Paris).
Sandras, Rueil, Seine-et-Oise.
Sandt (de), entrepreneur, rue d'Arras, 2, Paris.
Sanite, Fernand, Cayenne, Guyane française.
Sannier (loge de Rouen).
Sannier, Julien (loge de Choisy-le-Roy, Seine).
Sanry, bijoutier, rue Turenne, 63, Paris.
Sant-Croos (loge de Pa is).
Santini, Emmanuel (loge de Levallois-Perret, Seine).
Santon, Alexandre, secrétaire particulier de préfecture.
Sapin, crémier, rue Volta, 37, Paris.
Sappey, Louis-Laurent, fabricant de boutons, Grenoble.
Sarabussi, interprète judiciaire auprès du Tribunal français de Tunis, Tunisie.
Sarasy, Pierre, négociant, rue de la Caserne, 8, Limoges.
Sarcia, rue Rochechouart, 76, Paris.
Sargos ou Sargot, E. (loge de Bordeaux).
Sargues (loge de Paris).
Sarraboquet, Martigues, Bouches-du-Rhône.
Sarrail, Guillaume, Buenos-Ayres, République Argentine.
Sarrailhé, Buenos-Ayres, République Argentine.
Sarraute (loge de Périgueux).
Sarrazin (loge de Saint-Denis, Seine).
Sarrazin, Saint-Louis, Sénégal.
Sarrière, Perpignan.
Sarru ou Sarut, propriétaire (loge d'Alger).
Sarrut, avocat, Nîmes, Gard.
Satre, Casimir, maître-serrurier, Grenoble.
Saucier (loge d'Orléans).

Sauge (loge de de Paris).
Saule, François, huissier, Guéret.
* Saumande, avoué et maire, rue Louis-Mie, Périgueux.
Saunier (loge de Mâcon).
Saurau (loge de Paris).
Saurel, Louis, débitant de tabac, Martigues, Bouches-du-Rhône.
Saussaye, conseiller municipal de Bernay, Eure.
Saussur (loge d'Orléans).
Sauterot (loge d'Avallon, Yonne).
Sauton, mégissier, rue de la Collégiale, 13, Paris.
Sauvage, commis bijoutier, rue du Temple, 19, Paris.
Sauvageot, employé, boulevard Diderot, 32, Paris.
Sauvaget, H., Buenos-Ayres, République Argentine.
Sauvalle (loge de Beauvais.
Sauvé, A. (loge de Londres, Angleterre).
Sauvetot (loge de Paris).
Sauvin, entrepôt de bitume, rue Mathis, 16, Paris.
Sauvrezy, sculpteur, rue du Faubourg-Saint-Antoine, 97, Paris.
Sauce, Louis, maître d'escrime au 14e d'artillerie, Tarbes.
Sauzet (loge de Marseille).
Sauzet, Vernon, Eure.
Sauzière, C, rue Polonceau, 45, Paris.
Saval (loge de Dieppe).
Savariau (loge de Nantes).
Savarin, Alexandre, limonadier, Besançon.
Saverney, Valparaiso, Chili.
Savetier, cordonnier, rue de Paradis, 12, Paris.
Savoie, Claude (loge d'Alger).
Savorgnan de Brazza, explorateur du Congo.
Savoureux (loge de Paris).
Savourey, Jean-Baptiste, limonadier, Besançon.
Savournin (loge d'Aix, Bouches-du-Rhône).
Savoye (loge de Pontoise).
Saxer, M.-J.-B., Versailles.
Saynes (loge de Paris).
Scelles-Christille, Gustave-Alfred, Lisieux, Calvados.
Schaeffer (loge de Levallois-Perret, Seine).
Schafer, rue Monge, 100, Paris.
Schaffier, rue de Trévise, 41, Paris.
Schaffner (loge de Paris).
Schalaben, Alexandre (loge de Troyes).
Schaller (loge de Paris).
Schaller, Charles, professeur, Albertville, Savoie.
Schatz, G, agent principal de la Compagnie d'assurances l'*Union*, au Havre.

Schauwing, Ch. (loge de Paris).
Scherek, conducteur des ponts et chaussées (loge du Tunis, Tunisie).
Schertzer, père, Paris.
Schertzer, Théodore, fils (loge de Paris).
Schiègel, Adrien (loge de Libourne, Gironde).
Schildge (loge de Neuilly, Seine).
Schirmann (loge de Tournus, Saône-et-Loire).
Schloss (loge de Paris).
Schmitd (loge de Marseille).
Schmitt (loge de Blidah, Algérie).
Schmz, maître d'hôtel, boulevard de Latour-Maubourg 100, Paris.
Schneider (foge de Marseille).
Schneider, Rueil, Seine-et-Oise.
Schneitz, Léonard (loge de Levallois-Perret, Seine).
Schneitz, Louis (loge de Levallois-Perret, Seine).
Schonnard, Gérard (loge de Lyon).
Schotte, Auguste-François, fabricant de pianos, passage de Ménilmontant, 9 bis, Paris.
Schrœder, négociant en vins de Champagne, faubourg de Laon, 3, Reims.
Schrœder (loge de Constantine, Algérie).
Schrœder, Henri, rue Richelieu, 40, Paris.
Schrœder, Karl. ingénieur civil, entrepreneur, Saïgon, Cochinchine française.
Schumacher, père, marchand de vins, rue de Rambuteau, 19, Paris.
Schumacher, Albert, fils (loge de Paris).
Schvenk (loge de Remiremont, Vosges).
Schwaebel, François, horloger, rue du Roule. 17, Paris.
Schwalb, Léopold, négociant, Valparaiso, Chili.
Schwalb, Maurice, négociant, boulevard Voltaire, 68, Paris.
Schwob, Maurice (loge de Nantes).
Scie ou Sojé, Albert, tailleur, rue de la Poterie, 4, Paris.
Scouflaires, Jean-Baptiste, commis greffier, rue Rébeval, 40, Paris.
Séailles (loge de Paris).
Sébastien, marchand de bois.
Sébastien, Charles, Saint-Thomas, Antilles danoises.
Sebaut, huissier, gradué en droit (loge de Dijon).
Sebelin, Louis, employé à la mairie, Grenoble.
Sebillon (loge de Levallois-Perret, Seine).
Seblon (loge d'Issy, Seine).
Sebrée, William (loge de Nantes).
Secretin, Jean-Alphonse (loge de Paris).
Secretin, Jean-Jacques, employé, rue de Charenton, 74, Paris.

Seegers, Adolphe (loge de Nice).
Ségaux, instituteur, aux Lilas, Seine.
Seguier (loge de Toulouse).
Séguier, père (loge de Paris).
Séguier, Louis, fils (loge de Paris).
Séguin, marchand de vin, rue des Lyonnais, 26, Paris.
Séguin (loge de Vincennes, Seine).
Séguin (loge de Nantes).
Séguin (loge de Tunis, Tunisie).
Seguin, Buenos Ayres, République Argentine.
Séguin, Ernest, capitaine au long cours.
Ségur, commissionnaire (loge du Vigan, Gard).
Ségur, Simon-Jean-Louis-Marie, aux Cayes, Haïti.
Séguy, Périgueux.
Séide, François, archiviste du ministère des Finances, Port-au-Prince, Haïti.
Seigneuré ou Seigneuret (loge du Havre).
Seilheimer, conducteur des ponts et chaussées, rue Mouton-Duvernet, 6, Paris.
Seillan, Louis, Buenos-Ayres, République Argentine.
Seillier, cafetier, Boulogne-sur-Mer.
Selb (loge de Marmande, Lot-et-Garonne).
Sellier, Henri, artiste de l'Opéra de Paris.
Selonie, conducteur des ponts et chaussées (loge de Libourne, Gironde).
Semaden (loge de Limoges).
Semanne, H. (loge de Saïgon, Cochinchine française).
Sempé, Buenos-Ayres, République Argentine.
Sénac, Alfred, Versailles.
Sencier (loge de Reims).
Sénéchal (loge de Marmande, Lot-et-Garonne).
Senez, Alfred-Claude-Louis, sous-lieutenant au 10e escadron du train des équipages, Lunel, Hérault.
Sengence, aîné, Périgueux.
Sengence, jeune, Périgueux.
Sentex (loge de Bordeaux).
Sentubéry, Jean-Bernard-Sylvain, arquebusier, rue des Grands-Fossés, Tarbes.
Sérac, Alfred, négociant (loge de Nice).
Séran, P.-J (loge de Saint-Ouen, Seine).
Sère (loge d'Apt, Vaucluse).
Sère (loge de Saïgon, Cochinchine française).
Sergent, médecin vétérinaire, passage Corbeau, 2, Paris.
Sergent, procureur de la République, la Pointe-à-Pitre, Guadeloupe.
Sergenton, Daniel, Bordeaux.

Sergenton, Sylvain, marchand de vins, rue des Amandiers 40, Paris.
Serin (loge de Paris).
Serny, chef de bureau au Chemin de fer du Nord (loge de Paris).
Serr, Edouard (loge de Bordeaux).
Serr, Georges (loge de Bordeaux).
Serra, Clément, entrepreneur, Grenoble.
Serra, Jean, entrepreneur, Grenoble.
Serrano, Edouard (loge du Havre).
Serrano, Gustave (loge du Havre).
Serre (loge de Marseille).
Serre, Ferdinand, négociant, rue Réaumur, 42, Paris.
Serre, J. (loge de Perpignan).
Serré, fils (loge de Vernon, Eure).
Serres, Emile, conseiller municipal de Cognac.
Sers, Saint-Denis, île de la Réunion.
Servières, bourrelier, Caussade, Tarn-et-Garonne.
• Servois, Gustave, archiviste-paléographe, préfet, inspecteur général des Archives et Bibliothèques, garde général des Archives nationales.
Seurette (loge d'Orléans).
Séverac (loge de Paris).
Séverat (loge de Paris).
Sevi, Victor, négociant (loge de Corfou, îles Ioniennes).
Siadous, rue Lalande, 20, Paris.
Sibenaler, Léon (loge de Niort).
Sibille, Joseph-Marie, cultivateur, Frontenex, Savoie.
Sicard, Franc (loge de Paris).
Sidoux, vins en gros, rue de l'Eglise, 14, Montreuil, Seine.
Siefert (loge de Paris).
Sigard (loge de Paris).
Sigaroa (loge de Paris).
Sigaut (loge de Paris).
Sigle (loge de Paris).
Signard (loge de Paris).
Signard (loge de Gray, Haute-Saône).
Signeux (loge de Paris).
Si Hassen (loge de Bougie, Algérie).
Sillière, marchand de vins, rue Bouchardon 20, Paris.
Silva, Félix.
Silva, J.-M.
Silvaint, fabricant d'eau de seltz, Limours, Seine-et-Oise.
Silvestre, Henri-F., docteur-médecin, rue de Rambuteau, 48, Paris.
Siméon, Bernard (loge de Bessèges, Gard).
Simon, boulevard Ornano, 80 bis, Paris.

Simon, marchand de couleurs, rue Montholon, 28, Paris.
• Simon, ancien marchand-tailleur, propriétaire, conseiller municipal de Neuilly, Seine.
Simon (loge de Levallois-Perret, Seine).
Simon (loge du Havre).
Simon, père (loge de Saint-Germain-en-Laye, Seine-et-Oise.)
• Simon, Charles, ancien trésorier-payeur de la colonie, maire de Nouméa, Nouvelle-Calédonie.
Simon, Clovis, négociant, Nouméa, Nouvelle-Calédonie.
Simon, Constant, rue Saint-Maur, 84, Paris.
Simon, Gilbert (loge de Paris).
Simon, Victor, Toulouse.
Simon, Victor, mécanicien, au Pont-de Claix, Isère.
Simone (loge de Rouen).
Simonnet, Port-Louis, île Maurice.
Simonod, Henri-Adolphe, employé de commerce, rue Montorge, 4, Grenoble.
Sinaud, Henri.
Sinsoilliez, Gabriel, Buenos-Ayres, République Argentine.
Sirodot, fabricant de colliers de chiens, rue Molay, 10, Paris.
Siron, Jean, carrier et marchand de pierres, Saint Germain, Gironde.
Sirven (loge d'Alexandrie, Egypte).
Sirven, Louis, commissaire de surveillance (loge d'Alais, Gard).
Sisset, aîné (loge de Paris).
Siton, Agde, Hérault.
Sittenfed (loge de Paris).
Sivrat, Brive, Corrèze.
Smeler (loge de Paris).
Smith (loge du Havre).
Smyczynski, Arthur, ex-employé de commerce, ex-secrétaire de préfecture, percepteur, Verfeil-sur-Seye, Tarn-et- Garonne.
Sobeaux, A. (loge de Paris)
Sobinsanton (loge de Martigues, Bouches-du-Rhône).
Sobit, négociant (loge de Cognac).
Sobot (loge de Bessèges, Gard).
Sol, Paul (loge de Perpignan).
Soland (loge de Cambrai, Nord).
Soldani, André, cafetier (loge de Nice).
Soldner, François-Ignace, Besançon.
Solère (loge d'Oran, Algérie).
Soleti, chef des gares de La Chapelle (loge de Paris).
Solignac (loge de Madrid, Espagne).
Soliveau, Jérémie, biscuitier, rue des Gravilliers, 88, Paris.
Sollia ((loge de Marseille).

Sollot, La Souterraine, Creuse.
Solva (loge de Beauvais).
Sommer fils (loge de Paris).
Sommer, Louis (loge de Paris).
Songeon, fabricant de draperie (loge de Lisieux, Calvados).
Soray, Louis-Maximilien-Abélard, aux Cayes, Haïti.
Sorbière, Carpentras, Vaucluse.
Sordie (loge de Buenos-Ayres, République Argentine).
Sorel, artiste dramatique (loge de Boulogne, Seine).
Sorino, Henri, dentiste, Tours.
Sormani, négociant, rue du Faubourg-Montmartre, 21, Paris.
Souandon (loge de Paris).
Soubie, Jean, Buenos-Ayres, République Argentine.
Soublette, Valparaiso, Chili).
Soubre-Rouglan (loge de Bordeaux).
Souchard, Jacques (loge de Paris).
Soudan (loge de Rouen).
Sougeon, propriétaire, rue Vaneau, 26, Paris.
Souillié Georges, rue d'Amsterdam, 61, Paris.
Souquet, Toulon.
Sourbadère (loge de Paris).
Sourdillon, L. (loge de Paris.
Sourisse, mécanicien (loge de Paris).
Souvelet (loge de Paris).
Soyer, père, Paris.
Soyer, Paul, fils (loge de Paris).
Speck, Buenos-Ayres, République Argentine.
Spicquel, Victor, administrateur de l'Orphelinat général Maçonnique.
Spittler (loge d'Orléans).
Spitzer, négociant, rue des Marais, 51, Paris.
Spraual, Joseph, rue de Birague, 7, Paris.
Stahel (loge de Paris).
Stal (loge de Paris).
Stauffer, Raoul-Casimir, horloger, Besançon.
Stéfanopoli (loge d'Alger).
Steger ou Steiger, H (loge de Paris).
Steicheley (loge de Paris).
Steigner, père, (loge de Constantine, Algérie).
Steigner, fils (loge de Constantine, Algérie).
Steinbruck, Saintes, Charente-Inférieure.
Steinemetz, Louis, limonadier, rue de Rivoli, 3, Paris.
Steiner, Jacques (loge de Paris).
Steiner-Meyran, artiste dramatique (loge du Havre).
Stercky, Albert, voyageur en horlogerie, Besançon.
Stiasny, architecte, Vienne, Autriche.
Stieffel (loge de Nancy).

Stiegelmnan, Eugène (loge de Pantin, Seine)
Stirn, gantier, rue de Sartine, 6, Paris.
Stolterfoht (loge de Bordeaux).
Stolz (loge de Paris).
Stora, Jacob (loge d'Alger).
Stranski, rue Béranger, 13, Paris.
Studer (loge de Paris).
Sturlèze, Gaspard (loge de La Ciotat, Bouches-du-Rhône).
Sturlèze, Michel (loge de La Ciotat, Bouches-du-Rhône).
Subert-Bouché (loge de Tours).
Subit, J. (loge de Lyon).
Suc, ingénieur-mécanicien, boulevard de la Villetle, 50, Paris.
Suchard, jardinier, boulevard de Madrid, 31, Neuilly, Seine
Sudreau, Nontron, Dordogne.
Sueur (loge de Saint-Ouen, Seine).
Suffren (loge d'Aix, Bouches-du-Rhône).
Sul-Abadie, Jean, sculpteur-statuaire, rue d'Assas, 130, Paris.
Surchamp, Abel, conseiller général, maire de Libourne, Gironde.
Surray, Adolphe, marchand de vins, cité Beauharnais, 5, rue des Boulets, 54, Paris.
Suronneau, docteur-médecin (loge de Bordeaux).
Surugues (loge de Pantin, Seine).
Susini, docteur-médecin, Marseille.
Suss (loge de Paris).
Sussy (loge de Besançon).
Suzan, capitaine de hussards (loge de Constantine, Algérie).
Suzanne (loge d'Hyères, Var).
Sylvestre, docteur-médecin.
Sylvestre, rue Piscatoris, 24, Marseille.

T

Tabal, Saint-Pierre, Martinique.
Tabanon (loge de Vincennes, Seine).
Tabareau, Limoges.
Tabary, Emile-François-Théophile, docteur en droit, avoué, rue de la Paroisse, 4, Versailles.
Tabier (loge de Forges-les-Eaux, Seine-Inférieure).
Tabour, Gaston, Sainte-Geneviève-des-Bois, Seine-et-Oise.
Tabourey (loge de Neuilly, Seine).
Tabourinet (loge de Bourg-en-Bresse).
Tabur (loge de Dieppe).
* Tachet, Isidore, négociant, président du Tribunal de commerce, administrateur de la Banque d'Algérie, boulevard de la République, 12, Alger.

Tavernier, Marius, architecte, Grenoble.
Tavernier, Prosper, fils, (loge de Paris).
Tayac (loge de Paris).
Taylor, Saint-Louis, Sénégal.
Taylor, Isidore-Justin-Séverin (baron), artiste et littérateur, chef d'escadron, inspecteur général des Beaux-Arts, fondateur de la Société des musiciens, de la Société des peintres, sculpteurs, graveurs et dessinateurs, de la Société des inventeurs et artistes industriels.
Teinier, Emile (loge d'Alais, Gard).
* Teisserenc de Bort, Pierre-Edmond, a déclaré, par lettre du 16 mai 1888, que ni lui ni son fils aîné ne sont affiliés à la Franc-Maçonnerie.
Teissonnière, François-Ernest, Paris.
Telotte (loge de Paris).
Tenance, Gabriel, Corbeil, Seine-et-Oise.
Ténard (loge de Paris).
Terdan, Joseph-Séraphin, instituteur, Grésy-sur-Isère, Savoie.
Ternisien, magistrat, La Pointe-à-Pitre, Guadeloupe.
Terrier, Claude-Alexis, hôtelier, Chambéry.
Terrieux, cantonnier, Caussade, Tarn-et-Garonne.
Terrieux, menuisier, Caussade, Tarn-et-Garonne.
Tesnière (loge de Paris).
Teissier, brodeur, rue Jean-Jacques-Rousseau, 37, Paris.
Tessier, Nouméa, Nouvelle-Calédonie.
Termet, François (loge de Paris).
Ternay, chef de Fanfare d'Issy, Seine.
Ternisieu (loge de Rouen).
Terrade, Buenos-Ayres, République Argentine.
Terreaux, Ph. (loge de Bessèges, Gard).
Tessier, Jean, entrepreneur, boulevard Riquet, 10, Toulouse.
Testore, fumiste, rue du Temple, 55, Paris
Testori, H., fils, négociant (loge de Cognac).
Tesuert, A., Paris.
Têtard, Léon, docteur (loge de Paris).
Teule (loge de Montpellier).
Teuly, Michel, propriétaire, Caussade, Tarn-et-Garonne.
Texier (loge de Bordeaux).
Texier, Limoges.
Teysseire (loge de Carcassonne).
Teyssié, François, Buenos-Ayres, République Argentine.
Teyssier, C. (loge de Bessèges, Gard).
Teysson, Bordeaux.
Teyssonneau, Edouard, Bordeaux.
Thabaray, employé aux contributions, Saint-Mihiel, Meuse.
Thabourin, Jules, employé, boulevard de La Villette, 41, Paris.

Tacussel (loge de Pont-Saint-Esprit, Gard).
Tacussel, caissier à la Trésorerie générale, Saint-Louis, Sénégal.
Taffery, Emile (loge de Londres, Angleterre).
Taillefer, Gustave (loge de Bordeaux).
Taillet, mercier, rue de Bretagne, 39, Paris.
Tailleur, père, Rueil, Seine-et-Oise.
Taillole, Dreux, Eure-et-Loir.
Taire, Niort.
Taïty, Eugène-Saint-Victor-Guillaume, fils, La Pointe-à-Pitre, Guadeloupe.
Taïty, Saint-Victor, père, piqueur des ponts et chaussées, La Pointe-à-Pitre, Guadeloupe.
Talazac, artiste de l'Opéra-Comique, de Paris.
Talbot, Louis, photographe, Tarbes.
Talmard, Napoléon-Louis-Marie, capitaine de cabotage, (loge de Dunkerque).
Taluy, Turenne, Jacmel, Haïti.
Tambour (loge de Paris).
Tamin-Despalles, docteur-médecin (loge de Paris).
Tamisey (loge de Vincennes, Seine).
Tan, chef du service des Postes et Télégraphes, Nouméa, Nouvelle-Calédonie.
Tant, Auguste (loge de Saint-Germain-en-Laye, Seine-et-Oise).
Tanchette, (loge de Paris).
Tanferani (loge de Lyon).
Tanguy, rue des Trois-Frères, 6, Paris.
Tanis (loge d'Orléans).
Tap, Périgueux.
Tapie ou Tapié, Jean, Paris.
Taranne (loge de Boulogne-sur-Mer).
Tard, Vincennes. Seine.
Tardieu (loge de Versailles).
Tardy, J,- François, professeur d'agriculture, Besançon.
Tardyvet (loge de Saint-Ouen, Seine).
Tarillon, Jean, négociant, Albertville, Savoie.
Tartarat-Bardet, Claude, propriétaire, La Bathie, Savoie.
Tartter (loge de Paris)
Tasset, Ernest-Paul (loge du Havre).
Tasset, Jacques, La Nouvelle (Aude).
Tauxe, Hanoï, Tonkin.
Taverdet, Ed., marchand de vins, Besançon.
Tavernier (loge de Rouen).
Tavernier, Alexandre, Bucharest, Roumanie.
Tavernier, Laurent-Prosper, marchand de vins, boulevard de Ménilmontant, 27, Paris.

* Thalamy, Jean, aubergiste (hôtel de Bordeaux), adjoint au maire, Brive-la-Gaillarde, Corrèze.
Thallmé (loge de Paris).
Thamin (loge de Bordeaux).
Thauvin (loge de Pantin, Seine).
Théarn, négociant, aux Cayes, Haïti.
Theil, Henri-Bernard, notaire, Tarbes.
Thelière, Jean-Marie, maître-tailleur au 18e de ligne, Pau.
Thellot (loge de Paris).
Themé (loge de Forge-les-Eaux, Seine-Inférieure).
Thénard (loge de Troyes).
Thénot (loge de Clermont-Ferrand.
Thenoz (loge de Paris)
Théodon, Pascal, rentier, boulevard Saint-Denis, Paris.
Théogé-Téhard, aux Cayes, Haïti.
Therme (loge de Bourg-en-Bresse).
Therra (loge de Paris).
Théry, Neuilly, Seine.
Théry, François-Louis, Suresnes, Seine.
Theuret, Eugène, horloger, Besançon.
Theurot, Jean, cordonnier, rue des Rosiers, 25, Paris.
Thévenin (loge de Saint-Quentin, Aisne).
Thévenin (loge de la Fère, Aisne).
Thevenon, cordonnier, rue Aubry-le-Boucher, 20, Paris.
Thévenot, Nancy.
Thezard (loge de Paris).
Thiaurault, Jacques (loge de Paris).
Thibaud, César (loge de Lyon).
Thibaudat (loge de Paris).
Thibaudier (loge d'Alger).
Thibault (loge de Pantin, Seine).
Thibault (loge d'Alger).
Thibault, Alphonse, courtier en vins, boulevard Diderot, 28 *bis*, Paris.
Thibault, Ch. (loge de Valparaiso, Chili).
Thibault, L. (loge de Valparaiso, Chili).
Thibeaudeau, Guillaume (loge de Bordeaux).
Thidric, Saint-François (loge de Paris).
Thiébaud, commis-négociant, rue des Accacias, 52, Paris.
Thiébault, ancien pharmacien, boulevard Saint-Michel, Nancy
Thiel, Henri, route de Versailles, 35, Boulogne, Seine.
Thiellay (loge de Londres, Angleterre).
Thiénard, Benjamin, rentier, rue de Poitou, 16, Paris.
Thierry, Saint-Pierre, Martinique.
Thierry-Chef, Jean, Besançon.
Thierry-Delattre (loge de Saint-Quentin, Aisne).

Thievoyer (loge de Lisieux, Calvados).
Thillois, rue Chanoinesse, 14, Paris.
Thimauléon de La Faure (loge d'Agen).
Thimont, Louis, propriétaire, Bains, Vosges.
Thionnet, négociant en vins, rue Bichat, 16, Paris.
Thioric (loge de Paris).
Thirion (loge de Reims).
Thironneau (loge de Bordeaux).
Thirouin (loge de Bordeaux).
Thivolet (loge de Chalons-sur-Saône).
Thœckler (loge du Pecq, Seine-et-Oise).
Thoin-Beaupré, menuisier, rue Lemercier, 80, Paris.
Thomas, instituteur, Mieussy, Haute-Savoie.
Thomas (loge de Tunis, Tunisie).
Thomas, Alexandre (loge de Neuilly-Plaisance, Seine-et-Oise).
Thomas, André (loge de Neuilly-Plaisance, Seine-et-Oise).
Thomas, Ch. (loge de Paris).
Thomas, Sulpice (loge de Neuilly-Plaisance, Seine-et-Oise).
Thomasset, René, contre-amiral.
Thomasson, Bordeaux.
Thomin, O., comptable (loge de Bordeaux).
Thomir (loge de Bordeaux).
Thoorees, P. (loge de Dunkerque).
Thorens, H., docteur-médecin (loge de Paris).
Thorin (loge de Neuilly-Plaisance, Seine-et-Oise).
Thorreau (loge de Bourg-en-Bresse).
Thoubert, Clément (loge de Perpignan).
Thouin, père (loge de Paris).
Thouren, Raymond-André, négociant, Marvejols, Lozère.
Thouvenot, rue Joseph-Dijon, 11, Paris.
Thuart-Mathieu, magistrat communal, Jacmel, Haïti.
Thuillier, restaurateur, place des Trois-Communes, Paris.
Thys, A. (loge de Saint-Germain-en-Laye, Seine-et-Oise).
Tiercigner (loge de Rouen).
Tiersot, Paul-Bernard (loge de Bourg-en-Bresse).
Tiffen, rue Nollet, 34, Paris.
Tillet (loge de Saintes, Charente-Inférieure).
Timmermann (loge d'Alger).
Timon (loge de Vienne, Isère).
• Tinel, docteur-médecin, à Rouen, — est décédé; — ne doit pas être confondu avec un homonyme de la même ville, lequel n'est pas franc-maçon.
Tingry (loge d'Alger).
Tiniot, Périgueux).
Tintelin, cité Germain-Pilon, 5 *bis*, Paris.
Tischler (loge du Havre).

Tisnès, Jean-Marie (loge de Buenos-Ayres, République Argentine.
Tison, capitaine d'artillerie, Suret, Eure.
Tison, E. (loge de Trouville, Calvados.)
Tisserand, Paul (loge d'Oran, Algérie).
Tissier (loge de Levallois-Perret, Seine).
Tissier, entrepreneur, Besançon.
Tissier, B. (loge de Paris).
Tissier, E. (loge de Paris).
Tissier, Honoré, marchand de vins, rue de Puebla, Paris.
Tissier, Jules-Alphonse (loge de Paris).
Tissot, Amédée, publiciste, rédacteur du *Lexovien*, bibliothécaire de la ville de Lisieux, Calvados.
Tixador, marchand de vins, rue des Cascades, 68, Paris.
Tixier, entrepreneur de maçonnerie, rue du Faubourg-Saint-Martin, 31, Paris.
Toanier, François (loge de Toulouse).
Toffin (loge de Saint-Quentin, Aisne).
Togniny (loge de Bessèges, Gard).
Toire (loge de Bourg-en-Bresse).
Tolédano, médecin inspecteur des Ecoles communales du VIIe arrondissement, rue de Bourgogne, 29, Paris).
Tollard, Jean-Baptiste, professeur, rue de la Tourelle, 2, Saint-Mandé, Seine.
Tombarel (loge de Grasse, Alpes-Maritimes).
Tonnerre (loge de Troyes).
Topin (loge de Saïgon, Cochinchine française).
Toquini (loge de Bessèges, Gard).
Torlet ou Tourlet, Voves, Eure-et-Loir.
Torno, Paul, gypseur, Besançon.
Torquet (loge du Havre).
Torrès, Fernand-David, professeur de sciences, Compiègne, Oise.
Toscan (loge de Marseille).
Toselli, Jean-Baptiste, professeur de sciences physiques, rue du Faubourg-Saint-Martin, 206, Paris.
Totin, Aug. (loge de Paris).
Totin, Jules (loge de Paris).
Touche, Bienvenu (loge de Nice).
Touchon, Henri-Louis, fabricant de limes, Besançon.
Toulouse, François.
Tourangin, docteur-médecin.
Tourasse (loge de Paris).
Toures, Joseph, boulevard Saint-Michel, 27, Paris.
Tournadour (loge de Paris).
Tournadour, vétérinaire, Donzenac, Corrèze.
Tournel (loge de Pont-Saint-Esprit, Gard).

Tournemine (de), rue Saint-Lazare, 28, Paris)
Tournerie (loge de Caen).
Tourneur (loge de Cambrai, Nord).
Tournié, J.-B., Bordeaux.
• Tournier, Albert, avocat à la Cour d'appel de Paris.
Tourville, La Pointe-à-Pitre, Guadeloupe.
Toussaint, Alfred-Alexandre, instituteur, Saint-Baldoph, Savoie.
Toussaint, Henri-Joseph, marchand de vins, rue de Montreuil, 69, Paris.
Toutain (loge de Lille).
Toutin, Deuil, Seine-et-Oise.
Touyarou (loge de Paris).
Trabbia, Charles, entrepreneur, Chambéry.
Trabbia, Pierre-Joseph, cafetier, Chambéry.
Trahan, employé, rue du Croissant, 17, Paris.
Tramo, André, Rio-Janiero, Brésil.
Tranchant, Lusignan, Vienne.
Tranche, père, Laon.
Tranche, fils, Laon.
Tranier, François-Marcellin, docteur-médecin, boulevard de Strasbourg, 36, Toulouse.
Tranquillin, Saint-Pierre, Martinique.
Trappenard (loge de Paris).
Trarieux, lampiste, Dourdan, Seine-et-Oise.
Trarieux, Georges (loge de Nice).
Travaine, D. (loge de Paris).
Travers (loge de Saint-Ouen, Seine).
Trégnier, Ambroise, capitaine au long cours, Saint-Pierre, Martinique.
Trehyou (loge de Paris).
Treille, père (loge de Paris).
Treille, fils (loge de Paris).
Treillé, employé, passage Moncey, 11, Paris.
Trélat, G. (loge de Paris).
Trelu, facteur d'orgues, rue d'Aval, 10, Paris.
Trélut, Auguste, vétérinaire au haras, rue Thiers, 41, Tarbes.
Trémeaut, (loge de Paris).
Trémel (loge d'Evreux).
Trémel, guitariste (loge de Dunkerque).
Tremerel, joaillier-bijoutier, rue Chapon, 4, Paris.
Tremerel (loge de Nevers).
Tremeschini (loge de Paris).
Trémiot, Etienne, Paris.
Trendel (loge de Paris).
Trengo, G. (loge de St-Ouen, Seine).

Treu, Georges.
Treuil, J.-B., cafetier, place du Champ-de-Foire, Limoges.
Trézeguet, J., aîné, fabricant de bouchons et articles en liége, rue Paradis, Mezin, Lot-et-Garonne.
Triaud, (loge de Levallois-Perret, Seine).
Triauranet, rue du Pont-aux-Choux, Paris.
Triby, docteur-médecin (loge d'Alger).
Tribot, Poitiers.
Trillat, Louis, maître d'hôtel, Grenoble.
Trille, Samson, négociant, rue du Faubourg-St-Etienne, 22, Toulouse.
Trioufi, tailleur, Besançon.
Trioulet, Julien, mécanicien au chemin de fer, rue Coudrin, Tarbes.
Troger, Alphonse, Nantes.
Trollet (loge de Vincennes, Seine).
Tronche, P. (loge de Valparaiso, Chili).
Tronchet, employé des ponts et chaussées, La Pointe-à-Pitre, Guadeloupe.
Trony, boucher, passage de Tivoli, 5, Paris.
Troueille, S. (loge de Perpignan).
Trouillet (loge de Paris).
Trouillet, Vienne, Isère.
Trouillet, Mouy, Eure.
Trouillet (loge de Montmorency, Seine-et-Oise).
Trousseau (loge de Paris).
Trubert, père, peintre en bâtiments, rue d'Avron, 64, Paris.
Trubert, Charles-Hubert, fils, Paris.
Trubert, Edouard, fils, Paris
Trubert, Jean Emmanuel, instituteur, commerçant, propriétaire, Saint-Germain-des-Vaux, Manche.
Truc (loge de La Ciotat, Bouches-du-Rhône)
Trucchi, Antoine, entrepreneur de maçonnerie (loge de Nice).
Truffaut, père (loge de Saint-Germain-en-Laye, Seine-et-Oise).
Truffaut, Ernest, fils (loge de St-Germain-en-Laye, Seine-et-Oise).
Trulzscler, voyageur, boulevard des Filles-du-Calvaire, Paris.
Tschui, Emile, horloger, Besançon.
Tublier, Jarnac, Charente.
Tudury de la Torre, Mahon, île Minorque.
Tuffou, Marseille.
Tugny (loge de Bar-le-Duc).
Tuquet, Jules, négociant, adjoint au maire du XIXe arrondissement de Paris.

Turba (loge de Laon).
• Turck, Sébastien-Antoine, Grande-Rue, Nancy.
Turgas (loge de Toulon).
Turlure, Alfred-Louis (loge de Melun).
Turpin, Rueil, Seine-et-Oise.
Turpin, capitaine au long cours (loge de St-Pierre, Martinique).
Tuyssuzian, O., Paris.

U

Udaéta, Elias (loge de Paris).
• Ulmann, Benjamin, artiste-peintre, rue Chaptal, 7, Paris.
Ulmer, Nathan (loge de Paris).
Ulpas, Lyon.
Urial (loge du Nord).
Ury (loge de Paris).

V

Vaché (loge de St-Nazaire, Loire-Inférieure).
Vacher, père (loge de Dieppe).
Vacherot, architecte paysagiste (loge de Paris).
Vachey, Eugène-Maximilien, professeur, Annecy.
Vachier (loge de Marseille).
Vachier, Laurent (loge de Cette, Hérault).
Vacessant (loge de Boulogne-sur-Mer).
Vadel, comptable, rue de la Prévoyance, 25, Vincennes, Seine.
Vaere (de), rue Neuve-des-Augustins, 21, Paris.
Vaillant (loge de St-Etienne).
Vaillant, Adolphe, fondateur du *Bureau général de statistique*, Montevideo, Uruguay.
Vaillant, Louis, peintre, rue Chauvelot, 35, Paris.
Vaissade (loge de Pantin, Seine).
Valadon, François, entrepreneur de maçonnerie, cité Guénot, 8, Paris.
Valenci, St-Domingue, Haïti.
Valentin (loge de Levallois-Perret, Seine).

Valère, marchand, rue du Poirier, 3, Paris.
Valère, Adolphe (loge du Havre).
Valette, oulevard de la Gare, 91, Paris.
Valette (loge de Montrouge, Seine).
Valette, capitaine au 3e tirailleurs algériens.
Valfré (loge de Nantes).
Vallée (loge du Havre).
Vallée, graveur sur pierres fines, rue Oberkampf, 129, Paris.
Valleix, architecte (loge de Bougie, Algérie).
Vallès, N., en Haïti.
Vallet, Auguste, représentant de commerce, rue de l'Abbé-Grégoire, 45, Paris.
Vallet, Auguste, employé des contributions, Besançon.
Vallet, E., Thouars, Deux-Sèvres.
Valleton, H., Londres, Angleterre.
Vallier, avocat, membre du Conseil général de la Ligue de l'Enseignement populaire (loge d'Auxerre).
Vallin (loge de Conflans-Andrésy, Seine-et-Oise).
Vallois, entrepreneur de transports, rue des Partants, 4, gare d'Aubervilliers, Seine.
Vallot, logeur-restaurateur, rue Mouffetard, 123, Paris.
Vallot, conducteur de travaux, Perpignan.
Valnaire (loge de Remiremont, Vosges).
Valois (loge de Lisieux, Calvados).
Van-Ber-Kalaer (loge de St-Germain-en-Laye, Seine-et-Oise).
Van-Gelder, rue des Fossés-St-Bernard, 20, Paris.
Van-Geleyn, imprimeur lithographe, rue du Faubourg-du-Temple, 99, Paris.
Van Konings (loge de Paris).
Van Tyghem (loge de Saint-Germain-en-Laye, Seine-et-Oise).
Vandelli, Nice.
Vanderheym, bijoutier, rue de Bretagne, Paris.
Vanderheym, ingénieur, rue Richer, 26, Paris.
Vanderluis (loge de Paris).
Vandescal, tapissier (loge de Paris).
Vandevyver, Yvon (loge de Dunkerque).
Vanheissche, serrurier, passage de Grenelle, 14, Paris.
Vanmarck (loge de Paris).
Vanseri (loge de Bordeaux).
Vaquez, avocat (loge de Paris).
Varangot, Emile, entrepreneur de travaux publics, rue Cart, 1, St-Mandé, Seine.
Varay Louis, ébéniste, Anceny.
Vareilles, Avignon.

Varenne (loge de Neuilly-Plaisance, Seine-et-Oise).
Varette, principal honoraire (loge de Château-Thierry, Aisne).
Vargeneau (loge de Paris).
Varin (loge de Rouen).
Varinot (loge de Bordeaux).
Vars (loge de Constantine, Algérie).
Vary, Michel, sous-lieutenant au 74e de ligne (loge de Paris).
Vassail, François-Eugène, fils négociant-importateur d'alquifoux d'Espagne, boulevard Gambetta, 1, Carpentras, Vaucluse.
Vassal (loge de Martigues, Bouches-du-Rhône).
Vassas (loge de Saint-Geniès-de-Malgoires, Gard).
Vassel (loge de Trouville, Calvados).
Vassel, Joseph, propriétaire, Seyssins, Isère.
Vasserat (loge d'Aix, Bouches-du-Rhône).
Vasseur, gérant du *Courrier de la Sarthe* et de la *Feuille du Village*, au Mans.
Vater (loge de Paris).
Vauchez, Emmanuel, secrétaire général de la Ligue française de l'Enseignement, rue St-Honoré, 175, Paris.
Vaultier (loge de St-Quentin, Aisne).
Vaumenge (loge de Martigues, Bouches-du-Rhône).
Vausgien (loge de Paris).
Vaussenat, Charles-Xavier, ingénieur civil des mines, Bagnères-de-Bigorre, Hautes-Pyrénées.
Vausseur, rue de la Goutte-d'Or, 34, Paris.
Vautelet, François-Etienne, contrôleur des forges, Besançon.
Vauthier (loge de St-Quentin, Aisne).
Vautrin, fabricant de chaussures, rue Bergère, 27, Paris.
Vauvelle (loge de Paris).
Vayssier (loge de Bordeaux).
Veaute, Auguste, manufacturier, Bressac, Tarn.
Vécho, Corentin (loge de Toulon).
Vécot (loge de Paris).
Vedie (loge de Paris).
Veil, A., docteur-médecin, avenue Bosquet, 18, Paris.
Veil-Picard, père, banquier à Besançon, propriétaire du journal *Paris*.
Veil-Picard, Edmond, fils (loge de Besançon).
Veillant (loge de Melun).
Veillard, portefeuilliste, rue de Montmorency, 40. Paris.
Veillon, Auguste, Buenos-Ayres, République Argentine.
Veissade, Emmanuel (loge de Pantin, Seine).
Vellat, Claude, cultivateur, Montailleurs, Savoie.

Vellat, Léon, pharmacien, Chambéry.
Vellerot, Paris.
Velly, Francisque, procureur de la République à Château-Thierry, Aisne.
Velter (loge de Paris).
Vely (loge de Paris).
Venard, Nouméa, Nouvelle-Calédonie.
Venassier (loge de Limoges).
Vendelli, Emilien, rentier (loge de Nice).
Venel (loge de Constantinople, Turquie).
Ventiorini, Richard, ex-commis principal des Postes et Télégraphes à Nouméa, Nouvelle-Calédonie (rentré en France).
Véran, Marcel (loge de Paris).
Véran, Maurice, avocat à la Cour d'Appel, conseiller municipal de Paris, conseiller général de la Seine.
Véran, Maxime (loge de Paris).
Verani, François (loge de Nice).
Verchère (loge de Paris).
Verdier, rue Basfroi, 31, Paris.
Verdier, Reims.
Verdier, Jules (loge de Paris).
Verdollin (loge de Marseille).
Vergès-Vignau, M.-F.-V., receveur des contributions indirectes, Argelès, Hautes-Pyrénées.
Vergne (loge de Nantes).
Vergnet, artiste de l'Opéra de Paris.
Verimorro, Neuilly-Plaisance, Seine-et-Oise.
Verlick (loge deParis).
Verlomme, Ed. (loge de Dunkerque).
Vermeulen, Isidore (loge de Nice).
Vermont, maire de Beaumont.
Vermorel (loge de Villefranche-sur-Saône, Rhône).
Verneaux, J.-C. (loge de St-Ouen, Seine).
Verneret, limonadier, rue de Rambuteau, 4, Paris.
Vernet (loge de Clichy, Seine).
Vermillat, François, agent-voyer, Dijon.
Vernot (loge de Vincennes, Seine).
Vérollet, Etienne, instituteur, Esserts-Blay, Savoie.
Véroly, Hippolyte, négociant, rue Grénétat, 4, Levallois-Perret, Seine.
Verrier, J., tonnelier, rue de Bordeaux, 15, Paris.
Verrot, Jean, passementier, rue Legrand, 8, Paris.
Verruy (loge de Roanne, Loire).
Verry, Charles (loge de Paris).
Verry, V., rue Saint-Antoine, 76, Paris.
Vertu, Auguste-Armand, cultivateur, Mercury-Gémilly, Savoie.

Vétaud, instituteur, Usseau, Deux-Sèvres.
Vetter, Lyon.
Veugue (loge de Lille).
Veuillet, artiste dramatique (loge de Tours).
Veuve, Paul, horloger, Besançon.
Veyran, Alais, Gard.
Veyras (loge de Florac, Lozère).
Veyras, Jules, Alais, Gard.
Veyrat (loge de Paris).
Veyrat, Ernest-Ferdinand, docteur-médecin, Chamméry.
Veyssière, Périgueux.
Vézard (loge de Paris).
Véziau, Paul, journaliste, Besançon.
Vézien (loge de Rouen).
Vezien, adjudant au 74e de ligne (loge de Paris).
Vial (loge de Martigues, Bouches-du-Rhône).
Vial, Jacques, entrepreneur de maçonnerie (loge de Nice).
Vial, Jean-Baptiste, propriétaire (loge de Nice).
Viala, Jean-Isidore, comptable, Castres, Tarn.
Vialard, Jean, traiteur, rue Pagevin, 16, Paris.
Vialette (loge de Paris).
Vialette, Félix (loge de Neuilly-Plaisance, Seine-et-Oise).
Vialle, maître d'hôtel, faubourg de Paris, 40, Limoges.
Vialon (loge de St-Etienne).
Vian, G. (loge de Paris).
Vianey, Philibert-Eugène, instituteur, Aix-les-Bains, Savoie.
Viard, Adolphe (loge d'Argenteuil, Seine-et-Oise).
Viciot, lieutenant en retraite, au quartier général, rue Duranti, Toulouse.
Victoria, St-Domingue, Haïti.
Victory, Mahon, île Minorque.
Vidal, entrepreneur (loge de Paris).
Vidal (loge de Lorient).
Vidal, A., (loge de Martigues, Bouches-du-Rhône).
Vidal, Alphonse (loge de Sisteron, Basses-Alpes).
Vidal, Louis, La Pointe-à-Pitre, Guadeloupe.
Vidal, Michel, passementier, impasse Gaudelet, 3, rue Oberkampf, 112, Paris).
Vidal, Paul, agent-voyer cantonal, rue Lacapelle, 31, Montauban.
Videau (loge de Bordeaux).
Vié (loge de Toulouse).
Vielhomme, voyageur de commerce, Besançon.
Vieillard (loge de Dijon).
Vieillard, Félix, percepteur, Besançon.
Viénot, A., Saïgon, Cochinchine française.
Vierotti (loge de Marseille).

Vieussens, Frânçois, professeur de mathématiques au Lycée de Tarbes.
Vieux (loge de Paris).
Vieux (loge de St-Ouen, Seine).
Vieux-Pernon, Maximin, instituteur, Ornon, Isère.
Vieuxtemps, H., violoniste.
Vigaro, Francesco, fondateur de la Banque populaire de Cannes, Alpes-Maritimes.
Viger, fils, docteur-médecin, Châteauneuf, Loiret.
Vigier, maître d'hôtel, Brive, Corrèze.
Vigier, André, maréchal-ferrant, Tavernolles, Isère.
Vigier, Toussaint, rue de Charenton, 240, Paris.
Vigier, Victor, quai de Bercy, 50, Paris).
Vigler (loge de Bordeaux).
Vigna, P.-Joseph (loge de Nice).
Vignale ou Vignate, avocat, Tunis, Tunisie.
Vignaud, père, Paris.
Vignaud, Gaston-Louis, fils (loge deParis).
Vigneaux, appareilleur, rue Saussure, 49, Paris.
Vigneron, limonadier, café de la place d'armes, Rambouillet, Seine-et-Oise.
Vignolles (loge de Bordeaux).
Vignon, Périgueux.
Vignou (loge de Bordeaux).
Vigouroux, marchand de nouveautés, cours de Vincennes, 76, St-Mandé, Seine.
Vigroux (loge de Paris).
Viguet (loge de Lyon).
Vilain, artiste de la Comédie-Française.
Vilaséca, commis, rue des Dames, 118, Paris).
Villain (loge de Villeneuve-sur-Yonne).
Villamaux, père (loge de Neuilly-Plaisance, Seine-et-Oise).
Villamaux, fils (loge de Neuilly-Plaisance, Seine-et-Oise).
Villard (loge de Nantes).
Villard, St-Pierre, Martinique.
Villaret, Baptiste, aux ponts et chaussées, Grenoble.
Villas (de), G. (loge de Marseille).
Villette, marchand de nouveautés, rue des Boulets, 50, Paris.
Villier-Derosier ou Villiers des Roziers (loge de Rouen).
Villiers (de), A.-M., receveur au chemin de fer, Lorient.
Vilson (loge de Paris).
Vilteséque, L. (loge de Perpignan).
Vimay (loge de Fécamp, Seine-Inférieure).
Vinçard, Charles.
Vinçard, Pierre, publiciste.
Vincendeau, G. (loge de Valparaiso, Chili.

Vincent, marchand de vins, rue des Amandiers, 117, Paris.
Vincent (loge de Neuilly, Seine).
Vincent (loge de La Ciotat, Bouches-du-Rhône).
Vincent (loge de St-Germain-en-Laye, Seine-et-Oise).
Vincent (loge de Vienne, Isère).
Vincent, La Basse-Terre, Guadeloupe.
Vincent, A., Pont-St-Esprit, Gard.
Vincent, Charles, ancien rédacteur au *Siècle*, chansonnier, vice-président du Caveau, directeur de journaux professionnels, rue des Vosges, 14, Paris.
Vincent, Félix, fils (loge de Paris).
Vinck (loge de Paris).
Vinderling, Maurice (loge de Dijon).
Vinoy, cantinier (loge de Paris).
Vinson, Julien, avenue de Suffren, 94, Paris.
Viochot, père, Paris.
Viochot, Louis, fils (loge de Paris).
Viochot, Maximilien, fils (loge de Paris).
Violland, Léon, Beaune, Côte-d'Or).
Viionnet-Verdun, instituteur, La Balme, Savoie.
Viot, Henri (loge de Poitiers).
V otty (loge de La Basse-Terre, Guadeloupe).
Virieux, C., Port-Louis, île Maurice.
Virot, Etienne, Buenos-Ayres, République Argentine.
Virton (loge d'Orléans).
Visconti (loge du Havre).
Visenel (loge de Versailles).
Viton, Edmond.
Viton, Edouard.
Vitry (loge de Chaumont).
Vittecoq, propriétaire, rue Rollin, 29, Paris.
Vivefoy, docteur-médecin (loge de Rouen).
Vivens (loge d'Agen).
Vivès, employé des ponts et chaussées (loge de Sétif, Algérie).
Vivès, Joseph, constructeur de moulins, Mont-de-Marsan, Landes.
Vivez, Bordeaux.
Vivien, Paul, avocat (loge de Paris).
Vivier (loge de Cannes, Alpes-Maritimes).
Vivot, Charles-Marie, employé, rue de Turbigo, 3, Paris.
Vix, Jean, tailleur, rue Ste-Anne, 29, Paris.
Vogelsang, artiste-peintre (loge de Paris).
Vogen (loge de Paris).
Voget, Onésime, horloger, Besançon.
Vogt, Charles (loge de Paris).
Voidet, Achille (loge de Vincennes, Seine).

Voiret, aîné, fabricant de noir, Ménat, Puy-de-Dôme.
Voirin, chef d'équipe au Chemin de fer de l'Ouest, rue de l'Annonciation, 24, Paris.
Voiron, Edouard, entrepreneur de peinture, rue de Lille, 25, Paris.
Voiron, Louis, menuisier, Albertville, Savoie.
Voisard (loge de Paris).
Voisin, rue Michel-le-Comte, 13, Paris).
Voisin, Marcius (loge de Paris)
Volkringer, affineur sur métaux, rue de Charenton, 173, Paris.
Vollaire, J.-B., Valparaiso, Chili.
Volleau (loge d'Angoulême).
Vollet, Bordeaux.
Volmas, Thomas, aux Cayes, Haïti.
Vonetz (des).
Voog (loge de Paris).
Vosgien (loge de Paris).
Vosgier (loge de Paris).
Vouaux, commandant d'infanterie de marine.
Vouaux, père, Paris.
Vouaux, père, Nancy.
Vouaux, Georges-Alcide, fils (loge de Paris).
Vouaux, Léon, fils (loge de Nancy).
Vouillot, Auguste, cordonnier, Besançon.
Voys (de) (loge d'Orléans).
Voyssier (loge de Bordeaux).
Voizot, conducteur des ponts et chaussées, Paris.
Vouriot quai des Grands-Augustins, 45, Paris.
Voutempenne, entrepreneur, Cressensac, Lot.
Vuillamy (loge de Dijon).
Vuillemin, Victor, négociant, Besançon.
Vuillod (loge de Bourg-en-Bresse).

W

Wadoux (loge de Boulogne-sur-Mer).
Waendendries (loge de Soissons, Aisne).
Waëre (de) (loge de Paris).
* Waghemaeker, Armand (loge de Lille).
Wahl ou Walh (loge d'Alger).
Walbott, Pierre, limonadier, place du Capitole, 22, Toulouse.

Wallart (loge de Paris).
Wallis (loge de Bordeaux).
Wantz (loge de Paris).
Waroux, commis négociant, rue Mouffetard, 114, Paris.
Wasburne-Gratiot, premier secrétaire de la Légation des Etats-Unis d'Amérique (loge de Levallois-Perret, Seine).
Wasmer (loge de Tours).
Wastin, Florent, chef de gare, Wossigny, Aisne.
Waterlot (loge de Paris).
Wathier, père (loge de Laon).
Wathier, Gustave, fils (loge de Laon).
Wattez (loge d'Oran, Algérie).
Wautier, E. (loge de Libourne, Gironde).
Wavre (de) (loge de Paris).
Wehrstein (loge de Vincennes, Seine).
Weidenbach (loge de Paris).
Weil, Jordel, contremaître, quai de la Seine, 37, Paris.
Weill, Edouard (loge de Rennes).
Weill, Georges (loge de Paris).
Weill, Jules (loge de Paris).
Weill, Salomon (loge de Rennes).
Weisbecker, J. (loge de Dunkerque).
Weissenthanner (loge de Saint-Germain-en-Laye, Seine-et-Oise).
Weitmen, Noël, marbrier, Albertville, Savoie.
Wellhoff (loge de Paris).
Welling (de), docteur-médecin, Rouen.
Welsch, ébéniste, rue de Charenton, 35, Paris.
Werillion (loge de Paris).
Werlein, Henri, négociant, Besançon.
Werlhé, rue de Lagny, 20, Montreuil ,Seine.
Werlhé, fils, voyageur de commerce, rue Polonceau, 22, Paris.
Wermot, Charles-Auguste, pharmacien, Beançon.
Wertheimer, Gustave, négociant, rue de Provence, 21, Paris.
Wery, négociant (loge de Lisieux, Calvados).
Wetzel, rue de la Fontaine-au-Roi, 28, Paris.
Weugle (loge de Lille).
Wiedenbach (loge de Paris).
Wild, rue d'Argenteuil, 41, Paris.
Willon-Morose, Jacmel, Haïti.
Wilson, C,-M. (loge de Jacmel, Haïti).
Wimphen, boulevard de Sébastopol, 112, Paris.
Winom (loge de Levallois-Perret, Seine).
Wirth, Oswald (loge de de Paris).
Wirtz, employé, rue Mandar, 14, Paris.

Wisner, C., Buenos-Ayres, République Argentine.
Wisotzky, commissionnaire en marchandises, rue du Faubourg-St-Denis, 39, Paris.
Wœstelandt (loge de St-Ouen, Seine).
Wolfsohn, rue de Braque, 6, Paris.
Wolmann, employé, rue d'Enghien, 50, Paris.
Wood, Henri, Grenoble.
Wormser, Ernest, rue Montmartre, 54, Paris.
Wydtz, père (loge de St-Quentin, Aisne).
Wydtz, fils (loge de Laon).
Wydtz, Paul, fils (loge de Laon).
Wydy, Alfred (loge de Laon).

Y

Ybern, Timoléon-Alexandre, capitaine adjoint au bureau de recrutement, Melun.
Yonyon, St-Pierre, Martinique.
Yribe, Gustave (lohe de Madrid Espagne).
Yribe, Jules (loge de Madrid, Espagne).
Yung (loge de Bordeaux).
Yver (loge de Paris).
Yves, à la Martinique.
Yzard, père, menuisier, Dourdan, Seine-et-Oise.
Yzard, fils, Dourdan, Seine-et-Oise.

Z

Zanetti, Amiens.
Zapoolski, médecin de mariné, Saïgon, Cochinchine française.
• Zegelaar ou Zegelsar, propriétaire, Grande-Rue, 69, Fontainebleau, Seine-et-Marne.
Zénone (loge de Paris).
Zéphir, M., en Haïti.
Zndars, employé, rue Turgot, 3, Paris.
Zimmermann, Joseph (loge de Buenos-Ayres, République Argentine).
Zobald (loge de Toulon).
Zopff, Gaston, fils (loge de Paris).
Zurlinden, rue des Filles-du-Calvaire, 11 et 13, Paris.

EXTRAIT DU CATALOGUE

NOUVELLES ŒUVRES DU R. P. FÉLIX :

Le R. P. Félix, se propose de publier une série de sermons inédits dont nous avons mis en vente les trois premiers volumes.

La Destinée, première retraite de Notre-Dame, 1 vol. in-12 .... 3 » »

L'Eternité, deuxième retraite de Notre-Dame, 1 vol. in-12 .... 3 » »

La Prévarication, troisième retraite de Notre-Dame 1 vol. in-12 .... 3 » »

POUR PARAITRE PROCHAINEMENT

Le Châtiment, quatrième retraite de Notre-Dame, 1 vol. in-12 .... 3 » »

Jeanne d'Arc (Vie de), par Mme E. DE LABOULAYE, ouvrage approuvé par les évêques de Verdun et d'Orléans, 1 vol. in-12, 2e édition .... 1 » »

Il nous manquait sur Jeanne d'Arc un livre simple populaire, d'une lecture attrayante et facile, débarrassé de toute érudition inutile et qui cependant fût un portrait vrai et fidèle de l'héroïne : ce livre existe maintenant et l'auteur a accompli sa tâche si heureusement que le succès en est assuré.

Écho de Saint-Michel (L'), contes, nouvelles et voyages, par J. DE ROCHAY .... 2 » »

Si ce petit ouvrage parvient à empêcher quelques mauvaises lectures, à plaire pendant quelques instants, à faire naître quelques bonnes pensées, nous remercierons Dieu, qui aura daigné bénir nos efforts.

Louvois, par Edouard de LALAING, 1 vol. in-12.... 2 » »

Cette biographie où les belles campagnes de

Louis XIV tiennent la plus large place, sera appréciée par toutes les personnes qui pensent que les lectures à la fois intéressantes, sérieuses et vraies sont préférables pour la moralisation des lecteurs aux récits de pure invention.

Pèlerinage en Terre-Sainte, par l'abbé AZAIS, chanoine honoraire, aumônier en retraite du lycée de Nîmes, 2 vol. .... 4 » »

L'auteur est l'un des pèlerins de la première caravane organisée en France pour visiter les Lieux Saints; son récit offre des descriptions et des renseignements historiques et topographiques, les plus exacts et les plus intéressants.

Domartin (Le général), **en Italie en Egypte,** ordres de services et correspondances, 1786-1799, par A. DE BESANCENET. 1. vol. in-12 .... 2 » »

La carrière du général se trouve résumée tout entière dans ce recueil de ses lettres à sa mère et de sa correspondance militaire. Ces lettres sont d'un vif intérêt, et donnent au récit un irréfutable cachet de vérité historique.

Charitas, Episode de la réforme, par le Dr Binder, traduit de l'allemand par J. DE ROCHAY. Traduction accompagnée de notes explicatives, et seule autorisée par l'auteur. 1 vol. in-12 .... 2 » »

Indépendamment du portrait d'une abbesse franciscaine de Nuremberg, femme savante et courageuse, ce livre présente des documents qui semblent dater de nos jours : même oppression des consciences, mêmes erreurs, mêmes colères, mêmes abus d'autorité, mêmes proscriptions, mêmes haines.

Aux milieu des Loups, par Léon NOBLE, 2 vol. in-12 .... 4 » »

Les loups dont il est ici question sont des hommes méchants qui cherchent, par la ruse et la violence à exploiter un pauvre enfant. Malgré tout, cet enfant parvient à défendre son innocence, sa probité, sa conscience religieuse contre cette troupe cruelle, mais il meurt à la peine dans les profonds sentiments de piété. Ce livre est agréablement écrit, l'esprit en est exclent, enfin il est fort utile.

Fille du roi Dagobert (La), par R. DE NAVERY, 1 vol. in-12 .... 2 » »

Ce volume dû à une plume élégante et appréciée, contient un grand nombre d'intéressantes légendes, et de traits d'histoire bien choisis.

Jeanne de Dampierre, par M. le Marquis de C***. 1 vol. in-12.................................... 2 » »

Ce roman historique nous transporte au temps de Charles VI, de Jeanne d'Arc et de la réunion de la Guyenne à la France; on y trouve, tournois, chasses, fanfares, grands coups d'estoc et de taille, assauts de bravoure et de courtoisie, châteaux crénelés, escaliers secrets, chevaliers, nobles dames, etc., etc. intéressant et instructif, il sera lu avec plaisir.

Charles Antoniewicz, traduit de l'allemand par l'abbé Moccand. 2 volumes in-12................ 4 » »

Vie très accidentée d'un jésuite Polonais dont les ouvrages pleins de grâce, de fraicheur et d'édification, présentent la peinture intéressante des mœurs des Polonais de la Galicie.

Causeries sur le Catéchisme, par Mlle C. G. 1 vol. in-12.. 2 » »

Excellent livre si utile aux mères de famile qui se font un devoir et un plaisir de faire répéter le catéchisme à leurs enfants.

Près du Lit de ma Sœur, par Mme Célestine Doré, 1 vol. in-12.............................. 2 » »

Collection de nombreuses histoires et anecdotes pouvant distraire un malade pendant sa convalescence.

Mantonais (Les), par Octave Guilmot. 1 vol. in-12 2 » »

Dans ce livre, de très sages conseils contre les grèves, contre le socialisme et contre l'irréligion, sont encadrés dans un petit roman moral et plein d'intérêt.

Les deux fils de la Veuve, par Mme de Lalaing. 1 vol. in-12.................................... 2 » »

Deux jeunes gens après la mort de leur père ont bientôt dissipé leur fortune et celle de leur mère. Tous les deux, par des voies différentes, finissent par rentrer dans le bon chemin. Ce récit est moral, et émouvant quelquefois; on est sûr, en le lisant, de passer quelques heures agréables, il peut être mis entre toutes les mains.

Idéal et Réalité, par Jeanne l'ERMITE, 1 vol. in-12 2 » »

La première partie du livre nous montre les plus beaux projets d'avenir que forme la jeunesse, la seconde nous fait voir comment les réalités de la vie les déjouent et les anéantissent c'est alors que la religion vient aider à triompher des épreuves.

Qu'est-ce que la Révolution? par le R. P. FÉLIX. 1 vol. in-12.... .... 1 » »

Le titre de cet ouvrage et le nom de son auteur le recommandent assez à l'attention du public.

Combats de la vie (Les), par B. BOUNIOL, 4 vol. in-12, 2e édition................................ 8 » »

1re SÉRIE. — *Cœur de bronze,* in-12................ 2 » »

2e SÉRIE. — *La Famille du vieux célibataire,* in-12.. 2 » »

3e SÉRIE. — *Les Epreuves d'une Mère,* in-12........ 2 » »

4e SÉRIE — *Les deux héritages,* in-12.............. 2 » »

Quatre séries de nouvelles et récits d'un grand intérêt, convenant particulièrement aux classes populaires.

Marguerite de Noves, par Mlle Zoé de la PONNERAYE. 1 vol. in-12............................. 2 » »

L'auteur a voulu retracer l'histoire des émigrés enrôlés dans la petite armée des princes de Condé. Il décrit les souffrances, les luttes, les déceptions de cette petite troupe, vaillante mais pleine d'illusions et de folle confiance; malgré le roman qui sert de cadre à ces faits historiques, tout l'intérêt se porte sur l'armée de Condé, dont on suit la marche, et dont on plaint l'inutile bravoure et patriotisme si souvent trahis.

Voyage autour de soi-même, par R. DE NAVERY. 1 vol. in-12..................... .... 2 » »

Le héros du roman ne vaut ni plus ni moins que beaucoup d'autres jeunes gens; une fatale coïncidence le fait accuser de vol et d'assassinat, quoiqu'innocent, il passe de longs jours en prison, là il s'examine, se juge et se promet de mener une vie meilleure, ce qu'il fait lorsqu'il est enfin acquitté.

Ce que c'est qu'un honnête homme, par M. Louis TREMBLAY. 1 vol. in-12........................ 1 50

Leçons agréables quant à la forme, solides et utiles quant au fond, faites par un bon curé et par un médecin de village où l'on trouve de la théologie, de la physique, de l'hygiène, de la philosophie, le tout mis à la portée de toutes les intelligences.

L'Etat tel que Dieu l'a fait, par l'abbé Roquette de Malviès. 3 forts vol. in-12, prix 10 fr. 50.

Qui a fait l'Etat? — L'homme, c'est-à-dire nous, répondent révolutionnaires et libéraux; Dieu, disent tous les autres. L'abbé Roquette de Malviès n'affirme pas seulement cette dernière cause, il la prouve par des raisons invincibles.

« D'où vient l'Etat? se demande-t-il dans la préface de son livre. — Qu'est-ce que l'Etat? — Où va l'Etat? Ces trois questions. dit-il, doivent enfin être posées et résolues, car la politique touche à tout : à l'homme, à la famille, à l'Eglise, à la philosophie, à la morale, à la religion si elle n'est pas plutôt elle-même une philosophie, une morale et une religion... » En faut-il davantage pour montrer le danger des fausses solutions données à ces trois questions fondamentales? Ce danger nul ne l'a mieux compris que l'auteur de l'*Etat tel que Dieu l'a fait;* nul aussi n'a mieux exposé, démontré et défendu contre toute objection les vraies solutions.

« Dans un ouvrage qui porte pour titre l'*Etat tel que Dieu l'a fait*, ajoute-t-il, il était de mon devoir de ne rien avancer de moi-même, et c'est ce que j'ai fait. L'œuvre étant de Dieu il faut que les preuves en soient aussi, c'est-à-dire viennent toutes de l'Ecriture ou de l'enseignement de l'Eglise, à laquelle je soumets du reste avec un respect tout filial cet ouvrage. *Donnez-nous de la théologie, ô vous prêtres qui en avez le dépôt*, disait naguère un publiciste aux abois, *nous sommes fatigués des vains systèmes, des conceptions individuelles. Des dogmes! des dogmes! de ces dogmes vieux comme le monde et universels comme lui*! Eh bien, voici des *dogmes*, rien que des *dogmes* tous vieux comme le monde et universels comme lui. Certes les institutions de Dieu sont des *dogmes*, et ici il s'agit de la seconde puissance établie de Dieu, de l'Etat, enfin, tel que Dieu l'a fait.»

On le voit, le sujet est grand, *nouveau même*, comme le dit encore l'abbé Roquette de Malviès, *à raison des erreurs séculaires qui l'ont complètement dénaturé.* L'auteur ramène toute la politique à Dieu comme souverain auteur, législateur et fin de l'Etat. Ajoutons que l'ouvrage est très bien imprimé et d'un prix très modeste, vu la force des volumes.

JOURNAUX DE PROPAGANDE

JEANNE D'ARC

REVUE HEBDOMADAIRE ILLUSTRÉE

A LA GLOIRE DE LA LIBÉRATRICE DE LA FRANCE

RÉDACTEUR EN CHEF : **LEO TAXIL**

PRINCIPAUX COLLABORATEURS : Vicomtesse S. DE PITRAY, née DE SÉGUR; PAUL VERDUN; abbé P. FESCH; S. MESSIRE; GÉRARD DE STONE; JULES DE ROCHAY, etc., etc.

Prix du N°: **15** centimes (16 pages) — Abonnements : **3** fr. par semestre; **6** fr. par an. — On souscrit chez **M. TÉQUI**, éditeur, *rue de Rennes, 85, à* **PARIS**, qui envoie gratis des numéros spécimens à qui lui en demande.

La revue *Jeanne d'Arc* publie en feuilleton les *Confessions d'un Ex-Libre-Penseur, par* LÉO TAXIL.

LE PETIT CATHOLIQUE

Sous ce titre, M. Léo Taxil, assisté de ses anciens collaborateurs de la *Petite Guerre*, public un journal hebdomadaire, très recommandé pour la propagande. Le titre de ce journal dit son programme : Catholique avant tout, et, quant à la politique, ne s'occupant que de défendre les intérets conservateurs, sans manifester de préférence pour aucun parti.

ABONNEMENTS. — France et Algérie : *Quatre francs,* pour six mois; *Huit francs,* pour un an. — En outre, à titre d'essai, l'Administration accepte des abonnements de deux mois, au prix de UN FRANC CINQUANTE.

Le *Petit Catholique* publie en feuilleton : **LES MYSTÈRES DE LA FRANC MAÇONNERIE**, par LÉO TAXIL, ouvrage du plus grand intérêt.

Un numéro du journal est envoyé gratuitement, à titre de spécimen, à toute personne qui veut bien en faire la demande à M. Edouard JOUBERT-TAXIL, administrateur du *Petit Catholique*, rue de Lille, 51, à Paris.

www.ingramcontent.com/pod-product-compliance
Ingram Content Group UK Ltd.
Pitfield, Milton Keynes, MK11 3LW, UK
UKHW031839260826
14628UKWH00001B/483

9 782019 700133